Michael Els
Übergriffe in der Kita: Vorbeugen, erkennen und eingreifen

Edition Sozial

Michael Els

Übergriffe in der Kita: Vorbeugen, erkennen und eingreifen

Ein Praxisleitfaden

Der Autor

Michael Els, Jg. 1955, Dr. jur., Diplom Volkswirt, ist Professor im FB Soziale Arbeit der Hochschule Niederrhein. Seine Arbeitsschwerpunkte sind Kinderschutz, Persönlichkeitsrecht, Kultur- und Künstlerrecht.

Bibliografische Information der Deutschen Nationalbibliothek

Die Deutsche Nationalbibliothek verzeichnet diese Publikation in der Deutschen Nationalbibliografie; detaillierte bibliografische Daten sind im Internet über http://dnb.d-nb.de abrufbar.

www.beltz.de · www.juventa.de
Druck und Bindung: Beltz Bad Langensalza GmbH, Bad Langensalza
Printed in Germany

ISBN 978-3-7799-3152-2

„Unser Leben als denkende, erlebende und handelnde Wesen ist zerbrechlich und stets gefährdet – von außen wie von innen.“ (Peter Bieri, Eine Art zu leben. München 2013, S. 14)

Vorwort I

Mädchen und Jungen brauchen seelische und körperliche Zuwendung, um sich geborgen, zugehörig und angenommen zu fühlen. Auch wenn kulturspezifisch unterschiedliche Einschätzungen über die erforderliche Intensität und angemessene Formen der körperlichen Zuwendung gegeben sind, mag dies im Grundsatz niemand in Zweifel ziehen. Ebenso Einigkeit besteht dahingehend, dass Kinder erst im Laufe ihrer Entwicklung dahin gelangen, Bedrohungen der eigenen und fremden Unversehrtheit erkennen und einschätzen zu können und folglich ein körperliches Eingreifen bzw. eine Grenzsetzung auch gegen den Willen von Kindern bisweilen unabdingbar ist, um ihre körperliche und seelische Gesundheit oder die von anderen zu schützen.

Wo aber ist die Grenze zwischen Zuwendung und Eingriff zum Wohle des Kindes und Beeinträchtigung des kindlichen Wohlergehens? Bei der Klärung dieser Frage sind Eltern und Fachkräfte, die mit Kindern arbeiten, im Alltag oft verunsichert. Dies mag nicht eigentlich verwundern, denn wie ein Blick in die Geschichte schnell ersichtlich macht, hat diese Grenzziehung auch der Fachwelt über die Jahrzehnte immer wieder eine Verschiebung erfahren. In unterschiedlichen Epochen haben Fachkräfte auf der Grundlage jeweils vorhandener Wissensbestände Zulässigkeiten und Grenzen anders definiert. Ein aktueller Kulturvergleich macht ersichtlich, dass die Einschätzungen, was dem Wohl von Kindern zuträglich und abträglich ist, auch in der Gegenwart zum Teil weit auseinander liegen.

Worauf können wir also in der Gegenwart zurückgreifen, um angesichts der Einschätzungsvielfalt in der Vergangenheit und Gegenwart Handlungssicherheit zu gewinnen? Die Antwort ist naheliegend: Auf aktuelle Erkenntnisse aus Wissenschaft und Praxis, die dem subjektiven Erleben von Kindern und den beobachtbaren Auswirkungen von Erlebnissen und Erfahrungen auf die weitere Entwicklung umfassend und fachlich fundiert Rechnung tragen.

Michael Els ist es mit der vorliegenden Publikation hervorragend gelungen, diese aktuellen Erkenntnisse zu bündeln und darauf basierend für die Praxis in Kindertageseinrichtungen Handlungsempfehlungen zu formulieren, die Fachkräften im täglichen Umgang mit Kindern, aber auch in Momenten der Unsicherheit Orientierung geben. Dank einer Vielzahl von Fallbeispielen sowie durch regelmäßige Anregungen zur Überprüfung der eigenen (bisherigen) Sichtweise erhalten Fachkräfte für sich und als Team Impulse für den detaillierten Blick auf die eigene alltägliche Praxis und deren Reflexion. Damit angestoßene Diskussionen im Team sensibilisieren für die Tatsache, dass manche aus individueller Sicht scheinbar eindeutige Situationen durchaus auch andere Interpretationen zulassen. Der Praxisleitfaden liefert folglich nicht nur wichtige Informationen, sondern macht auch deutlich: Kinder vor Beeinträchtigungen zu schützen erfordert Besonnenheit, in nicht ganz eindeutigen Fällen auch noch mal ein genaues Hinschauen, eine Überprüfung der Sachlage im Vorfeld von Maßnahmen mit weitreichenden Konsequenzen. Übereiltes Handeln aufgrund eines verengten Blicks, wie in der jüngsten Vergangenheit im Zuge der Aufdeckungswelle insbesondere von Fällen sexualisierter Gewalt mitunter geschehen, macht hingegen eine Schädigung der Kinder sehr wahrscheinlich.

Die Publikation bietet daher in vielerlei Hinsicht Hilfestellung für den professionellen Umgang mit Kindern und ist folglich insbesondere für Teams von Kindertageseinrichtungen sehr zu empfehlen.

Claudia Bundschuh

Vorwort II

Übergriffe und insbesondere sexueller Missbrauch in Einrichtungen der sozialen Arbeit sind für Studierende dieser Fachrichtung oder der Frühpädagogik von großer Bedeutung. An der Hochschule Niederrhein biete ich daher seit Jahren Vorlesungen, Seminare und Projekte hierzu an. Parallel führe ich speziell für Erzieherinnen[1] in Familienzentren und Kindertageseinrichtungen Zertifikatskurse zum Kinderschutz durch und berate sie bei Anhaltspunkten für eine Kindeswohlgefährdung. Die Mitarbeiter von Kindertageseinrichtungen und Familienzentren tragen hier eine große Verantwortung. Im praktischen Alltag handelt es sich oft um komplexe und schwierig einzuschätzende Problemsituationen, die mit Blick auf die individuellen Bedürfnisse des Kindes nicht nach einem immer gleichen Ablaufschema zu behandeln sind.

In den Kursen ist es mir immer ein großes Anliegen, das Wohl des jeweiligen Kindes in den Vordergrund zu stellen sowie den Erziehenden beizubringen, genau hinzuschauen und Hinweise kritisch zu würdigen. Denn immer wieder kommen Fälle vor, wo über die Diskussion möglicher zukünftiger Gefahren schon längst eingetretene Schädigungen des Kindes übersehen werden. Zudem steht Kinderschutz auf einem Grat zwischen dem Fehler, Hinweise zu übersehen und dem anderen, irreführende Hinweise, Missverständnisse oder parteiische Vorurteile vorschnell für bare Münze zu nehmen. Beide Fehler können fatale Folgen haben.

Die Grundlage meines Vorgehens bilden somit ein normativer Kindheitsbegriff und Anleitungen zur Beweiswürdigung sowie zur Verfahrensführung.

Aufgabe der Rechtsordnung kann und darf es nicht sein, in pädagogische Fragen einzugreifen. Die auf Grund von Traditionen, Herkunft und Religion sehr unterschiedlichen Erziehungsvorstellungen und speziell der Umgang mit Körperlichkeit in den Familien sind zu respektieren. Die Frage rechtlicher Zulässigkeit und die pädagogischer Zweckmäßigkeit müssen also getrennt werden. Entsprechend wird in diesem Reader von Übergriffen

---

1 Die Terminologie ist undogmatisch und stellt die Lesbarkeit des Textes voran. Es sind selbstredend immer beide Geschlechter gemeint, soweit sich aus dem Kontext nichts anderes ergibt.

gesprochen, wenn es um rechtswidrige Eingriffe in die Rechte des Kindes durch unzulässiges Erziehungsverhalten geht. Der Begriff Grenzverletzungen wird vielfach ebenfalls in diesem Sinne verwandt. Allerdings gibt es weitergehende Interpretationen dieses Begriffs, die allein auf die subjektiv empfundenen Wahrnehmungen der Betroffenen abstellen, so dass alles, was das Opfer als Misshandlung oder Zwang erlebt,[2] eine Grenzverletzung sein würde. Von einer rechtlich relevanten sozialen Handlung kann jedoch nur gesprochen werden, wenn überhaupt eine Absicht verfolgt wird. Der Typus des sozialen Handelns wird dann durch die Art der Absicht näher bestimmt: So kann ein Zupfen an der Hose ein sexueller Übergriff, Teil eines Pettings oder ein spielerisches Necken sein. Die Pädagogik hat dagegen mit ihren Methoden zu klären, wie mit subjektiv empfundenen Grenzverletzungen umzugehen ist.

Andererseits sollte Rechtswissenschaft auch nicht im abstrakten und blutleeren Raum betrieben werden. Daher lege ich Wert darauf, dass die Rechtsfragen mit den konkreten Bedürfnissen der Kinder, ihrer Entwicklung und den alltäglichen Fragen der Erziehenden konfrontiert werden, ohne dabei die rechtliche und die pädagogische Ebene zu vermischen.

Auf dieser Grundlage ist dieser Reader für die Präventionsschulungen aller pädagogischen Mitarbeitenden in den Kindertageseinrichtungen und Familienzentren des Erzbistums Köln im Auftrag des Diözesan-Caritasverbandes für das Erzbistum Köln e.V. entstanden. Er wird hiermit in überarbeiteter Fassung vorgelegt. Ich möchte an dieser Stelle den Kolleginnen Frau Prof. Dr. Claudia Bundschuh und Frau Prof. Dr. Silke Schütter, Herrn Pablo Andreae vom Projekt MAIK des Diözesan Caritasverbandes Köln sowie Herrn Staatsanwalt i.R. Elmar Lennartz für ihre Hilfestellungen und ihre kritischen Anmerkungen danken. Insbesondere aber danke ich meiner Frau Barbara Els, ohne deren Beiträge und Unterstützung als Dipl. Sozialpädagogin und Leiterin eines katholischen Familienzentrums die Erarbeitung dieses Readers nicht möglich gewesen wäre.

Michael Els

---

2 Zu der Thematik siehe Birgit Menzel, Der konstruierte Charakter sexueller Gewalt, in: Renate-Berenike Schmidt, Uwe Sielert, Handbuch Sexualpädagogik und sexuelle Bildung, 2. Auflage, Weinheim 2013, S. 443 (443 ff.) m.w.N.

Inhalt

Kapitel 1
Sexueller Missbrauch – erkennen und helfen

Fälle sexuellen Missbrauchs von Kindern oder körperlicher Gewalt wühlen auf, besonders wenn es sich um Mitarbeitende in der Kinder- und Jugendarbeit handelt. Man fragt sich, ob mitunter nicht Hinweise ignoriert oder fehl gedeutet wurden bzw. ob zu zögerlich gehandelt wurde. Im konkreten Alltag vor Ort sieht man sich in solchen Fällen mit schwer zu überprüfenden Verdachtsmomenten und Verdächtigungen konfrontiert - wie kann man sie in Kindertageseinrichtungen und Familienzentren professionell beurteilen und angemessen vorgehen?

Der Kurs soll praxisorientiert helfen, Gefährdungsrisiken für Übergriffe in der pädagogischen Arbeit insbesondere von sexuellem Missbrauch zu erkennen und einzuschätzen sowie geeignete Hilfsmaßnahmen auszuwählen und zu initiieren.

Einführungsfälle

Die Rheinische Post berichtete in ihrer Onlineausgabe vom 30.12.2011 unter der Überschrift **„Wirbel um Nackt-Spielgruppe im Kindergarten"** folgendes:
Mehrere Kinder in einer städtischen Kindertagesstätte in Duisburg hätten nach den Sommerferien damit angefangen, nackt durch die Einrichtung zu toben. Als sich andere Kinder daran störten, hätten die Erziehenden ihnen einen separaten Raum reserviert, wo sie unter Aufsicht unbekleidet herumlaufen konnten. Die Eltern der sechs „Nacktspieler" wären hierüber informiert gewesen.
Ein Junge soll dann einen anderen dabei beobachtet haben, wie er ein Mädchen sehr unsittlich berührt habe und habe dies seiner Mutter berichtet. Auf einem Treffen, in dem die Erziehenden mit den Eltern den Vorfall diskutieren wollten, sei es zu tumultartigen Szenen gekommen. Aufgebrachte Eltern hätten von „Pornographie" gesprochen.

Schließlich boykottierten zwei Drittel der Eltern die Einrichtung, böse Gerüchte würden die Runde machen und die Kita-Leiterin solle ihren Job los sein.[3]

Die Stuttgarter Nachrichten berichteten auf ihrer Website am 27.07.2010 unter Überschrift **„Balance zwischen Nähe und Distanz"** über einen Fall aus Backnang. Das dortige Vorgehen gegen einen verdächtigten Kita-Praktikanten werfe die Frage auf, ob strikte Regeln für Erzieher zielführend seien.
Die Polizei ermittle gegen einen Praktikanten in einem Backnanger Kindergarten. Ein sechsjähriges Mädchen habe den Erzieherinnen berichtet, er habe an ihrer Unterhose „gezupft". Nach Ansicht der Leiterin des Amts für Familie, Jugend und Bildung in Backnang habe er dem Mädchen ohne ersichtlichen Grund vor anderen Kindern die Hose heruntergezogen und damit die Schamgrenze des Mädchens verletzt. Der Praktikant sei sofort entlassen worden. Die Polizei kläre, ob die Sache strafrechtlich geahndet wird. Der 26-Jährige habe Missbrauchsabsichten von sich gewiesen. In jedem Fall habe er gegen die Richtlinien, die für männliche Praktikanten in Backnanger Kindergärten gelten, verstoßen. Gemäß diesen ist ihm zwar der angemessene körperliche Kontakt mit den Kindern nicht untersagt, wohl aber, ihnen beim An- und Auskleiden zu helfen.[4]

Reflexionsfragen

- Könnten Sie die Begriffe Übergriff und sexueller Missbrauch definieren? Worin liegt der Unterschied?
- Liegt in den beiden vorstehenden Fällen ein Übergriff oder ein sexueller Missbrauch vor? In welchem konkreten Verhalten würden Sie ihn sehen?
- Würden Sie den zweiten Fall anders beurteilen, wenn es sich um eine erfahrene Erzieherin handeln würde?

---

3 Quelle: http://www.rp-online.de/panorama/deutschland/wirbel-um-nackt-spielgruppe-im-kindergarten-1.476770. Der Artikelinhalt wurde für vorliegende Zwecke gekürzt. Am 28.11.2008 meldete RP-online (http://www.rp-online.de/niederrhein-nord/duisburg/nachrichten/nackt-spielgruppe-staatsanwalt-ermittelt-1.1015586), dass das Jugendamt der Stadt durchgegriffen habe. Der Kindergarten sei für einen Monat geschlossen worden, ein neues Team werde zusammengestellt und das bisherige Personal auf andere Einrichtungen verteilt. Zudem ermittele die Staatsanwaltschaft wegen des Verdachts der Verletzung der Fürsorge- und Erziehungspflicht.

4 Quelle: http://content.stuttgarter-nachrichten.de/stn/page/2570883_0_9223_-balance-zwischen-naehe-und-distanz.html. Der Artikelinhalt wurde für vorliegende Zwecke gekürzt.

- Was halten Sie von (Missbrauchs-)Richtlinien für männliche Praktikanten oder Mitarbeiter?
- Haben Sie schon die Erfahrung gemacht, dass der Umgang mit körperlicher Nähe und Distanz kulturabhängig und individuell sehr verschieden ist?
- Haben Sie schon die Erfahrung gemacht, dass Sie sich im Umgang mit körperlicher Nähe und Distanz kaum noch an unbestrittenen Traditionen und eingefahrenen Rollenmustern orientieren können?[5]
- Berührt der Umgang mit Körperlichkeit in Kitas und Schulen nicht bei allen Beteiligten stark deren persönlich-emotionale Seite und wird nicht schnell eine Verletzung der Intimsphäre oder eine Manipulation des Privatlebens durch öffentliche Institutionen befürchtet?[6]

Nähe und Distanz

Menschen sind verschieden darin, inwieweit sie Kontakt zu ihren Mitmenschen aufnehmen oder zulassen bzw. wie sie ihn gestalten. Dies gilt auch dafür, welche räumliche Nähe und Distanz sie brauchen, um sich in Gesprächen oder im persönlichen Miteinander wohl zu fühlen. Die individuelle Wahrnehmung, welche körperliche Distanz zwischen zwei Menschen in einer Situation angemessen ist, ist **kulturell geprägt** und weicht in verschiedenen Ländern stark voneinander ab. So begrüßen sich Inuit, indem sie ihre Nasen aneinander reiben. Bei uns liefe eine solche Begrüßung Gefahr, als übergriffig empfunden zu werden. Die Abstände, die wir im Gespräch oder der nonverbalen Interaktion mit anderen einnehmen, unterscheiden sich zudem nach unserer **sozialen Beziehung**:

- in die Intimzone lassen wir nur Menschen, mit denen wir sehr vertraut sind, die wir sehr gut kennen und die in der Regel berechtigt sind, uns zu berühren oder zu umarmen: z.B. Liebende (< 0,5 m),
- in die persönliche Zone lassen wir Menschen mit denen wir vertraut sind, z.B. gute Freunde (< 1 m),
- die soziale Zone nehmen wir bei öffentlichen Reden, formellen Anlässen oder offiziellen Gesprächen ein (1 – 3,6 m) und
- die öffentliche Zone bei Begegnungen auf der Straße oder in der Öffentlichkeit (> 3,6 m).

---

5 Vgl. Uwe Sielert, Einführung in die Sexualpädagogik, Weinheim 2005, S. 31.
6 Vgl. Uwe Sielert, Einführung in die Sexualpädagogik, Weinheim 2005, S. 32.

Der Umgang mit Nähe und Distanz differiert schließlich aufgrund **persönlicher Unterschiede** im Umgang mit den beiden menschlichen Grundbedürfnissen nach Autonomie und Verbundenheit. Das lässt sich mit Hilfe des Riemann-Thomann-Modells darstellen[7]. Den vier Grundängsten *Distanz, Nähe, Dauer* und *Wechsel* werden dort entsprechende Grundbedürfnisse oder -sehnsüchte gegenübergestellt.[8]

	Nähe	Distanz
Grundangst	Angst vor Einsamkeit	Untergehen in der Gruppe oder Beziehung, Vereinnahmung
Grundsehnsucht	Wunsch nach Anerkennung, Bestätigung, Wertschätzung, Liebe etc.	Freiheit, Wunsch nach Abgrenzung und Individualität
	Dauer	Wandel
Grundangst	Angst vor Chaos und Orientierungslosigkeit	Angst vor Erstarrung und Festlegung
Grundsehnsucht	Ordnung, Übersicht, Planung, Kontrolle	Wunsch, alle eigenen Bedürfnisse ausleben, Bedürfnisse spontan wechseln zu können

Jeder Mensch hat seine eigene, persönliche Verortung zwischen Nähe und Distanz, Dauer und Wandel. Ein näheorientierter Mensch wird sich in einem Team wohlfühlen, enge Zusammenarbeit und je nach Situation bzw. Beziehung auch Körperkontakt schenken ihm Kraft. Auf sich allein gestellt fühlt er sich unwohl. Einem distanzorientierten Menschen wird es genau umgekehrt gehen. Die persönliche Verortung wirkt sich über den Privatbereich hinaus im Arbeitsleben aus. Dort wird jedoch offiziell ein im Dauer-Distanz-Bereich zu verortendes, sachbezogenes Verhalten erwartet: Zuverlässigkeit, Pünktlichkeit, persönliche Distanz, Ordnung, Genauigkeit und

7 Darstellung und Nachweise auf der Website: http://www.schulz-von-thun.de/index.php?article_id=105.

8 Quelle der Tabelle: Jörg Friebe, Reflexion im Training, 2. Auflage, Bonn, 2012, S. 232 ff. Siehe dort auch zu den folgenden Erklärungen.

Übersicht. Zur grafischen Veranschaulichung von Verortung werden die Grundbedürfnisse häufig in einem Kreuz angeordnet.[9]

Frage: ▸ Wo würden Sie sich in diesem Kreuz verorten und wo ihre Kolleginnen? Stellen Sie Unterschiede fest?

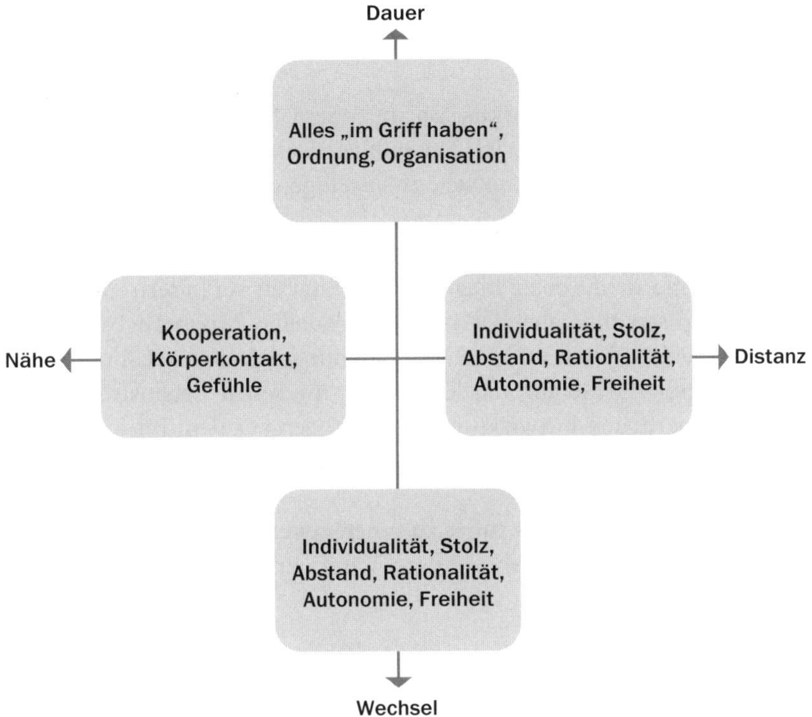

Probleme entstehen, wenn Menschen ihre Verortung zwischen Nähe und Distanz, Dauer und Wandel für die einzig richtige halten. Dies kann zu Vorwürfen bis hin zu Zerwürfnissen („pedantisch“, „verantwortungslos“, „kalt“, „aufdringlich“) führen.

9 Grafik nach: Jörg Friebe, Reflexion im Training, 2. Auflage, Bonn, 2012, S. 232 ff.

Der Missbrauchsdiskurs und seine Auswirkungen

Es vergeht kaum eine Woche, in der nicht aufgrund eines neuen Verdachtfalls die „öffentliche Diskussion“ zum Thema „sexueller Missbrauch“ wieder aufflammt. Kaum ein anderes gesellschaftliches Thema berührt derart stark Emotionen.[10]

Unbestritten ist fachliche Arbeit an dem Thema und seine Verankerung in Teams, Abläufen, Konzeptionen, Elternarbeit etc. notwendig. Dem dient dieser Präventionskurs.

Andererseits ruft die Diskussion in hohem Maß Empörung, Wut, Aggression hervor und eignet sich zur publizistischen Skandalisierung. Kaum ein anderes Thema verleitet so sehr zu voreiligem Rettungsaktionismus und Hysterie.

Die öffentliche Skandalisierung verunsichert Eltern, Mitarbeitende und Erziehende und droht das pädagogische Klima zu verändern. Mit der zum Teil „monströsen medialen Darstellung sexuellen Missbrauchs“[11] entsteht die Angst, „etwas falsch zu machen oder nur noch den Missbrauch zu sehen.“ Es besteht die Gefahr, das Kind selbst mit seiner Lebensfreude, seinen sinnlich-körperlichen Entwicklungsbedürfnissen aus dem Blick zu verlieren und es nur noch als „sexuell benutztes Opfer“ in einem inzestuösen Szenario zu sehen.[12]

Der Missbrauchsdiskurs führt zu einer neuen Tabuisierung[13] von Körperlichkeit, viele Eltern, insbesondere Väter, Erziehende und Kinder vermeiden es, über:

- Situationen körperlicher Nähe und Berührungen in der Familie zu reden
- Körperliche Berührungen in frühpädagogischen Kontexten unbefangen zuzulassen
- Einen positiven und unbefangenen Blick für kindliche Bedürfnisse nach Nähe, Schmusen… zu behalten.

Vor allem scheuen sich Männer zunehmend davor, in professionellen Kontexten pflegerische Aufgaben, wie Wickeln, zu übernehmen oder haben Sorgen, Körperkontakt, z.B. beim Vorlesen von Bilderbüchern, zuzulassen.

---

10 Der folgende Abschnitt lehnt sich eng Christa Wanzeck-Sielert, Der Missbrauchsdiskurs und seine Auswirkungen auf Sexualität und Sexualerziehung, in: Sexualpädagogik zwischen Persönlichkeitslernen und Arbeitsfeldorientierung (BZGA), Band 16, S. 50ff. an.

11 Christa Wanzeck-Sielert, aaO. S. 50.

12 Ebd.

13 Begriff nach Christa Wanzeck-Sielert aaO., dort auch zum Folgenden.

Tabuisiert wird also über den sexuellen Übergriff hinaus die Bejahung kindlicher körperlicher Lebensfreude, der körperliche Kontakt, die körperliche Berührung als Bestandteil pädagogischer Arbeit. Das Pendel droht unreflektiert in Richtung grundsätzlicher Berührungsvermeidung auszuschlagen.

Frage: ▶ Beobachten Sie selbst, dass über Situationen körperlicher Nähe, Nacktheit etc. nur noch zurückhaltend oder gar nicht berichtet wird, insbes. von jungen Vätern? Kennen Sie männliche Erzieher, die nicht riskieren, U3-Kinder zu wickeln oder haben Sie schon gehört, dass ihnen dies von ihrer Leitung ausdrücklich untersagt worden ist?

In diesem Kurs muss daher eine **Gratwanderung** bewältigt werden, um dem bitter notwendigen Anliegen der Prävention gerecht zu werden, ohne dabei die psychischen Bedürfnisse der Kinder aus dem Auge zu verlieren und die unbefangene körperliche Lebensfreude der Kinder in Frage zu stellen.

Kapitel 2
Der Auftrag von Kindertageseinrichtungen und seine Grenzen: Erziehung, Bildung und Betreuung (§ 22 SGB VIII)

Einführungsfälle

Fall 1: Patrick (5) ist, obwohl seine Gruppenleiterin Michaela es ihm vor dem Rausgehen ausdrücklich verboten hat, zu der großen Pfütze hinter der Igelgruppe gegangen. Dort plantscht er mit seinen Lederschuhen drin herum. Michaela stellt ihn zur Rede und schickt ihn schließlich rein. Er protestiert wütend, aber Michaela nimmt ihn kurzerhand an die Hand und führt ihn in den Gruppenraum. Darf sie das und woraus ergibt sich das?

Fall 2: Feli (4) hat aus dem Eigentumsfach von Lene ohne zu fragen ein Puppe genommen und mit ihr heimlich gespielt. Jetzt fehlt ein Stück der Kleidung. Die Erzieherin tröstet Lene, schimpft mit Feli und kündigt an, dass sie nicht mit Geburtstag feiern darf. Darf sie das?

Fall 3: Frederick (6) sitzt auf einer Rutsche und schmeißt mit Steinen. Eine Erzieherin holt den sich heftig wehrenden Jungen mit Gewalt runter, um zu verhindern, dass andere Kinder Steine an den Kopf bekommen. Darf sie das?

Fall 4: Jeremias (4) ist Fan des 1. FC Köln. An seinem 5. Geburtstag bekommt er ein Trikot des Vereins geschenkt. Obwohl die Außentemperatur nur -5° C beträgt, will Jeremias im Kindergarten nur mit seinem kurzärmligen Trikot und seinem Fanschal auf das Außengelände. Da er sich trotz aller guten Worte nicht überzeugen lässt, zieht die Erzieherin ihm schließlich trotz Gegenwehr seine Winterjacke über das Trikot an und droht ihm, dass er rein muss, wenn er die Jacke auszieht. Jeremias tobt.[14]

---

14 Fall nach: Bundesministerium der Justiz, Meine Erziehung – da rede ich mit! Ein Ratgeber für Jugendliche zum Thema Erziehung, 2007, S. 15.

Die einschlägigen Rechtsvorschriften

Elterliche Sorge

Nach unserem Grundgesetz kommt in erster Linie den Eltern die Verantwortung für ihr Kind zu. Artikel 6 Abs. 2 Grundgesetz bestimmt: *Pflege und Erziehung der Kinder sind das natürliche Recht der Eltern und die zuvörderst ihnen obliegende Pflicht. Über ihre Betätigung wacht die staatliche Gemeinschaft.*[15] Statt von Elternverantwortung[16] spricht das BGB von elterlicher Sorge. Sie dient dazu, dass sich das Kind zu einer eigenverantwortlichen Persönlichkeit innerhalb der sozialen Gemeinschaft entwickeln kann.[17] Der **Erziehungsvorrang der Eltern** gegenüber allen anderen Erziehungsträgern[18] soll sicherstellen, dass diese ihre eigenen Lebensvorstellungen an die nächste Generation weitergeben und dadurch die Vielfalt der religiösen, ethischen, ästhetischen, politischen Werte und Meinungen innerhalb der Gesellschaft erhalten bleibt.[19]

Der Kern der in § 1626 I 2 BGB näher umschriebenen elterlichen Sorge ist die **Personensorge**, deren wesentliche Bestandteile die **Pflege** des Kindes, dessen **Erziehung**, Ausbildung und Berufswahl, **Beaufsichtigung** und Aufenthaltsbestimmung sind (§§ 1631 I, 1631 a).[20]

Das BGB setzt dem elterlichen Erziehungsrecht jedoch auch **Grenzen**, denn die Eltern haben die elterliche Sorge zum Wohl des Kindes auszuüben (§ 1627 S. 1 BGB).[21] Es schreibt den Eltern zwar **keine** bestimmten **Erziehungsziele, aber** in § 1626 Abs. 2 BGB und § 1631 Abs. 2 BGB einen bestimmten **Erziehungsstil** vor.[22]

§ 1626 Abs. 2 BGB verpflichtet Eltern zu einem **partnerschaftlichen Erziehungsstil**, d.h. sie sollen bei der Pflege und Erziehung die von Jahr zu Jahr zunehmenden Fähigkeiten und das steigende Bedürfnis ihres Kindes zu selbständigem und verantwortungsbewusstem Handeln Rechnung tra-

---

15 Eine Zusammenstellung der einschlägigen Rechtsvorschriften im GG und BGB zur elterlichen Sorge findet sich im Anhang.

16 So nennt es das BVerfGE 14, 119 = NJW 1982, 1379.

17 BVerfG FamRZ 68, 578.

18 Einschränkungen bestehen allerdings durch das öffentliche Recht z.B. durch die Schulpflicht und die Jugendschutzgesetze, Hans Schleicher, Jugend- und Familienrecht, 13. Aufl. München2010, S. 259.

19 Palandt/Diederichsen, BGB Kommentar, § 1626 Rdn. 1.

20 Palandt/Diederichsen, BGB Kommentar, § 1626 Rdn. 8f.

21 Vgl. Hans Schleicher, Jugend- und Familienrecht, 13. Aufl. München2010, S. 265.

22 BT-Drs. 7/2060 S. 15; Palandt/Diederichsen, BGB Kommentar, § 1626 Rdn. 4.

gen.[23] Der Grundsatz gilt entsprechend seiner Zielsetzung für alle Angelegenheiten, zu deren Beurteilung das Kind bereits in der Lage ist.[24] Das ist jedoch nicht mit einem allgemeinen Mitentscheidungsrecht des Kindes zu verwechseln.[25] Der Grundsatz einer „partnerschaftlichen Erziehung“ soll vielmehr deutlich machen, dass ein **autoritärer**, nur auf Gehorsam des Kindes angelegter Erziehungsstil nicht mehr zeitgemäß ist. [26] **Berücksichtigen** bedeutet nicht, dass die Eltern den Wünschen des Kindes nachgeben und seinem Willen folgen müssen.[27] Es ist also kein rein **permissiver** Erziehungsstil[28] gemeint. Sie sollen das Kind als Person ernst nehmen, wichtige Entscheidungen mit ihm besprechen und jedenfalls nicht einfach über den Kopf des Kindes hinweg bestimmen, sondern es an der Entscheidungsfindung beteiligen.[29] Kommt eine Einigung nicht zustande, müssen die Eltern

---

23 Barbara Veit, in Bamberger/Roth Beck'scher Online-Kommentar BGB, § 1626 Rdn. 31.

24 BT-Drs. 7/2060 S. 16; Palandt/Diederichsen, BGB Kommentar, § 1626 Rdn. 22; Barbara Veit, in Bamberger/Roth Beck'scher Online-Kommentar BGB, § 1626 Rdn. 32; zur altersgemäßen Partizipation in Trennungs- und Scheidungssituationen Maywald FPR 2010, 460 ff.

25 OLG Karlsruhe, NJW 1989, 2398; Palandt/Diederichsen, BGB Kommentar, § 1626 Rdn. 22.

26 Wir benutzen hier zur Strukturierung das Vierfelderschema elterlicher Erziehungsstile von Maccoby und Martin (autoritativer, permissiver, autoritärer und vernachlässigender Erziehungsstil), vgl. Klaus A. Schneewind, Familienpsychologie, 3. Aufl. 2010, S. 181 f. Schneewind beschreibt (aaO. S. 182) autoritäre bzw. autokratische Erziehung so, „dass Eltern einerseits nur wenig auf die physischen und psychischen Bedürfnisse ihrer Kinder eingehen, andererseits aber hohe Forderungen an sie stellen und deren Nichterfüllung mit strengen Sanktionen ahnden. Hinzu kommt, dass ihre Kinder in ihrer Eigenständigkeit stark eingeschränkt sind und wenige Möglichkeiten haben, selbst Entscheidungen zu treffen. Es ist dies u. a. der Nährboden für einen durch Gewalt in all ihren unterschiedlichen Spielarten geprägten Umgang mit den Kindern, der im Kontext eines restriktiven Beziehungsklimas stattfindet, das durch mangelnde Liebe und Wärme gekennzeichnet ist. Autoritäre Erziehung, die sich in elterlicher Gewaltausübung äußert, ist – wie eine Fülle von Studien zeigt – in unserer heutigen Gesellschaft nach wie vor ein auch in quantitativer Hinsicht nicht zu unterschätzendes Phänomen.“

27 OLG Karlsruhe FamRZ 1989, 1322; Palandt/Diederichsen, BGB Kommentar, § 1626 Rdn. 22; Barbara Veit, in Bamberger/Roth Beck'scher Online-Kommentar BGB, § 1626 Rdn. 32.

28 Also ein akzeptierender, aber das Kind kaum fordernder Erziehungsstil.

29 Palandt/Diederichsen, BGB Kommentar, § 1626 Rdn. 22; Röchling, Kindeswille und Elternrecht FPR 2008, 481 (483 m.w.N.).

aufgrund ihrer Verantwortung allein entscheiden und die Entscheidung durchsetzen.[30]

§ 1631 Abs. 2 BGB bestimmt:
„Kinder haben ein **Recht auf gewaltfreie Erziehung**. Körperliche Bestrafungen, seelische Verletzungen und andere entwürdigende Maßnahmen sind unzulässig."

Verboten sind demnach:

Körperliche Bestrafungen: Sie setzen einen vom Erziehenden ausgehenden Körperkontakt zum Kind voraus, wie z. B. Schläge, der berühmte Klaps, Ohrfeigen, Einsperren, festes Zupacken oder Angst auslösendes Bedrängen. Das Verbot besteht unabhängig davon, ob die körperliche Bestrafung von den Eltern selbst vorgenommen wird oder Dritten (z. B. Lehrern, Erziehern) übertragen wurde bzw. sie deren Handeln dulden. Keine körperliche Bestrafung stellt die Anwendung von körperlichem Zwang im Rahmen der Aufsicht dar, um ein Kind vor drohendem Schaden zu bewahren (z. B. Wegziehen von der Herdplatte) oder um eine erlaubte Erziehungsmaßnahme durchzusetzen.[31]

Seelische Verletzungen: Das sind vor allem „sprachliche Äußerungen von Nicht- oder Verachtung". Unerheblich ist, ob die Maßnahme der Erziehung dienen sollte. Das Kind muss durch die Maßnahme nicht tatsächlich seelisch verletzt werden, die objektive Eignung hierzu reicht (BT-Drs 14/1247 S 8).[32]

Entwürdigende Maßnahmen sind „seelische Maßnahmen, die das Kind dem Gespött oder der Verachtung anderer Personen, z. B. von Klassenkameraden, aussetzen oder die eigene Selbstachtung und das Ehrgefühl des Kindes in unzulässiger Weise beeinträchtigen. Die Entwürdigung kann in der Art der Maßnahme begründet sein (Nacktausziehen, Fesseln) oder in dem Ausmaß und ihrer Dauer bzw. in den Begleitumständen liegen (wie

30 Barbara Veit, in Bamberger/Roth Beck'scher Online-Kommentar BGB, § 1626 Rdn. 31;BT-Drs. 7/2060 S. 17; BT-Drs. 8/2788 S. 45.

31 Palandt/Diederichsen, BGB Kommentar, § 1631 Rdn. 7; Völker, Mallory; Clausius, Monika (2012): Sorge- und Umgangsrecht. 5. Aufl. Bonn § 1 Rdn. 74.

32 Palandt/Diederichsen, BGB Kommentar, § 1631 Rdn. 7, Zitat ebd.

Einsperren im Dunkeln, längeres Verweigern von Blick- oder Gesprächskontakt usw.).“[33] [34]

Zulässige elterliche Erziehungsmittel

Eltern können aufgrund ihres Erziehungsrechts selbstständig die nach ihrer Ansicht geeigneten Erziehungsmaßnahmen bestimmen und ergreifen.[35] § 1631 Abs. 2 BGB legt nur fest, welche Erziehungsmittel definitiv verboten sind. „Eltern dürfen Kontinuität und Konsequenz in der Erziehung zeigen, Ermahnungen, Verweise, Ausgeh- und Umgangsverbote oder Taschengeldentzug aussprechen, soweit diese Maßnahmen nicht … entwürdigend sind.“[36]

Eltern dürfen ihre Erziehungsmaßnahmen unmittelbar selbst durchsetzen, selbst „wenn dabei Gewalt angewendet werden muss, z.B. Wegnahme von Streichhölzern oder Zurückholen des weggelaufenen Kindes.“[37] Das Verbot des § 1631 Abs. 2 BGB ist bei der Wahl der Mittel allerdings strikt

---

33 Zitat (Abkürzungen ausgeschrieben): Palandt/Diederichsen, BGB Kommentar, § 1631 Rdn. 7.

34 Mitunter wird auch das Allgemeine Gleichbehandlungsgesetz (AGG) als Begründung dafür herangezogen, dass Benachteiligungen der Schutzbefohlenen aus rassistischen Gründen, wegen der ethnischen Herkunft, des Geschlechts, der Religion oder Weltanschauung, einer Behinderung, des Alters oder der sexuellen Identität verboten seien. So z.B. der Handlungsleitfaden für Leitungsverantwortliche bei Grenzverletzungen von Mitarbeitenden gegenüber Kindern und Jugendlichen, Diakonieverbund Schweicheln e.V., 1. Auflage, Hiddenhausen 2010, S. 12f. Nun verweist § 2 Abs. 2 AGG bezüglich der Leistungen nach dem Sozialgesetzbuch, wozu auch der „Anspruch auf Förderung in Tageseinrichtungen und in Kindertagespflege“ (§ 24 SGB VIII) gehört, auf § 33c SGB I und nimmt damit gravierende Einschränkungen vor. Denn § 33c SGB I sieht einen Diskriminierungsschutz nur bei der Inanspruchnahme sozialer Rechte bezüglich der Diskriminierungsmerkmale der Rasse, der ethnischen Herkunft und Behinderung vor. Neben der sexuellen Identität fehlt auch das Alter (für Details wird auf die Kommentierung in Mrozynski SGB I, 4. Aufl. München 2010, § 33c verwiesen). Für die vorliegend relevante Situation des Verhaltens von Mitarbeitenden gegenüber Schutzbefohlenen in der täglichen Betreuung können die hiermit verbundenen Rechtsfragen dahin stehen, da Benachteiligungen der Schutzbefohlenen durch Mitarbeitende aus rassistischen Gründen, wegen der ethnischen Herkunft, des Geschlechts, der Religion oder Weltanschauung, einer Behinderung, des Alters oder der sexuellen Identität in aller Regel unzulässige seelische Verletzungen oder entwürdigende Maßnahmen darstellen.

35 Ebenso Palandt/Diederichsen, BGB Kommentar, § 1626 Rdn. 4.

36 Zitat: Palandt/Diederichsen, BGB Kommentar, § 1631 Rdn. 8

37 Ebenso Palandt/Diederichsen, BGB Kommentar, § 1631 Rdn. 9, Zitat ebd.

zu beachten. Die Eltern dürfen somit erteilte Weisungen und ausgesprochene Verbote oder Gebote ggf. mit Zwang durchsetzen.

Eine weitere Grenze setzt **§ 1666 BGB** mit dem **Schutz des Kindeswohls:** „Wird das körperliche, geistige oder seelische Wohl des Kindes oder sein Vermögen gefährdet und sind die Eltern nicht gewillt oder nicht in der Lage, die Gefahr abzuwenden, so hat das Familiengericht die Maßnahmen zu treffen, die zur Abwendung der Gefahr erforderlich sind."

Die Umschreibung „körperlich, geistig, seelisch" macht deutlich, dass das Kindeswohl umfassend geschützt wird. In Gefahr ist es, wenn eine Sachlage oder ein Verhalten mit ziemlicher Sicherheit zu seiner erheblichen und nachhaltigen Schädigung führen wird. Die Gefahr resultiert meist aus der unzureichenden Qualität bzw. dem Missbrauch elterlicher „Fürsorge" oder Dritter. Den Fachkräften in Kindertageseinrichtungen kommt in solchen Fällen nach § 8a Abs. 4 S. 2 SGB VIII die Aufgabe zu, bei den Erziehungsberechtigten auf die Inanspruchnahme von Hilfen hinzuwirken, wenn sie diese für erforderlich halten, und das Jugendamt zu informieren, falls die Gefährdung nicht anders abgewendet werden kann. Damit verbietet das Gesetz einen **vernachlässigenden,** das Wohl des Kindes gefährdenden Erziehungsstil.[38] Der kann in zwei Varianten auftreten, einmal als elterliche Nachgiebigkeit und zum anderen als elterliche Unengagiertheit.[39] Elterliche **Nachgiebigkeit** kann, obwohl die Eltern auf die kindlichen Bedürfnisse eingehen und sie dem Kind viel Eigenständigkeit gewähren, dennoch zu einer Gefährdung des Kindeswohls führen, weil die Eltern zu wenig von ihm fordern, es also an ausreichender Erziehung fehlen lassen.[40] Man kann hier von einem permissiven Erziehungsstil sprechen. Elterliche **Unengagiertheit** bedeutet, dass die Eltern weder auf die Bedürfnisse ihrer Kinder eingehen, noch klare Erwartungen und Forderungen an sie richten und darüber hinaus sich nicht darum kümmern, was ihre Kinder eigentlich treiben, und sie weitgehend sich selbst überlassen. Man kann hier von Verwahrlosung sprechen.[41] Unsere Rechtsordnung schützt dagegen die entwicklungspsychologisch fundamentale Bedeutung kontinuierlicher Lebens-

---

38 Siehe hierzu: Zum Vierfelderschema elterlicher Erziehungsstile, siehe Fn. 26.

39 Wir benutzen hier Einteilung und Charakterisierung der beiden Erziehungsstile aus Klaus A. Schneewind, Familienpsychologie, 3. Aufl. 2010, S. 182.

40 Beispiele bei Staudinger/Coester, § 1666 BGB Rdn. 122 ff. (Gefährdung der Wertbildung), 127 ff (Beschränkungen von Entwicklungs- und Entfaltungsmöglichkeiten).

41 Beispiele bei Staudinger/Coester, § 1666 BGB Rdn. 117 ff. (Vernachlässigung).

verhältnisse und menschlicher Beziehungen für die kindliche Persönlichkeitsentwicklung.[42]

Die letzte hier relevante Grenze setzt das Strafrecht Eltern und Dritten, namentlich der Tatbestand des **sexuellen Missbrauchs, § 176 StGB** (diese Grenze wird im 4. Kapitel erläutert).

Der abgeleitete Erziehungsauftrag von Kindertageseinrichtungen

Kindertageseinrichtungen haben – im Gegensatz zur Schule – **keinen eigenständigen Erziehungsauftrag,**[43] sondern sollen die Förderung des Kindes in der Familie ergänzen und die Eltern in der Wahrnehmung ihres Erziehungsauftrages unterstützen (§ 22 Abs. 2 Nr.2 SGB VIII). Erziehung, Bildung und Betreuung finden daher dort auf der Grundlage eines **Betreuungsvertrages** mit den Erziehungsberechtigten statt.

> **Der Förderungsauftrag** „umfasst Erziehung, Bildung und Betreuung des Kindes und bezieht sich auf die soziale, emotionale, körperliche und geistige Entwicklung des Kindes. Er schließt die Vermittlung orientierender Werte und Regeln ein. Die Förderung soll sich am Alter und Entwicklungsstand, den sprachlichen und sonstigen Fähigkeiten, der Lebenssituation sowie den Interessen und Bedürfnissen des einzelnen Kindes orientieren und seine ethnische Herkunft berücksichtigen.“ **(§ 22 Abs. 3 SGB VIII)**

Mit der Trias „Erziehung, Bildung und Betreuung“ beschreibt das Gesetz den **„ganzheitlichen und umfassenden Auftrag** der fachlichen Arbeit in Tageseinrichtungen“.[44]

---

42 So auch Staudinger/Coester, § 1666 BGB Rdn. 129ff. (Störungen der Bindungs- und Erziehungskontinuität)

43 Vgl. Wiesner/Struck, SGB VIII Kommentar, § 22 Rdn. 14 m.w.N. Hier geht es um die Rechtsgrundlage der Erziehung in Kindertageseinrichtungen, die nur auf Grund eines Betreuungsvertrages mit den Eltern, also in deren Auftrag, erfolgen kann. Pädagogisch haben Kindertageseinrichtungen dagegen ein eigenständiges didaktisches und methodisches Profil in Abgrenzung zur schulischen Erziehung (so auch z.B. in NRW § 3 Abs. 1 KiBiz).

44 Zitat: Wiesner/Struck, SGB VIII Kommentar, § 22 Rdn. 17.

Der Begriff **Bildung** bezeichnet herkömmlich die eher kognitive Wissensvermittlung, der der **Erziehung** die Weitergabe sozialer, ethischer und religiöser Wertvorstellungen und der der **Betreuung** vor allem die Versorgung und die Aufsicht. [45] Die fachliche Diskussion konzentriert sich seit längerem vorzugsweise auf den Bildungsauftrag und behandelt den Betreuungsaspekt eher am Rande.[46] Dabei hat er für die Bildung und die Erziehung in der Frühpädagogik eine grundlegende Bedeutung (siehe nachfolgenden Abschnitt: psychische Grundbedürfnisse des Kindes und der fachlich adäquate Umgang mit ihnen).

Die nähere Ausgestaltung der Tagesbetreuung erfolgt nach § 26 SGB VIII durch **Landesrecht**. Die meisten Bundesländer haben ihre Kindergartengesetze mittlerweile zu Kindertagesstättengesetzen weiterentwickelt, in die überwiegend die Kindertagespflege einbezogen wird. Diese Ausführungsgesetze werden in der Regel durch Verordnungen, Richtlinien z.B. zu Gruppenstärken, Personalausstattung, fachliche Qualifizierungen etc. und Bildungsvereinbarungen ergänzt.[47] Wie der Bildungsauftrag in diesen Vorschriften inhaltlich näher definiert wird, unterscheidet sich zum Teil ganz erheblich. Durchweg wird in den Bildungsplänen jedoch die Körper- und Sinneserfahrung des Kindes bzw. der geschlechtlichen Identität in den Förderauftrag einbezogen. Für die frühkindliche Sexualität und entsprechende pädagogische Angebote gilt dies jedoch nicht. Sie findet nur in der Hälfte der Bildungspläne Erwähnung. [48]

---

45 Wiesner/Struck, SGB VIII Kommentar, § 22 Rdn. 18f.

46 Eine schöne begriffliche Erläuterung findet sich in Martin R. Textor, Bildung, Erziehung, Betreuung, Unsere Jugend 1999, 51 (12), S. 527-533; inhaltsgleich in: Kindergartenpädagogik – Online-Handbuch – Herausgeber: Martin R. Textor http://www.kinder gartenpaedagogik.de/127.html. Betreuung bedeute, „daß sich eine Person um eine andere kümmert, die mit ihr in der Regel nicht verwandt ist. Sie sorgt sich um sie, hilft ihr und zeigt Zuneigung." Er umschreibt dies sodann näher mit den drei Begriffen: Pflege, Schutz und Fürsorge für das Wohl des Kindes. Kinder müssten sich im Kindergarten geborgen fühlen und sichere Bindungen an die Erzieherinnen ausbilden können. Hierzu gehöre auch die Erfüllung „von Bedürfnissen nach Zugehörigkeit und Liebe, von Bedürfnissen nach Wertschätzung und solchen nach Selbstaktualisierung".

47 So auch Wiesner/Struck, SGB VIII Kommentar, § 22 Rdn. 30f.

48 Ebenso Landeszentrale für Gesundheitsförderung in Rheinland-Pfalz e.V. (LZG); mit Unterstützung der Bundeszentrale für gesundheitliche Aufklärung (BZgA), Köln, 2009, Körpererfahrung und Sexualerziehung im Kindergarten, Handout für pädagogisch Tätige in Kindergarten, Fachberatung, Aus- und Weiterbildung, S. 10. Die Bildungspläne und Leitlinien aller Bundesländer können auf der Website www.bildungsserver.de nachgelesen und heruntergeladen werden, wenn man dem Pfad „Elementarbildung" und „Bildungspläne" folgt.

Schlussfolgerungen

Kindertageseinrichtungen bewegen sich im **Spannungsfeld** zwischen den teilweise grundverschiedenen Lebens- und Erziehungsvorstellungen der Eltern, den stets im Wandel begriffenen Erziehungs- und Moralmaßstäben der Gesellschaft, kulturbedingten Unterschieden, den eigenen Anschauungen der Erzieherinnen sowie multimedialen Einflüssen und Informationen. Dies betrifft insbesondere die emotionale und körperliche Entwicklung des Kindes, die der gesetzliche Förderauftrag den Kindertageseinrichtungen jedoch ausdrücklich mit auf den Weg gibt.

- Aus dem Förderauftrag folgt: Erziehung, Bildung und Betreuung des Kindes müssen – im Unterschied zur Schule – die **soziale, emotionale und körperliche Entwicklung** des Kindes einbeziehen.
- Aus dem unselbständigen Erziehungsauftrag von Kindertageseinrichtungen, der sich aus dem Betreuungsauftrag mit den Eltern ableitet, folgt, dass die **Grenzen des elterlichen Sorgerechts (gewaltfreie Erziehung, strafrechtliche Verbote, …)** auch für die Kindertageseinrichtungen gelten.
- Der **betreuungsvertraglich geschuldete Förderauftrag** zieht die Grenze zulässiger Erziehung, Bildung und Betreuung für Kindertageseinrichtungen enger als für Eltern, für die die Grenze der Gefährdung des Kindeswohl gilt (§ 1666 BGB). Eine Kindertageseinrichtung wird zwar nicht bei jeder Erziehungs-, Bildungs- und Betreuungsmaßnahme den Nachweis zu führen haben, dass sie im Sinne des Kindeswohls unabdingbar („erforderlich") war. Jedoch ist aufgrund des betreuungsvertraglich geschuldeten Förderauftrags zu erwarten, dass sie dem Wohl des Kindes dient, d.h. das Wohl des Kindes insgesamt fördert. Die Grenze wäre demnach dort zu ziehen, wo „eine dem **Wohl des Kindes dienende Erziehung, Betreuung und Bildung nicht mehr gewährleistet** ist" (§ 27 Abs. 1 SGB VIII).
- Aus dem **elterlichen Erziehungsvorrang** und dem unterstützenden Charakter des Förderauftrags der Kindertageseinrichtungen folgt weiter: Pädagogische Fachkräfte dürfen bei der Erziehung, Bildung und Betreuung von Kindern nicht ihre persönliche Einstellung zur emotionalen und körperlichen Entwicklung des Kindes, zur altersgemäßen sexuellen Erziehung etc. zum ausschließlichen Beurteilungsmaßstab erheben. Vielmehr sind die **Vorstellungen der Eltern** sowie **anerkannte pädagogische Grundsätze** zu berücksichtigen.[49]

---

49 Ebenso Friedrich K. Barabass, Sexualpädagogik und Recht, in: Sexualpädagogik

Wir müssen noch genauer klären:

- Was sind die altersgemäßen psychischen, emotionalen und körperlichen Bedürfnisse der Kinder und wie ist fachlich mit ihnen umzugehen (Kapitel 3)?
- Welche absoluten Grenzen zieht das Strafrecht zum sexuellen Missbrauch für pädagogische Ansätze (Kapitel 4)?

Anwendung: Lösen Sie die Eingangsfälle

Zwischenergebnis I: Raster rechtlich zulässigen/unzulässigen Erziehungsverhaltens

Rechtlich zulässiges Erziehungsverhalten	
Körperliche Kontakte **aus fachlichen Gründen** (pädagogischen, pflegerischen, therapeutischen): emotionaler Dialog, Stressregulation, Trösten, …	zulässig
Körperliche Kontakte **zur Durchsetzung von Regeln, Anordnungen**	zulässig
Körperliche Kontakte **zur Wahrung der Aufsicht**	zulässig
Rechtlich unzulässiges Erziehungsverhalten	
Grenze: emotionale und körperliche Erziehung bzw. Betreuung des Kindes, insbes. sexuelle Erziehung, bei der nicht angenommen werden kann, dass sie **den Vorstellungen der Eltern sowie allgemein anerkannten pädagogischen Grundsätzen** entsprechen,	müssen entsprechend dem **elterlichen Erziehungsvorrang** und dem unterstützenden Charakter des Förderauftrags von Kindertageseinrichtungen mit den Eltern abgesprochen bzw. in der Konzeption verankert werden
Grenze: körperliche Bestrafung, alle entwürdigenden und seelisch verletzenden Verhaltensweisen, wie Verletzung der Intimität in entwürdigender Weise	verboten und ggf. strafbar

zwischen Persönlichkeitslernen und Arbeitsfeldorientierung (BZGA), Band 16, S. 40; siehe auch BVerfGE 46, 47 zum Sexualkundeunterricht in der Schule.

Grenze: Gefährdung des Kindeswohls (für Eltern) **Eine dem Wohl des Kindes dienende Erziehung, Bildung oder Betreuung ist nicht mehr gewährleistet (für Kita)**	verboten unzulässig
Grenze: Sexuelle Handlungen i.S.d. § 176 StGB	Verboten und strafbar (wird in Kapitel 4 detailliert erläutert)

Kapitel 3
Altersgemäße Bedürfnisse des Kindes und der fachlich adäquate Umgang mit ihnen

Einführungsfälle

Fall 1: Ein Erzieher lässt sich von einem dreijährigen aus Freude umarmen und lässt zu, dass er nach dem Mittagsschlaf schlaftrunken bei ihm kuschelt. Ist das Verhalten fachlich richtig?

Fall 2: Darf ein Erzieher beim Schlafdienst mittags in der U3-Gruppe sich an das Bett eines Kindes, das nicht einschlafen kann, setzen, und ihm beruhigend über den Kopf streichen?

Fall 3: Darf ein Erzieher die dreijährige Petra, die gefallen ist und weint, auf den Arm nehmen und trösten?

Fall 4: Der zweijährige Peter kommt mit ausgestreckten Armen zu seiner Lieblingserzieherin und will auf deren Arm. Geht das?

Fall 5: Petra will sich nach dem Mittagessen nicht die Zähne putzen. Die Erzieherin besteht jedoch darauf.

Fall 6: Mittagessensregeln
1. Kein Kind muss alles essen, aber es muss zumindest mal probieren.
2. Jedes Kind nimmt sich selbst. Was es nimmt, muss es auch essen.

Darf die Erzieherin hierauf bei ihren Gruppenkindern bestehen?

Die altersgemäßen Bedürfnisse der Kleinkinder

- **Handreichung:** Lesen Sie nachstehenden Text, der mit Hilfe von Handreichungen zu dem bayerischen und dem nordrhein-westfälischen Bildungsplan zur Betreuung von Kindern in den ersten Lebensjahren, einer rheinland-pfälzischen Handreichung für Eltern und einschlägiger wissenschaftlicher Literatur zusammengestellt worden ist.

- **Unterstreichen Sie** alle Textpassagen, die
  eine **wertschätzende Erziehungshaltung** der Eltern und Erziehenden
  und
  die **Gewährung und das Fördern von Eigenständigkeit** durch Eltern und Erziehende umschreiben.

  Hinweis: Achten Sie auf Stichwörter, wie
  - soziale Interaktion, emotionale Beziehung und ihre Bedeutung für das Kind
  - körperliche Nähe, körperliche Zuwendung, Körperkontakt, sanfte Berührung, gefühlvolle Zuwendung
  - Feinfühligkeit und ihre Folgen
  - Situationen intensiven Eins-zu-Eins-Kontakts
  - Situationen der Unterstützung bei der Stressregulation
  - Bedeutung der Pflege nach Emmi Pikler

- **Achten Sie** darauf, von wem die Kontakte, insbesondere die körperlichen und emotionalen, ausgehen und welche Bedeutung sie für die ganzheitliche Förderung bzw. geistige, soziale, emotionale und körperliche Entwicklung des Kindes haben.

- **Sehen** Sie neben einer wertschätzenden Erziehungshaltung und der Gewährung bzw. Förderung von Eigenständigkeit die Notwendigkeit, dem Kindeswillen im pädagogischen Alltag **Grenzen zu setzen** bzw. an das Kind **Forderungen zu stellen**?

„Kinder brauchen für ihr Gedeihen und ihre Entwicklung die körperliche Nähe und gefühlvolle Zuwendung der Eltern und anderer Bezugspersonen." „In den ersten Lebensjahren bedeutet Nähe vor allem Körperkontakt. Je älter ein Kind wird, desto besser erträgt es die räumliche und zeitliche Trennung von vertrauten Personen." [50]

„Der von Geburt an „kompetente" Säugling tritt von der ersten Lebensminute in **Interaktion** mit seiner Umwelt", vor allem seinen Bezugspersonen (Eltern, Erzieherinnen, Großeltern, ...). Beständige und vorhersehbare Erfahrungen emotionaler Sicherheit und Feinfühligkeit ermöglichen es ihm, eine sichere Bindung zu entwickeln. So kann er ohne Angst die Umwelt erkunden und vertrauensvoll auf andere Menschen zugehen. Dabei kommt es auf eine möglichst gute „Passung zwischen Kind und Bezugspersonen" an. Wichtige Variablen in diesen frühen Interaktionsprozessen sind u.a. Empathie und „Feinfühligkeit", das Ermöglichen von Regelmäßigkeit, das adäquate Spiegeln der Lebensäußerungen des Kindes und entsprechende „soziale Rückversicherung".[51]

„**Sichere Bindungsbeziehungen** erfüllen mehrere **wichtige Aufgaben** für die Entwicklung des Kindes:
- Durch die feinfühlige Reaktion auf seine Signale, ... kann sich [das Kind] von Anfang an als aktiv und selbstwirksam erleben und entwickelt diese Selbstwirksamkeit weiter.
- Sichere Bindungsbeziehungen erleichtern dem Kind, seine Umwelt aktiv zu erkunden. Sie bilden für das Kind den sicheren Hafen, von dem aus es die Welt erkundet und zu dem es zurückkehrt, wenn es an seine Grenzen stößt, um Sicherheit zu tanken und wieder erkunden zu können.
- Durch die Erfahrungen in sicheren Bindungsbeziehungen entwickelt das Kind ein positives Selbstbild und positive Erwartungen gegenüber anderen erwachsenen Bezugspersonen.
- In sicheren Bindungsbeziehungen erfährt das Kind eine feinfühlige externe Regulation seiner Emotionen. Hier kann es zunächst im Körperkontakt Beruhigung, Trost aber auch Ermutigung erleben, die ihm helfen, sich allmählich selbst zu regulieren.
- In sicheren Bindungsbeziehungen entwickeln Kinder von Geburt an ihre Kommunikationskompetenz. Feinfühlige Zuwendung und Reaktion auf die Signale des Kindes bilden die Grundlage seiner Kommunikationsfähigkeit."[52]

---

50 Zitate: Remo H. Largo, Babyjahre, 12. Auflage, München 2010, S. 13; ders. Kinderjahre, 17. Aufl., München 2009, S. 103.

51 Zitat: Klaus Fröhlich-Gildhoff, Was brauchen Kinder, um an der Gesellschaft teilzuhaben? – Entwicklungspsychologische Perspektiven, 2007, S. 129.

52 Zitat: Bayerisches Staatsministerium f. Arbeit u. Sozialordnung; München Staatsinstitut für Frühpädagogik (Hg.), Bildung, Erziehung und Betreuung von Kindern in den ersten drei Lebensjahren, Weimar 2010, S. 38 (Im Folgenden abgekürzt: Bildung, Erziehung und Betreuung, Weimar 2010).

Feinfühliges Reagieren der Fachkraft auf kindliche Bedürfnisse in der Einrichtung bildet ähnlich wie bei Müttern und Vätern eine gute Voraussetzung für die Entwicklung einer stabilen und Sicherheit gebenden Beziehung. „Mary Ainsworth hat die elterliche Feinfühligkeit durch vier Merkmale definiert:

1. Die Eltern nehmen die Signale des Kindes wahr. Sie haben es aufmerksam im Blick und bemerken schnell, dass das Kind ihnen gerade etwas Wichtiges mitteilt." (Lächelt oder weint es plötzlich? Wirkt es verkrampft oder gelöst? usw.)
2. „Die Eltern interpretieren die Äußerungen des Kindes richtig." Eltern können an der Tonlage des Weinens ihres Säuglings erkennen, ob er gerade Hunger hat, Schmerzen o.Ä. „Dies gelingt gerade dann am besten, wenn sie sich in die Lage des Kindes versetzen können und nicht ihre eigenen Bedürfnisse als Verständnisgrundlage heranziehen. So bemerkt das Kind, dass es Einfluss auf seine Umwelt hat.
3. Die Eltern reagieren prompt, d.h. umgehend und ohne größere Verzögerungen. Nur so lernt das Kind, eine Verbindung zwischen seinem Verhalten und der herbeigesehnten Reaktion der Eltern herzustellen. Aus dieser Verknüpfung von Aktion und Reaktion entsteht beim Kind ein erstes Gefühl von Effektivität." Natürlich können Fachkräfte nicht immer sofort »alles stehen und liegen lassen«, wenn ein Kind weint. Man sollte jedoch immer versuchen, den emotionalen Bedürfnissen jedes Kindes genug Raum und Zeit zu geben
4. „Die Eltern reagieren angemessen auf die Äußerungen des Kindes, d.h., sie dosieren ihre Interventionen entsprechend den realen Bedürfnissen des Kindes. Das Kind lernt dabei seine Signale differenziert einzusetzen."[53]

Situationen, in denen es die Möglichkeit zu intensiven Eins-zu-Eins-Kontakten gibt, eignen sich dazu sehr gut. Dazu gehören zum Beispiel Pflegesituationen (Wickeln, Anziehen, Körperpflege und Hygiene), das Füttern (bei Säuglingen und sehr jungen Kleinkindern), Trösten und Spielen.

Solche Situationen können genutzt werden, um die Aufmerksamkeit möglichst ungeteilt dem Kind zuzuwenden, seine Bedürfnisse herauszufinden, darauf zu reagieren und liebevoll mit ihm zu kommunizieren. Genauso wichtig ist es, das Bedürfnis des Kindes nach körperlicher Zuwendung zu erkunden und darauf zu reagieren. Säuglinge und Klein(st)kinder haben häufig ein hohes Bedürfnis nach körperlicher Zuwendung und Körperkontakt."[54]

Schon Emmi Pikler wies darauf hin, dass „das Baby oder das Kleinkind die wichtigsten sozialen Erfahrungen [macht], während es gefüttert, gewickelt oder angezogen wird. ... Sie erkannte, dass die Art und Weise, wie Eltern, Tagespflegepersonen und pädagogische Fachkräfte mit den Kindern umgehen, zum Ausdruck bringt, was sie wirklich für das Kind empfinden. Aus diesem Grund hat Pikler der Pflege einen so hohen Stellenwert für die Fachkraft-Kind-Beziehung eingeräumt. Kinder sehen die

53 Zitate: Bethke, Christian; Braukhane, Katja; Knobeloch, Janina, Bindung und Eingewöhnung von Kleinkindern, Troisdorf 2009, S. 23.

54 Zitat: Bildung, Erziehung und Betreuung, Weimar 2010, S. 44.

Pflege als Gelegenheit, in der sie von ihrer Bezugsperson absolute Aufmerksamkeit erhalten."[55]

Mimik und Körpersprache sind als vorsprachliche Kommunikation des Kindes von herausragender Bedeutung für seine Bindung an Bezugspersonen und damit für seine emotionale Entwicklung. „Wer Kinder aufmerksam beobachtet, kann bei ihnen schon von Geburt an ein großes Spektrum von Formen, Nuancen und Ausdrucksstärken der Mimik – in Abhängigkeit von der aktuellen Befindlichkeit und den Bedürfnissen – erkennen. Sogar die Nachahmung einfacher mimischer Bewegungen der Bezugsperson (Öffnen des Mundes, Vorstrecken der Zunge) ist den meisten Kindern bereits von den ersten Lebenstagen an möglich.
Der Bindungsprozess zwischen dem Säugling und seinen hauptsächlichen Bezugspersonen wird über die Feinabstimmung zwischen den Signalen des Kindes und den Reaktionen der Bezugsperson gesteuert.

Signale des Kindes in der vorsprachlichen Kommunikation
- Vokalisation/Schreien
- Blickkontakt
- Mimik
- Körpersprache

Zur Körpersprache tragen, neben der Mimik, verschiedene motorische Phänomene bei, insbesondere:
- Anspannung oder Entspannung der Muskulatur,
- hektische oder ruhige Bewegungen,
- Faustschluss oder lockere Öffnung der Hände,
- Zuwenden oder Abwenden des Kopfes und des Blicks,
- ruhige oder beschleunigte Atmung.

So signalisieren beispielsweise ein interessierter Blick, geöffnete Hände, entspannte Gesichtszüge, ein Lächeln und ruhige Spontanmotorik die Bereitschaft zur Kontaktaufnahme; ein Abwenden des Kopfes und des Blicks bei entspannter Muskulatur zeigt Ermüdung an; Schreien, hektische Bewegungen, angespannte Muskulatur mit geballten Fäustchen sind Hinweise auf Bedürfnisse wie Fütterung oder Zuwendung und Beruhigung. In der Regel verfügen Mütter (und auch Väter) über intuitive Kompetenzen, um die Signale der Mimik und der Körpersprache wahrzunehmen, richtig zu interpretieren und angemessen darauf zu reagieren."[56] … Nicht angemessen wäre eine rein verbale Kommunikation seitens der Eltern bzw. der Fachkraft. „Ergänzend sollten Mimik, Gestik und eine entsprechende Lautierung (‚Babytalk') eingesetzt werden, indem man zum Beispiel den Gesichtsausdruck des Kindes spiegelt und dazu spricht. Aber auch Körperkontakt und sanfte Berührungen spielen eine große Rol-

55 Zitat: Bildung, Erziehung und Betreuung, Weimar 2010, S. 86 f.
56 Zitat: Hans G. Schlack, Motorische Entwicklung im frühen Kindesalter, 2012, S. 10 f.

le im emotionalen Dialog mit jungen Kindern, zum Beispiel ein Baby zu tragen oder es leicht zu schaukeln."[57]
Für die Fachkraft in der Kindertageseinrichtung stehen die Bedürfnisse, Fragen und Interessen der Kinder im Mittelpunkt ihrer pädagogischen Arbeit. Für sie gilt: „Über Körperkontakt und den Einsatz von Mimik und Gesten erfahren pädagogische Fachkräfte bzw. Tagespflegepersonen, welche Bedürfnisse (an Spielzeug, Spielaktivitäten, des Essens, nach einer Ruhepause, nach Gewickelt-werden) die jungen Kinder haben.[58]

Mit allen Sinnen die Welt begreifen: „Die Wahrnehmung des eigenen Körpers und die Erfahrungen seiner Wirksamkeit sind grundlegende Erfahrungen für jedes Kind. Der erste Bezugspunkt des Kindes ist sein Körper mit seinen Bewegungen, Handlungen und Gefühlen. Kinder fühlen zunächst körperlich, mit allen Sinnen erforschen sie sich selbst über ihren Körper. Über Tasten, Fühlen und Saugen begreifen Kleinkinder die Welt. Sie entwickeln ihr Selbstkonzept und ihre Identität und gewinnen dadurch Vertrauen in ihre eigenen Fähigkeiten. Über Körperkontakt treten Kinder in Beziehung zu anderen Menschen, dabei ist das Bedürfnis nach Nähe von Kind zu Kind unterschiedlich und es gilt dieses sensibel zu erkennen und zu respektieren. Gerade bei sehr jungen Kindern ist die Beziehung zu Erwachsenen in hohem Maße durch Körperkontakt geprägt. Wickeln und Füttern dürfen deshalb nicht auf Pflege reduziert werden, sondern sind Zuwendung, Anregung der kindlichen Sinne und Befriedigung der kindlichen Bedürfnisse.
Kinder benutzen beim Spielen ihre Körpersinne und suchen differenzierte Erfahrungsmöglichkeiten über die verschiedenen Sinne (z. B. Tastsinn, Sehsinn, Hörsinn, Gleichgewichtssinn, Geschmacks- und Geruchssinn). Diese sind Grundvoraussetzungen für selbstgesteuerte Lern- und Bildungsprozesse.
Kinder brauchen somit eine anregungsreiche Umgebung und Materialien, die ihnen die Möglichkeit geben, ihre Sinne zu gebrauchen und auszubilden. Dies sollte bei kleinen Kindern in besonderem Maße in der Raumgestaltung und in der Auswahl der Materialien berücksichtigt werden."[59]

Unterstützung kindlicher Emotionsregulation und Affektabstimmung: Die Bezugspersonen unterstützen das Kind bei der (zunehmenden Selbst-) Regulation seiner Emotionen; nach Papousek ... geht es dabei um „die Regulation von arousal (Erregung [allgemein, z. B. Schlaf/Wachrhythmus, KFG]), activity (motorische Aktivität), affect (affektive/emotionale Erregung) und attention (Aufmerksamkeit)" ... „Dabei sind die Neugeborenen noch ganz auf die eine Regulation ihrer Emotionen durch die Bezugspersonen angewiesen, während ältere Säuglinge und Kleinkinder in zuneh-

57 Zitat: Bildung, Erziehung und Betreuung, Weimar 2010, S. 53.
58 Eng an Bildung, Erziehung und Betreuung, Weimar 2010, S. 86.
59 Zitat: Ministerium für Familie, Kinder Jugend Kultur und Sport; Ministerium für Schule und Weiterbildung, Mehr Chancen durch Bildung von Anfang an, Düsseldorf 2011, S. 38.

mendem Maße geringe emotionale Belastungen selbst regulieren können, jedoch beim Erleben negativer Gefühle auf Bewältigungshilfen seitens der Eltern angewiesen sind."[60]

Beispiel: Das Baby beruhigen. Die Methode des **gestuften Tröstens** nach Brazelton gibt eine gute Orientierung zu beobachten, wie viel Hilfe das Baby braucht und ob es (noch) alleine zurechtkommt.

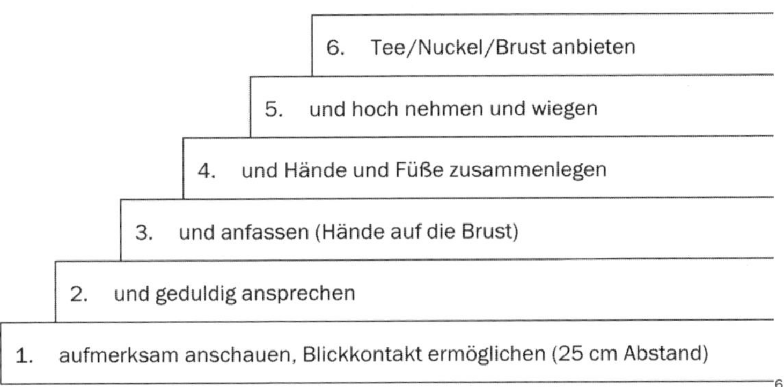

[61]

„Im Alltag von Kindertageseinrichtungen sind Kinder häufig einem hohen Stresspegel ausgesetzt – und reagieren darauf mit einer erhöhten Stresshormonausschüttung … Junge Kinder brauchen hier zum einen Unterstützung bei der Stressregulation in der Interaktion mit der Bezugsperson … und natürlich zum anderen auch Phasen der Ruhe und Entspannung im Alltag von Kindertageseinrichtungen … oder auch in der Familie."[62]

„Aber viel wichtiger sind für Kinder Nähe und angenehme Berührungen. Kleinkinder brauchen das, um alltägliche Frustrationen zu kompensieren."[63]

---

60 Zitat: Klaus Fröhlich-Gildhoff, Was brauchen Kinder, um an der Gesellschaft teilzuhaben? – Entwicklungspsychologische Perspektiven, 2007, S. 129.

61 Entnommen Ministerium für Arbeit, Soziales Familie und Gesundheit Rheinland-Pfalz, Auf den Anfang kommt es an, Mainz 2006, S. 247.

62 Zitat: Bildung, Erziehung und Betreuung, Weimar 2010, S. 38.

63 Zitat: Daniel Frank, nach Uwe Sielert, in: Kinder: Doktorspiele erlaubt?, www.baby-und-familie.de, 12.03.2013.

Fachlich adäquater Umgang mit Kindern: Kultur der Wertschätzung und Eigenständigkeit in Grenzen

Die Ergebnisse lassen sich zu drei Grundsätzen fachlich adäquaten, pädagogischen Verhaltens zusammenfassen: Eltern und Erziehende sollen die kindlichen Bedürfnisse nach einem liebevollen, akzeptierenden und unterstützenden Verhalten beantworten („**Elterliche Wertschätzung**"), dabei aber auch Grenzen setzen sowie Erwartungen an ihre Kinder stellen bzw. ihnen Forderungen zumuten („**Fordern und Grenzen setzen**") und schließlich ihren Kindern genügend Spielraum geben, um selbst Erfahrungen machen zu können („**Gewährung und Fördern von Eigenständigkeit**").[64]

Der Textauszug zu den psychischen Grundbedürfnissen beschreibt einmal eine **wertschätzende pädagogische Erziehungshaltung** der Eltern bzw. Erziehenden. Sie sollen

- mit ihren Kindern feinfühlig umgehen,
- ihre Kinder durch sichere Bindung und Beziehung emotional, sozial und körperbezogen stärken, wann immer sie das brauchen,
- sich freuen, mit ihnen zusammen zu sein (Pikler).[65]

Kinder brauchen für ihr Gedeihen und ihre Entwicklung die körperliche Nähe und die gefühlvolle Zuwendung der Eltern und Erziehenden, die ihre Wertschätzung in entsprechend feinfühligem Verhalten ausdrücken.

Ein Grundsatz, **Zärtlichkeiten** seien nur zulässig, wenn sie von den Kindern ausgehen, lässt sich angesichts der Bedeutung „feinfühligen Verhaltens in der Fachkraft-Kind-Beziehung" zumindest für U3-Kinder nicht aufstellen. Feinfühliges Verhalten bedeutet, die Signale des Kindes wahrzunehmen, sie (richtig) zu interpretieren und seitens der Mitarbeitenden prompt und angemessen auf diese Signale zu reagieren. Dies gilt insbesondere für die wenigen, intensiven Eins-zu-Eins-Kontakte beim Pflegen (Wickeln, Anziehen, Körperpflege und Hygiene), Füttern (Säuglinge und Kleinstkinder), Trösten und Spielen. In diesen Situationen ist die Aufmerksamkeit möglichst ungeteilt dem Kind zuzuwenden, sind seine Bedürfnisse herauszufinden, um darauf zu reagieren und liebevoll mit ihm zu kommunizieren. Das Bedürfnis des U3-Kindes nach körperlicher Zuwendung ist zu erkunden und darauf zu reagieren. Denn Säuglinge und Klein(st)kinder haben

---

64 Zur deutlicheren Strukturierung lehnen wir uns hier an das Schema „Freiheit in Grenzen" von Klaus A. Schneewind, Familienpsychologie, 3. Aufl. 2010, S. 183 an.

65 In Anlehnung an Klaus A. Schneewind, Familienpsychologie, 3. Aufl. 2010, S. 183 („Elterliche Wertschätzung").

häufig ein hohes Bedürfnis an körperlicher Zuwendung und Körperkontakt.

Die **Rechtsordnung** geht nicht so weit, die skizzierte optimale Erziehungshaltung verbindlich vorzuschreiben. Sie lässt vielmehr Spielraum in der Wahl und der Umsetzung des pädagogischen Konzepts und setzt Eltern die Grenze erst da, wo ihr **vernachlässigendes bzw. unengagiertes** Verhalten das Kindeswohl gefährden würde (§ 1666 BGB), während bei Erziehenden die Grenze bereits überschritten wird, wo „eine dem Wohl des Kindes oder des Jugendlichen entsprechende Erziehung nicht [mehr] gewährleistet ist" (§ 27 Abs. 1 SGB VIII). An diesem Eckpunkt wird auch deutlich, dass **Recht allein nicht ausreichen kann**, um dem kindlichen Wohl umfassend gerecht zu werden.[66] Wenn Erzieherinnen nicht nett oder fröhlich sind, wenn sie sich nicht wirklich für das Leben ihrer Kinder interessieren, wenn sie distanziert sind, so verletzen sie noch nicht notwendig Rechte der Kinder, da sich ein solches Verhalten rechtlich nicht verbindlich fixieren lässt.[67] Ohne liebende individuelle Umsorgung durch stabile Bezugspersonen ist aber das Gedeihen von Kindern in Frage gestellt.[68] Hier sind letztlich die Motivation und das Engagement des Teams sowie jedes Einzelnen zur Formulierung und Umsetzung einer entsprechenden fachlichen Konzeption gefragt.

Der Textauszug zu den psychischen Grundbedürfnissen beschreibt weiter **die Gewährung und das Fördern von Eigenständigkeit** als wichtige Erziehungshaltung für Eltern und Erziehende. Hier können wir zudem auf wichtige Ergebnisse unserer Arbeit an den Rechtsgrundlagen (siehe Kapitel 2) zurückgreifen. Eltern und Erziehende

- sollen durch ihren ko-konstruktiven Ansatz die Bedürfnisse und Ansichten der Kinder ernst nehmen,
- sollen durch (emotionale) Feinfühligkeit mit dem Kind in einen „Dialog" kommen,
- sollen ihren Kindern altersgerecht weitgehend eigene Entscheidungen ermöglichen und dadurch ihre Entscheidungsfähigkeit und Selbstverantwortlichkeit stärken (Partnerschaftliche Erziehung, § 1626 Abs. 2

---

66 So zu Recht auch Johannes Giesinger, Die moralischen Rechte der Kinder, International review of education 53 (2007), 73 (86).

67 Onora O'Neill, Children's Rights and Children's Lives, Ethics 98, 445-463, zitiert nach Johannes Giesinger, Die moralischen Rechte der Kinder, International review of education 53 (2007), 73 (84).

68 Johannes Giesinger, Die moralischen Rechte der Kinder, International review of education 53 (2007), 73 (87).

BGB; Gewaltverbot, § 1631 Abs. 2 BGB; Förderziel Selbstständigkeit § 22 Abs. 2 Nr. 1 SGB VIII),
- sollen ihren Kindern durch vertraute, emotional bedeutsame Beziehungen die Grundlage geben, sich als aktiv handelnde und selbstwirksame Person zu erleben.[69]

Bereits Kleinkinder haben einen **eigenen Willen** und wissen diesen auszudrücken. U3-Kinder können ihn durch „Mimik, Gestik und allgemeinen körperlichen Ausdruck des Wohl- bzw. Unwohlseins" schon recht deutlich vermitteln.[70] Um ihn zu berücksichtigen, benötigen Eltern und Erzieherinnen Feinfühligkeit im o.g. Sinne, kindliche Äußerungen wahrzunehmen, sie richtig zu interpretieren und darauf prompt und angemessen zu reagieren. „Ab etwa dem dritten Lebensjahr sind Kinder zunehmend in der Lage, ihre Vorstellungen und Wünsche sprachlich auszudrücken."[71] Die **Rechtsordnung** verpflichtet Eltern und in deren Auftrag Erzieherinnen gem. § 1626 II BGB dazu, Neigungen, Bindungen oder Wille des Kindes bei ihren Entscheidungen **zu berücksichtigen**.[72] Sie formuliert hier wieder einen Mindeststandard und lässt der Pädagogik einen weiten Gestaltungsspielraum.[73] Der Rechtsgrundsatz der Partnerschaftlichkeit gilt nur für Angelegenheiten,

69 Nach Klaus A. Schneewind, Familienpsychologie, 3. Aufl. 2010, S. 183 („Gewährung und Fördern von Eigenständigkeit").

70 Maywald: Die Beteiligung des Kindes an der Einigung der Eltern, FPR 2010, 460 (462).

71 Maywald: Die Beteiligung des Kindes an der Einigung der Eltern, FPR 2010, 460 (462).

72 Röchling: Kindeswille und Elternrecht, FPR 2008, 481(483).

73 Der Umgang mit Autonomie ist nach Heidi Keller, Kinderalltag. Kulturen der Kindheit und ihre Bedeutung für Bindung, Bildung und Erziehung, Berlin 2011, S. 17-19 kulturabhängig. In westlichen Mittelschichtfamilien würden schon Kleinstkinder „ermutigt, eigenständig Wahlen zu treffen, Präferenzen zu äußern und sich durchzusetzen, andererseits helfen Eltern ihnen bis ins Schulalter" in persönlichen Bereichen wie die „Zähne putzen, sich anzuziehen und die Sachen für die Schule zusammenzusuchen. Dazu kommen endlose Verhandlungen zwischen Eltern und Kindern, wer nun die Jacke des Kindes vom Haken nimmt oder den Müll rausträgt". Dieses Verständnis von Autonomie sei nicht selbstverständlich. Weitaus verbreiteter sei das traditionell bäuerliche Modell der Verbundenheit. In ihm „steht das (familiäre) Beziehungsgefüge im Zentrum." Dieses sei, meist nach Alter und Geschlecht, hierarchisch organisiert und verbindlich. Autonomie beziehe sich in ihm „auf die Bedürfnisse, Vorstellungen und Intentionen der Gemeinschaft." Zusammen arbeiten zu müssen, um den Lebensunterhalt zu sichern, setze voraus, dass selbstverantwortlich und selbstbestimmt Aufgaben im Haushalt übernommen werden.

zu deren Beurteilung das Kind bereits in der Lage ist.[74] Er räumt dem Kind kein Mitentscheidungsrecht ein.[75] Die Eltern müssen den Wünschen des Kindes nicht nachgeben und seinem Willen folgen,[76] sondern sollen wichtige Entscheidungen mit ihm besprechen und erwägen, ob und inwieweit der Wille des Kindes in der Entscheidung Bedeutung erlangen kann.[77] Hier muss also das Team eine pädagogische Linie finden.

Das betrifft in unserem Zusammenhang (sexueller) Übergriffe zum Beispiel den **altersangemessene Umgang mit Körperscham**,[78] die relativ spät auftritt.[79] Es geht darum, die sich entwickelnde Selbstachtung[80] des Kindes durch Schutz seines persönlichen Intimbereichs vor Übergriffen zu respektieren und zu unterstützen.

Kleinstkinder konfrontieren Erwachsene noch **neugierig und unbefangen** mit ihren Fragen zu Körper, Sinn, Gefühlen und Freundschaft: „*Warum hat die Frau dort drüben so einen dicken Bauch?*" oder „*Warum hat*

74 BT-Drs. 7/2060 S. 16; Palandt/Diederichsen, BGB Kommentar, § 1626 Rdn. 22; Barbara Veit, in Bamberger/Roth Beck'scher Online-Kommentar BGB, § 1626 Rdn. 32; zur altersgemäßen Partizipation in Trennungs- und Scheidungssituationen Maywald FPR 2010, 460 ff.

75 OLG Karlsruhe, NJW 1989, 2398; Palandt/Diederichsen, BGB Kommentar, § 1626 Rdn. 22.

76 OLG Karlsruhe FamRZ 1989, 1322; Palandt/Diederichsen, BGB Kommentar, § 1626 Rdn. 22; Barbara Veit, in Bamberger/Roth Beck'scher Online-Kommentar BGB, § 1626 Rdn. 32.

77 Röchling: Kindeswille und Elternrecht, FPR 2008, 481(482).

78 Bei gravierenden Verletzungen des Intimbereichs kann auch die Grenze entwürdigender Erziehungsmaßnahmen überschritten werden (§ 1631 Abs. 2 BGB) oder ein Fall der Kindeswohlgefährdung vorliegen (§ 1666 BGB): siehe Völker, Mallory; Clausius, Monika (2012): Sorge- und Umgangsrecht. 5. Aufl. Bonn § 1 Rdn. 75; Krüger FamRZ 1956, 333; Coester/Staudinger BGB KommentarBerlin 2009, § 1666 BGB Rdn. 157, OLG Köln FamRZ 1996, 1027; BayObLG DAVorm 1983, 78 (79).

79 Verlegenheitsreaktionen treten schon mit 1,5 Jahren auf, z.B. beim Vorsingen. Solche Reaktionen auf Situationen erhöhter Aufmerksamkeit werden überwiegend nicht als „echte Scham" eingeordnet. Siehe hierzu Daniel Haas, Das Phänomen Scham, Stuttgart 2013, S. 45 m.w.N. Gründe, warum Körperscham bei Kindern später als Kompetenz-, Idealitäts-, ödipale oder Existenzscham etc. auftritt, sind nach Haas (Zitat S. 47, Schambegriffe S. 36 f.) folgende: „Körperschamsituationen zeichnen sich durch hohe Komplexität aus, da sie stark kontextabhängig sind. So besteht zum Beispiel in den meisten Familien die Gewohnheit, sich in bestimmten Situationen nackt zu zeigen. In der Öffentlichkeit wird dies jedoch bis auf sehr spezifische Ausnahmen nicht akzeptiert. Hinzu kommt, dass Körperschamregeln manchmal von den erziehenden Personen gar nicht explizit benannt oder erklärt werden. Viele Themen sind tabuisiert, besonders die aus dem Bereich des Sexuellen."

80 Zum Aspekt der Selbstachtung siehe Johannes Giesinger, Die moralischen Rechte der Kinder, International review of education 53 (2007), 73 (80f).

Mama einen Busen und Papa nicht?". Sie kennen noch keine peinlichen Fragen und bringen damit Eltern und Erzieher oft zum Schmunzeln oder in Verlegenheit, wenn sie auf diese Fragen reagieren sollen.[81]

Zur Frage, vor wem, wann und wie sich nun kindliche Scham entwickelt, kann auf die Ergebnisse von Bettina Schuhrke, „Kindliche Körperscham und familiale Schamregeln" zurückgegriffen werden.[82] Sie versteht unter Körperscham, „dass bestimmte Körperregionen, körperliche Ausscheidungen oder körperbezogene Handlungen von anderen nicht wahrgenommen werden sollen – nicht gesehen, nicht gerochen, nicht gehört, nicht gefühlt beziehungsweise nicht angefasst."[83]

Das Erlernen körperschambezogener Verhaltensregeln ist – ungeachtet aller Unterschiede im Einzelnen – in allen Kulturen eine **wichtige Entwicklungsaufgabe**. Der **primären Bezugsperson** kommt hierbei eine zentrale Rolle zu. Sie lebt den Kindern modellhaft ihre Form des Umgangs mit Körperlichkeit im familiären Alltag vor und reagiert einschränkend, korrigierend oder zustimmend auf den Umgang der Kinder mit deren Körper. Mitunter gibt sie den Kindern ausdrücklich körperbezogene Regeln mit. Später

---

81 Aus: Körpererfahrung und Sexualerziehung im Kindergarten, BZGA, Vorwort.

82 Schuhrke, Bettina, Kindliche Körperscham und familiale Schamregeln, in: BZgA Forum Sexualaufklärung: Kinder, 1998-2, S. 9-13; dies., Scham, körperliche Intimität und Familie, in: Zeitschrift für Familienforschung, 1999, S. 59-83. Die Studie beschäftigt sich speziell mit Körperscham im Sinne eines Schutzes des intimen Raums vor dem (ungewollten) Zugriff Dritter und nicht mit (kindlicher) Scham insgesamt. Im Alter von 3 Jahren tritt Scham typischerweise auch bei der Entwicklung des Selbstverständnisses auf: In dem Alter „sind es die Blicke anderer, die unsere Kleinen zu verstören beginnen." In solchen Situationen werden Kinder Unsicher und Verlegen. „Kinder begegnen dieser Verunsicherung erstaunlich konstruktiv. Sie nutzen kleine Figuren, Puppen, Plüschtiere und Ähnliches als symbolische Modelle für ihr eigenes Körperselbstbild. Indem sie sich in diese Figuren hineinträumen, haben sie gleichzeitig eine Möglichkeit gefunden, die Blicke ihres Gegenübers zu lenken. Eine weitere Möglichkeit liegt im Schminken und Verkleiden. Als Prinzessin oder Cowboy, Polizistin oder Zirkusdompteur, Magierin oder Ritter verkleidet, gewinnen die Kinder zunehmend die Kontrolle über das, was ihr Gegenüber sieht, wenn sie angeschaut werden.", Zitat: André Frank Zimpel, Sensorische Integration, S. 239 (242 f.), in Markus Dederich, Wolfgang Janzen, Renate Walthes, Sinne, Körper und Bewegung, Stuttgart 2011. Zudem schämen sich Kinder oft in Situationen öffentlicher Aufmerksamkeit, z.B. wenn sie im Kinderchor auftreten sollen und auf einmal nicht mit auf die Bühne gehen wollen oder sich verschämt hinter ihre Erzieherin stellen; schämen sie sich, wenn sie z.B. beim Mensch-Ärger-Dich-nicht verlieren und sich ärgern, weil andere Kinder oder Erzieherinnen sie belächeln usw., siehe Udo Baer, Gabriele Frick-Baer, Vom Schämen und Beschämtwerden, Weinheim 2008, S. 8f.

83 Bettina Schuhrke, Scham, körperliche Intimität und Familie, in: Zeitschrift für Familienforschung, 1999, S. 59 (62).

wird das Kind dann mit dem Körperschamverhalten anderer Personen wie Erziehenden, Gleichaltrigen etc. konfrontiert.[84]

Zeichen für sich entwickelnde Körperscham sind neben handlungsorientierten Indikatoren: wie Rückzug in ein anderes Zimmer beim Umziehen, Suchen eines besonders unbeobachteten Ortes beim Toilettengang im Freien und so weiter, die den Wunsch nach Privatsphäre anzeigen, kognitive Indikatoren: wie Kommentierung oder Beurteilung eigenen bzw. fremden körperbezogenen Verhaltens durch ein Kind und emotionale Indikatoren: wie Erröten, Blick senken, Verwirrung, erhöhte Aktivität etc.[85]

Erste Kinder beginnen sich mit drei Jahren zu schämen, bei der Mehrheit sind erste Anzeichen im **vierten oder fünften Lebensjahr** festzustellen. Mit sieben Jahren zeigen praktisch alle Kinder deutlich körperbezogene Schamgefühle.[86]

In der Familie ist die Pubertät der markante Einschnitt, bis zu dem **wechselseitiges Nacktsehen** in Ordnung ist.[87] Die Eltern orientieren sich im familiären Umgang am kindlichen Schamgefühl. Das Alter, ab dem in der Familie **wechselseitige Berührungen an Geschlechtsteilen** ausgeschlossen wird, schwankt erheblich und ist von zahlreichen Kontextbedingungen abhängig, wie:

- die Gründe: sexuelles Wissen, spielerisch neckend, mit sexueller Erregung, medizinische Notwendigkeit
- ob absichtlich oder zufällig passierend
- ob das Kind für bestimmte Pflegehandlungen selbständig genug ist.

Der Toilettengang ist schambesetzter als die Körperreinigung, beim Liebesleben machen Eltern eine scharfe Trennung zwischen Zärtlichkeiten und Geschlechtsverkehr.[88] Verschiedene Ergebnisse zeigen, dass Jungen sich

---

84 Nach Daniela Haas, Das Phänomen Scham, Stuttgart 2013, S. 46, unter Bezug auf Bettina Schuhrke S. 65 f.

85 Nach Daniel Haas, Das Phänomen Scham, Stuttgart 2013, S. 46 unter Bezug auf Bettina Schuhrke S. 70. Ein Mädchen forderte zum Beispiel ihre Mutter auf, sich am Strand nicht „oben ohne" zu sonnen.

86 Bettina Schuhrke, Scham, körperliche Intimität und Familie, in: Zeitschrift für Familienforschung, 1999, S. 59 (69).

87 Siehe hierzu Schuhrke, Bettina, Kindliche Körperscham und familiale Schamregeln, in: BZgA Forum Sexualaufklärung: Kinder, 1998-2, S. 9 (12).

88 Das Bewusstsein und die Grenzen des intimen Raums sind zudem kulturell und individuell verschieden. Seine Grenzen sind (auch beim Erwachsenen) nicht statisch, entwickeln sich mit dem Alter, verändern sich mit der Lebenserfahrung (z.B. traumatischen Erlebnissen) und sind personengebunden. Sie hängen in hohem Maße auch von den Lebensumständen und nicht nur von der in dieser Studie betrachteten

zwar mehr als Mädchen vor weiblichen Personen schämen, Mädchen aber nicht mehr als Jungen vor männlichen Personen.[89]

Scham ist also keine überholte, gesellschaftlich erzwungene Prüderie, sondern ein sich beim Kind entwickelnder **Schutz seines persönlichen Intimbereichs** vor Übergriffen. Wenn Erziehende und Eltern hier klare Grenzen der eigenen Privatsphäre setzen, lernt das Kind, sein Gefühl für seine Privat- und Intimsphäre zu schärfen. Dabei bezieht sich Scham nicht nur auf den Umgang mit Nacktheit. Auch verbale Beschämungen können die Intimsphäre des Kindes bloßstellen. [90] Beschämung kann demütigen und seelisch verletzen, dann ist im Umgang mit ihr die rechtliche Verbotsgrenze definitiv erreicht (§ 1631 Abs. 2 BGB).

- Wie wird Scham in Ihrer Einrichtung Rechnung getragen?
- Welche fachlichen Leitlinien liegen der Gewährung und dem Fördern von Eigenständigkeit in Ihrer Einrichtung zu Grunde?

In der Rechtsordnung finden sich schließlich vor allem Vorgaben zum dritten Aspekt der Erziehung, das **Fordern und Grenzen setzen.** Eltern und Erziehende sollen nach der Umschreibung dieses Erziehungszieles von Schneewind

- „ihren Kindern etwas zutrauen und Forderungen stellen, die ihre Entwicklung voranbringen,
- … Konflikte mit ihren Kindern nicht scheuen, aber konstruktiv austragen,
- … gegenüber ihren Kindern eigene Meinungen haben und diese überzeugend vertreten,
- … klare, dem Entwicklungsstand ihrer Kinder angemessene Grenzen setzen und auf deren Einhaltung bestehen.“[91]

An dieser Umschreibung fällt auf, dass die **Rechtsordnung** im frühpädagogischen Bereich bei diesem Eckpunkt geringere Spielräume gewährt, als bei den anderen beiden Eckpunkten. Eine **Grenzsetzung** seitens der Eltern bzw. Erziehenden muss in den Fällen erfolgen, wo der kindliche Wille dem

---

konkreten Situation ab, siehe hierzu Udo Baer, Gabriele Frick-Baer, Vom Schämen und Beschämtwerden, S. 17-20 Weinheim 2008.

89 Schuhrke, Bettina, Kindliche Körperscham und familiale Schamregeln, in: BZgA Forum Sexualaufklärung: Kinder, 1998-2, S. 9 (11).

90 Uwe Sielert, Einführung in die Sexualpädagogik, Weinheim 2005, S. 168.

91 Klaus A. Schneewind, Familienpsychologie, 3. Aufl., Stuttgart 2010, S. 183.

wohlverstandenen Wohl des Kindes nicht mehr entspricht (§ 1666 BGB, § 27 SGB VIII).[92] Die Erzieherin hat die Erziehungsziele in § 22 Abs. 2 Nr. 1 SGB VIII, in §§ 3, 8, 10, 13 KiBiz sowie die **Bildungsziele** in der Bildungsvereinbarung NRW „Grundsätze zur Bildungsförderung für Kinder von 0 bis 10 Jahren" zu beachten, die für die Bildungsbereiche „Bewegung, Spielen und Gestalten, Medien, Sprache sowie Natur und kulturelle Umwelt(en)" ausdifferenziert, wie „die Entwicklung des Kindes zu einer eigenverantwortlichen und gemeinschaftsfähigen Persönlichkeit zu fördern" ist. Das bedeutet z.B., dass ein Kind, das sich mittags nicht die Zähne putzen will, gleichwohl im Sinne des Bildungszieles „Gesundheit" hierzu konsequent anzuleiten und anzuhalten ist.

Das Erziehungsziel der **„Gemeinschaftsfähigkeit"**[93] in § 22 Abs. 2 Nr. 1 SGB VIII zeigt, es geht nicht um die Förderung isolierter Individualinteressen, sondern um das Gesamtwohl eines gemeinschaftsfähigen Kindes.[94] Seine Eigeninteressen sind in der Familie mit denen der Geschwister und der Eltern, in der Kindertagesstättengruppe mit denen der anderen Kinder in Einklang zu bringen, d.h. es muss lernen, mit seinen Wünschen auch zurückzustecken. Solche Interesseneinbußen aufgrund der Orientierung an gemeinsamen Grundwerten und der Beachtung von Regeln in der Gruppe, der Achtung und Toleranz anderer in der Gemeinschaft sind keine Beeinträchtigung des Gesamtwohls des Kindes, sondern ihm im Sinne seiner Erziehung zur Gemeinschaftsfähigkeit zuzumuten.[95]

Aufgrund der Förderung der Kinder in Gruppen (§ 22 Abs. 1 SGB VIII) müssen Kinder hinnehmen, dass ihre Individualinteressen mit denen der anderen Kinder der Gruppe in Einklang gebracht werden. Allerdings sollte das Kind dann seinerseits erwarten können, dass die Erzieherin professionell, d.h. weniger spontan und parteilich als die Eltern eines Kindes agiert, sondern **bewusst, begründet und fair** gegenüber jedem Kind der Gruppe handelt.[96] Die Ergebnisse von Ahnert zu geschlechtsspezifischen Unterschieden in der Fachkraft-Kind-Beziehung sollten unter diesem Gesichtspunkt jedem Team Anlass geben, sich selbstkritisch zu hinterfragen.

Fordern und Grenzen setzen wird im Zusammenklang mit den beiden anderen Eckpunkten (Wertschätzung und Selbständigkeit) in der Wissen-

---

92 Maywald: Die Beteiligung des Kindes an der Einigung der Eltern, FPR 2010, 460 (463); Röchling: Kindeswille und Elternrecht FPR 2008, 481(483 m.w.N.).

93 Zum Folgenden siehe: Wiesner/Struck, SGB VIII Kommentar, § 1 Rdn. 10.

94 So auch BVerfGE 24, 119, 144; vgl. auch BVerfG FamRZ 1999, 285, 287.

95 Wiesner/Struck, SGB VIII Kommentar, § 22 Rdn. 21, ebenso Staudinger/Coester, § 1666 BGB Rdn. 69 für die Familie.

96 Zur persönlichen Kompetenz siehe Edith Ostermayer, Unter drei – mit dabei. Wege zu einem qualifizierten Betreuungsangebot in der Kita. 2. Aufl. München 2007, S.22.

schaft heute eine große Bedeutung zugemessen. Ergebnisse mehrerer Studien zeigen, dass schon im Kindergarten eine relativ **große Zahl von Kindern heute als „schwierig" einzuschätzen** ist. Nach einer Braunschweiger Untersuchung haben fast zwanzig Prozent aller Kindergartenkinder emotionale Störungen oder sind verhaltensauffällig.[97] Diese Entwicklung schlägt sich im Arbeitsalltag der Kindertagesstätten nieder. Als eine zentrale Ursache dieser Entwicklung wird die Inkonsequenz der Eltern in ihrer Erziehungshaltung im Alltag angesehen. Mit den Worten von Schneewind zusammengefasst: „Eltern setzen ihren Kindern wenige Grenzen, weil sie den Freiraum der Kinder möglichst wenig beschränken wollen. Kinder aber gehen häufig an die Grenzen dessen, was Eltern zulassen – das ist normal und gehört zu jeder Kindheit. Irgendwann sind diese Eltern mit ihrer Toleranz am Ende und die Situation kippt. Dann reagieren sie plötzlich autoritär und greifen durch. Später haben sie Schuldgefühle, weil sie so bestimmend waren und lassen ihren Kindern dann wieder alles durchgehen, um die Schuldgefühle zu besänftigen. Den Kindern aber fehlt eine klare Markierung dessen, was von den Eltern geduldet wird und was nicht. Was die Kinder dadurch letztlich lernen, ist, dass sie nur genügend Zoff machen müssen, um das zu bekommen, was sie wollen."[98]

Hier muss das Team eine fachliche Linie formulieren und umsetzen, die man zusammengefasst **Kultur der Wertschätzung und Eigenständigkeit in Grenzen** nennen kann.

Empfehlungen für das Kita-Team

1. Die Rechtsordnung zieht für die pädagogische Arbeit generell und den Umgang mit Nähe und Distanz im Besonderen nur einen **äußeren Rahmen**. Dies ist Ausfluss des Erziehungsvorrechts der Eltern in einer pluralen, freiheitlichen Gesellschaft. Den Eltern kommt es zu, innerhalb dieser äußeren Grenzen die konkreten Ziele und Maßnahmen der Erziehung zu bestimmen. Unsere Rechtsordnung ist also **offen für unter-**

---

97 Hahlweg, K.; Miller, Y.; Prävention von emotionalen Störungen und Verhaltensauffälligkeiten bei Kindern 2001, S. 43 (45); eine Zusammenstellung weiterer Untersuchungen finde sich bei Schneewind, K., Freiheit in Grenzen Begründung eines integrativen Medienkonzepts zur Stärkung elterlicher Erziehungskompetenzen, S. 5.

98 Interview „Kinder brauchen Grenzen" von Felix Berth mit Klaus A. Schneewind in der Süddeutschen Zeitung am 26.11.2003, im Internet unter http://www.sueddeutsche.de/karriere/interview-kinder-brauchen-grenzen-1.512661.

schiedliche pädagogische Ansätze auch im Umgang mit Nähe und Distanz.

2. Kindertageseinrichtungen nehmen auf der Grundlage des Betreuungsvertrages die Erziehungsbefugnisse der Eltern wahr. Ihr Förderungsauftrag (Erziehung, Bildung und Betreuung) umfasst „die soziale, emotionale, körperliche und geistige Entwicklung des Kindes" (§ 22 Abs. 3 SGB VIII). Damit haben **Kindertageseinrichtungen** einen breiten **Spielraum** für unterschiedliche pädagogische Ansätze (Montessori, situativer Ansatz, Reggio, Grenzen in Freiheit,[99] ...).

3. Die Aufgabe der **Gefährdungseinschätzung** ergibt sich als Schutzpflicht aus dem Betreuungsvertrag, der schließlich eine umfassende soziale, emotionale, körperliche und geistige Förderung des Kindes beinhaltet. Die Einschätzungsaufgabe wird in den Vereinbarungen nach § 8a Abs. 4 SGB VIII zwischen dem Träger der öffentlichen Jugendhilfe und dem freien Träger konkretisiert und mit dem Schutzauftrag des Jugendamtes verknüpft.[100]

4. Fachlich und rechtlich erfordert die Erfüllung des Förderungsauftrags die Entwicklung und den Einsatz einer **pädagogischen Konzeption** (§ 22a Abs. 1 SGB VIII). Hier sind die pädagogischen Grundlagen inkl. des Umgangs mit Nähe und Distanz darzustellen (**Kultur der Wertschätzung und Eigenständigkeit in Grenzen**).

5. Die Entwicklung einer solchen Konzeption ist zugleich ein wesentlicher Schritt, um die **Erziehungsberechtigten** an den Entscheidungen in wesentlichen Angelegenheiten der Erziehung, Bildung und Betreuung zu **beteiligen** (§ 22a Abs. 2 SGB VIII) und Transparenz bezüglich Ihrer Arbeitsprinzipien zu schaffen. Dies gilt auch für die in der Konzeption zur Sicherung der Rechte von Kindern vorzusehenden Verfahren ihrer **Beteiligung** sowie ihrer Möglichkeit der **Beschwerde** in persönlichen Angelegenheiten (§ 45 Abs. 2 Ziffer 3 SGB VIII).

---

99 Klaus A. Schneewind, Beate Böhmert, Kinder im Vorschulalter kompetent erziehen. Der interaktive Elterncoach „Freiheit in Grenzen", 2. Aufl. Bern 2010.

100 So nun ausdrücklich auch die Gesetzesbegründung zum „Gesetz zur Stärkung eines aktiven Schutzes von Kindern und Jugendlichen (Bundeskinderschutzgesetz – BKiSchG)", BT.-Drs. 17/6256, S. 20 für Einrichtungen freier Träger.

6. Konzeptionelle Aussagen zum pädagogischen Umgang und insbesondere mit Nähe und Distanz sollten u.a. folgenden **Kriterien** genügen:
   - Die Förderziele hinsichtlich der sozialen, emotionalen, körperlichen und geistigen Entwicklung des Kindes positiv formulieren und sich auf Stärken konzentrieren;
   - Präventive Intentionen aufzeigen, ohne der Gefahr einer einseitigen „Gefahrenabwehrpädagogik" zu erliegen;
   - Sich auf wesentliche Aussagen beschränken!
   - Die Wahrheit sagen, d.h. alltagstaugliche und keine unrealistischen Ziele oder Vorgaben formulieren.

7. Die Entwicklung der Konzeption, ihre Umsetzung in der Praxis und ihre laufende Evaluation mit Blick auf den Aspekt Nähe und Distanz ist eine **Teamaufgabe**.

8. Alle **Mitarbeitenden** sollten arbeitsrechtlich verbindlich dazu verpflichtet werden, Anhaltspunkte für einen Übergriff bzw. einen sexuellen Missbrauch durch einen Mitarbeitenden im Sinne unseres Rasters der Einrichtungsleitung zu melden (siehe Kapitel 9). Bei verschiedenen Trägern, wie z.B. den Deutschen Bistümern, sind zentral Missbrauchsbeauftragte benannt worden. Hier besteht dann trägerseits, im Beispiel für alle Mitarbeitenden katholischer Kindertageseinrichtungen, eine arbeitsrechtliche Verpflichtung zur Meldung des Übergriffs an diesen Missbrauchsbeauftragten.

9. Wirksame Prävention ist jedoch nur möglich, wenn die **Kooperation im Team** nicht durch eine Kultur des Misstrauens oder erstickender gegenseitiger Kontrolle zerstört wird. Kooperation im Team setzt Klärung und gegenseitige Respektierung der Rollen und Aufgaben, Erarbeitung übereinstimmender Ziele und Prioritäten sowie Vertrauen in die Kompetenz der Mitarbeitenden voraus, was Selbstständigkeit und Eigenverantwortung beinhaltet.[101] Die Kultur der Wertschätzung und Eigenständigkeit in Grenzen gilt es also mit Blick auf die Kollegen bei der Formulierung und der Umsetzung der Konzeption nicht aus dem Auge zu verlieren.

10. Die Grenze sexueller Handlungen i.S.d. § 176 StGB bleibt noch zu erarbeiten, ansonsten können wir wieder ein Zwischenergebnis ziehen:

---

101 Zur Kooperation im Team siehe Manfred Gellert, Claus Nowak, Ein Praxisbuch für die Arbeit in und mit Teams, 4. Auflage, Meezen 2010, S. 85f.

Zwischenergebnis II:
Raster rechtlich zulässigen/unzulässigen Erziehungsverhaltens

Rechtlich zulässiges Erziehungsverhalten	
Körperliche Kontakte **aus fachlich Gründen** (pädagogischen, pflegerischen, therapeutischen): emotionaler Dialog, Stressregulation, Trösten …	zulässig
Körperliche Kontakte **zur Durchsetzung von Regeln, Anordnungen**	zulässig
Körperliche Kontakte zur **Wahrung der Aufsicht**	zulässig
Rechtlich unzulässiges Erziehungsverhalten	
Grenze: emotionale und körperliche Erziehung bzw. Betreuung des Kindes, insbes. sexuelle Erziehung, bei der nicht angenommen werden kann, dass sie **den Vorstellungen der Eltern sowie allgemein anerkannten pädagogischen Grundsätzen** entsprechen,	müssen entsprechend dem **elterlichen Erziehungsvorrang** und dem unterstützenden Charakter des Förderauftrags von Kindertageseinrichtungen mit den Eltern abgesprochen bzw. in der Konzeption verankert werden. Bei **Zärtlichkeiten** sind die Grenzen zum Bereich familiärer Intimität zu beachten: keine Küsschen auf den Mund, kein gemeinsames Nacktduschen, etc.
Grenze: körperliche Bestrafung, alle **entwürdigenden und seelisch verletzenden Verhaltensweisen**, wie Verletzung der Intimität in entwürdigender Weise	verboten und ggf. strafbar
Grenze: Gefährdung des Kindeswohls (für Eltern) **Eine dem Wohl des Kindes dienende Erziehung, Bildung oder Betreuung ist nicht mehr gewährleistet (für Kita)**	verboten unzulässig
Grenze: Sexuelle Handlungen i.S.d. § 176 StGB	verboten und strafbar (wird unten – Kapitel 4 – detailliert erläutert)
Grenze: Partnerschaftliche Erziehung	erwägen, ob und inwieweit dem Willen des Kindes Rechnung getragen werden kann bzw. wo zum Wohl des Kindes Grenzen zu setzen sind (**Kultur der Wertschätzung und Eigenständigkeit in Grenzen**)

Anwendung: Fallaufgaben zu fachlich richtigem Umgang insbesondere mit Nähe und Distanz

1. Halten Sie in den eingangs zu diesem Kapitel vorgestellten sechs Fällen das Verhalten für jeweils rechtlich und fachlich (pädagogisch) korrekt?

2. Ist angesichts der psychischen Grundbedürfnisse der U3-Kinder folgender Betreuungsgrundsatz rechtlich und fachlich korrekt? *„Zärtlichkeiten - nur, wenn sie von den Kindern ausgehen und auch dann Grenzen insbes. des Bereichs familiärer Intimität beachten: keine Küsschen auf den Mund, kein gemeinsames Nacktduschen, …“*[102] Formulieren Sie den Satz ggf. so um, wie Sie ihn für richtig halten.

3. Wie sind nun nach Ihrer rechtlichen und fachlichen Meinung die folgenden zwei Fälle einzuordnen? Ist im ersten Fall ein solcher körperlicher Kontakt rechtlich erlaubt und pädagogisch sinnvoll und wenn ja, warum und mit welchen Maßgaben? Ist im zweiten Fall die körperliche Gewalt gegen den wütenden Willen des Kindes erlaubt bzw. fachlich sinnvoll?

a) Umgang mit Nähe und Distanz
„Ein Junge in der Gruppe darf zu Hause wahrscheinlich bei seiner Mutter im Bett schlafen und erhält so sehr viel Nähe beim Einschlafen. Die Erzieherin legt sich also auch zu ihm: Nach 5 Minuten ist er eingeschlafen. Wenn sie das nicht tut, steht das Kind immer wieder auf. Mit der Zeit hat er gelernt, in der Kita allein einzuschlafen. Dies war aber nur möglich, weil die Erzieherin feinfühlig auf seine Bedürfnisse (viel Körperkontakt beim Einschlafen) eingehen konnte; so fasste er Vertrauen und lernte mit der Zeit, allein einzuschlafen.
Das Bedürfnis des einzelnen Kindes ist handlungsleitend. Nicht zu vergessen ist allerdings, dass auch Erzieherinnen Körpergrenzen haben und nicht immer bereit sind, so viel Nähe zu geben. Dies soll und darf dem Kind gegenüber auch transparent gemacht werden.“[103]

---

102 Gerhard J. Suess, Edith Burat-Hiemer, Erziehung in Krippe, Kindergarten, Kinderzimmer, Klett Cotta, Stuttgart 2009, S. 172 Textauszug zur vertiefenden Diskussion im Anhang.

103 Veranstaltungsreihe „Säuglinge und Kleinstkinder in Kitas“, Referat „Geborgenheit geben. Die feinfühlige Reaktion auf das Kind“, Sarah Siegrist, Projektmitarbeiterin Kinderhaus Entlisberg, 8. April 2009, S. 9f.; http://www.stadt-zuerich.ch/content/dam/stzh/sd/Deutsch/Kinderbetreuung-ML/Publikationen%20und%20Broschueren/Vortrag%20Sarah%20Siegrist.pdf.

b) Peters Wutanfall

Der kleine Peter (20 Monate) will den Bauteppich erobern, auf dem die fünfjährigen mit Lego spielen. Die Erzieherin hebt ihn hoch, worauf er einen Wutanfall bekommt. Er brüllt, windet sich, um vom Arm zu kommen. Darf die Erzieherin, die ihn das Spiel der fünfjährigen nicht stören lassen will und in seinem Alter Legosteine für zu gefährlich hält, das sich wütend windende Kind auf ihrem Arm festhalten und es in eine anderen Teil des Gruppenraumes bringen? Wäre das zulässige Gewalt?

Vertiefung: Die eigene Beurteilungskompetenz schulen

1. In einem Handlungsleitfaden für Leitungsverantwortliche finden Sie folgende Maßstäbe für den Körperkontakt (ohne Sexualbezug) von Mitarbeitenden mit Schutzbefohlenen:[104]

Nicht grenzverletzend	sind Formen des Körperkontakts zwischen Mitarbeitenden und Kindern, Jugendlichen und jungen Erwachsenen, wenn sie pflegerisch, therapeutisch oder pädagogisch geboten und motiviert und beziehungsangemessen gestaltet sind. Die beziehungsangemessene Gestaltung erfordert es von den Mitarbeitenden, sich an den individuellen Wünschen und Bedürfnissen der Mädchen und Jungen, ihrer altersgemäßen, geschlechtlichen und individuellen Entwicklung und ihrem kulturellen Hintergrund zu orientieren.
Grenzverletzend	sind Körperkontakte, die von den Mitarbeitenden pflegerisch, therapeutisch oder pädagogisch motiviert sind, von den Kindern, Jugendlichen oder jungen Erwachsenen aber abgelehnt werden. Sie sind im Zweifelsfall nicht – jedenfalls nicht durch den/die handelnde/n Mitarbeiter/in – geboten.

104 Entnommen: Handlungsleitfaden für Leitungsverantwortliche bei Grenzverletzungen von Mitarbeitenden gegenüber Kindern und Jugendlichen, Diakonieverbund Schweicheln e.V., 1. Auflage, Hiddenhausen 2010, S. 14f.

Was halten Sie von dieser Darstellung? Entspricht die Definition grenzverletzenden Körperkontakts der skizzierten Rechtslage?

2. Was halten Sie rechtlich und fachlich von folgender Handreichung aus Martha Farrell Erickson/Byron Egeland, Die Stärkung der Eltern-Kind-Bindung, S. 419, 2. Aufl. Stuttgart 2006; für schwierige Kinder zwischen 12 und 18 Monaten?

Wenn mein Kind schwierig ist – ein *Spektrum* möglicher Reaktionen

Was ich tun kann, um Machtkämpfe zu vermeiden:

- Ich halte mich konsequent an die aufgestellten Regeln und gebe bei wichtigen Sachen nicht nach.
- Ich verstärke meine Worte durch konkrete Maßnahmen. (Wenn ich sage: „Komm bitte vom Tisch runter" und mein Kind nicht folgt, gehe ich zu ihm und hole es behutsam herunter.)
- Ich achte aufmerksam auf die Bedürfnisse meines Kindes (Wenn es hungrig oder müde ist, fällt es ihm viel schwerer, freundlich zu sein.)
- Ich stimme mich mit meinem Partner ab. Ich bespreche mit ihm die Unterschiede in unserem Erziehungsstil, damit wir uns vorhersagbar und verlässlich verhalten.

Was ich tun kann, wenn der Kampf anfängt (wenn das Kind z.B. murrt, den Kopf in verneinender Gebärde schüttelt, an mir zieht oder jammert):

- Ich begebe mich auf Augenhöhe mit dem Kind.
- Ich verlangsame meine Bewegungen und vereinfache meine Worte.
- Ich spreche mit ruhiger Stimme.
- Ich berühre es sanft an der Schulter.
- Ich vermeide es zu schreien oder wütend zu werden.
- Ich gebe nach Möglichkeit nicht nach.

Wenn der Kampf weitergeht (z. B. wenn mein Kind heftiger zerrt, lauter schreit, „nein" brüllt, eine Szene macht):

- Ich würdige die Sichtweise des Kindes; „Ich weiß, du möchtest… sofort."
- Ich setze Grenzen: „Aber es ist Zeit für uns, …"
- Ich lenke das Kind ab: „Würdest du gern …?"
- Ich gebe möglichst nicht nach.

Wenn das Kind einen heftigen Wutanfall bekommt (z.B. laut brüllt, an meinem Haar reißt, sich auf den Boden wirft und mit dem Kopf dagegen schlägt):

- Ich nehme das Kind in den Arm, bis es sich beruhigt hat.

- Ich spreche beruhigend auf es ein.
- Ich gebe möglichst nicht nach.
- Ich entferne das Kind aus der Situation.
- Ich sorge dafür, dass das Kind sich nicht verletzen kann und verlasse den Raum, damit es sich beruhigen kann.
- Ich bitte jemanden um Hilfe, der mein Kind liebt."

3. Das große und das kleine NEIN!, von Gisela Braun, Dorothee Wolters, Verlag an der Ruhr, 2009.
   Das Bilderbuch zeigt ein Kindergartenkind, das in einem Park allein auf einer Seite einer großen Parkbank sitzt und seine Schokolade lutscht.

   „Das kleine NEIN sitzt auf einer Bank im Park und isst Schokolade. Es ist wirklich sehr klein, richtig winzig und ganz leise.
   Da kommt eine große, dicke Frau und fragt: ‚Darf ich mich setzen?' Das kleine NEIN flüstert: ‚Nein, ich möchte lieber allein sein.'
   Die große, dicke Frau hört gar nicht hin und setzt sich auf die Bank."

   Es folgen nun zwei weitere Szenen an der Bank. Zunächst kommt ein Junge angerannt und fragt: „Darf ich deine Schokolade haben?" Das kleine Nein flüstert wieder: „Nein, ich möchte sie gerne selber essen." Aber der Junge hört nicht zu, nimmt dem kleinen Nein die Schokolade weg und beginnt, sie zu essen.
   Dann kommt ein Mann und sagt: „Hallo, Kleine. Du siehst nett aus, darf ich dir einen Kuss geben?" Das kleine Nein flüstert zum dritten Mal: „Nein. Ich will keinen Kuss!" Aber der Mann hört nicht zu, geht auf das kleine Nein zu und macht einen Kussmund.

   „Nun verliert das kleine NEIN endgültig die Geduld. Es steht auf, reckt sich in die Höhe und schreit aus vollem Hals: NEIN."
   „NEIN! Und noch mal: NEIN, NEIN!"
   „Ich will allein auf meiner Bank sitzen, ich will meine Schokolade selbst essen, und ich will nicht geküsst werden. Lasst mich sofort in Ruhe!"
   „Die große, dicke Frau, der Junge und der Mann machen große Augen: ‚Warum hast du das nicht gleich gesagt?', und gehen ihrer Wege."

   War das Verhalten der Frau unhöflich? Welche Erziehungsziele werden mit dieser ersten Szene verfolgt und teilen Sie diese? Wie würden Sie das Verhalten des Kindes gegenüber der Frau unter den Gesichtspunkten sozialen Verhaltens und Respekt vor Mitmenschen beurteilen?

Kapitel 4
Die strafrechtlichen Grenzen: Sexueller Missbrauch, § 176 StGB

§ 176 schützt die **ungestörte sexuelle Entwicklung** von Kindern (= unter 14 Jahren). Sie sollen nicht zum **Objekt fremdbestimmter sexueller Handlungen** werden.[105] Der Eintritt einer Schädigung oder konkreten Gefährdung des Kindes ist im Einzelfall nicht erforderlich (abstraktes Gefährdungsdelikt).[106] Der Tatbestand legt also „eine **absolute Grenze** für den sexualbezogenen Umgang mit Kindern" fest; die dort beschriebenen Handlungen sind „*ausnahmslos* verboten".[107] Die gilt auch dann, wenn das Kind bereits sexuell erfahren, in sie einwilligen oder die Initiative von ihm ausgegangen sein sollte.[108]

In vielen sozial- und verhaltenswissenschaftlichen sowie medizinischen Texten zur sexuellen Gewalt wird dagegen im Kern folgende Definition benutzt: „Jede Handlung, die an oder vor einem Kind entweder gegen den Willen des Kindes vorgenommen wird oder der das Kind aufgrund seiner körperlichen, seelischen, geistigen oder sprachlichen Unterlegenheit nicht wissentlich zustimmen kann."[109] Bei Kindern (= unter 14 Jahre) kann es jedoch mit § 176 StGB auf die Zustimmung des Kindes nicht ankommen (= absolutes Verbot). Der rechtliche Verzicht auf dieses Kriterium ist alters-

---

105 Schönke/Schröder/Perron/Eisele, Strafgesetzbuch, 28. Aufl. 2010, § 176 StGB Rdn. 1 m.w.N.

106 Schönke/Schröder/Perron/Eisele, Strafgesetzbuch, 28. Aufl. 2010, § 176 StGB Rdn. 1 m.w.N.; Fischer, Strafgesetzbuch, 58. Aufl. München 2011, § 176 StGB Rdn. 2.

107 Fischer, Strafgesetzbuch, 58. Aufl. München 2011, § 176 StGB Rdn. 2. m.w.N.

108 Schönke/Schröder/Perron/Eisele, Strafgesetzbuch, 28. Aufl. 2010, § 176 StGB Rdn. 1 m.w.N.; Fischer, Strafgesetzbuch, 58. Aufl. München 2011, § 176 StGB Rdn. 3. m.w.N.

109 So auch Jörg M. Fegert, Miriam Rassenhofer, Thekla Schneider, Alexander Seitz, Nina Spröber, Sexueller Kindesmissbrauch – Zeugnisse, Botschaften, Konsequenzen, Weinheim 2013, S. 27 f.; Adelheid Unterstaller (2006), „Was ist unter sexuellem Missbrauch zu verstehen?", in: Kindler, H., Lillig, S., Blüml, H., Meysen, T. & Werner, A. (Hg.) "Handbuch Kindeswohlgefährdung nach § 1666 BGB und Allgemeiner Sozialer Dienst (ASD)", München: Deutsches Jugendinstitut e.V., Kapitel 6 (6-3).

angemessen, denn ein Kind kann die sexuelle Motivation, aus der ein Erwachsener seine Nähe sucht, meist noch nicht begreifen. Das Konzept der wissentlichen Zustimmung („informed consent"), das hinter der sozialwissenschaftlichen Definition steht, scheitert im Kindesalter an der Wissens- oder Verständniskomponente.[110]

Einstieg – Prüfen Sie Ihr Wissen

Wissen Sie, was man unter sexuellem Missbrauch versteht und könnten Sie mit Hilfe des unten stehenden Gesetzestextes die folgenden Fälle sicher einordnen?
Eine Tagesmutter geht in Gegenwart eines Kleinkindes auf die Toilette.

- ➜ Erzieherinnen führen Gespräche oder benutzen Bilder mit sexuellem Inhalt, die (nicht) altersgemäß sind.
- ➜ Ein Kind wird gezwungen, sich vor anderen auszuziehen.
- ➜ Verbal oder non-verbal wird die körperliche Entwicklung der Geschlechtsmerkmale eines Kindes kommentiert.
- ➜ Kinder werden beim Baden/Duschen beobachtet.
- ➜ Vorsätzliche Berührungen eines Kindes an Brust, Gesäß oder den Genitalien.
- ➜ Berührung der Genitalien Erwachsener durch Kinder.

Gesetzestext

§ 176 StGB „Sexueller Missbrauch von Kindern

(1) Wer **sexuelle Handlungen an** einer Person unter vierzehn Jahren (Kind) vornimmt oder **an sich von** dem Kind vornehmen lässt, wird … bestraft.

(2) Ebenso …, wer ein Kind **dazu bestimmt**, dass es sexuelle Handlungen an einem Dritten vornimmt oder von einem Dritten an sich vornehmen lässt.

(3) …wird bestraft, wer

1. sexuelle Handlungen vor einem Kind vornimmt,
2. ein Kind dazu bestimmt, dass es sexuelle Handlungen vornimmt, soweit die Tat nicht nach Absatz 1 oder Absatz 2 mit Strafe bedroht ist,
3. auf ein Kind durch **Schriften** (§ 11 Abs. 3) einwirkt, um es zu sexuellen Handlungen zu bringen, … oder
4. auf ein Kind durch **Vorzeigen** pornographischer Abbildungen oder Darstellungen, durch **Abspielen** von Tonträgern pornographischen Inhalts oder durch entsprechende **Reden** einwirkt.

---

110 So auch Jörg M. Fegert, Miriam Rassenhofer, Thekla Schneider, Alexander Seitz, Nina Spröber, Sexueller Kindesmissbrauch – Zeugnisse, Botschaften, Konsequenzen, Weinheim 2013, S. 27 f.

§ 184g Begriffsbestimmungen

Im Sinne dieses Gesetzes sind

1. sexuelle Handlungen
   nur solche, die im Hinblick auf das jeweils geschützte Rechtsgut von einiger Erheblichkeit sind,
2. sexuelle Handlungen vor einem anderen
   nur solche, die vor einem anderen vorgenommen werden, der den Vorgang wahrnimmt.

Erläuterung des § 176 StGB

§ 176 StGB setzt durchweg[111] eine **sexuelle Handlung** voraus. Das sind solche,

- die **objektiv,** d. h. nach ihrem äußeren Erscheinungsbild, einen Sexualbezug erkennen lassen (**eindeutig sexualbezogene Handlungen**). Entscheidend sind alle Umstände des Einzelfalles, also der Gesamtvorgang[112]. **Subjektiv** ist keine sexuelle Erregung des Handelnden oder die Motivation, eine andere Person sexuell zu erregen, erforderlich.[113]
- die ihrem äußeren Erscheinungsbild nach **ambivalent** sind, wenn sie durch die Absicht motiviert sind, die eigene oder fremde Geschlechtslust zu erregen oder zu befriedigen.[114]

Keine sexuellen Handlungen sind solche,

- die nach ihrem äußerlichen Erscheinungsbild **neutral** sind, also **objektiv** keinen Bezug auf das Geschlechtliche enthalten, auch wenn sie einem sexuellen Motiv entspringen.[115]

---

111 Einzige Ausnahme ist sein Abs. 4 Nr. 4.

112 Schönke/Schröder/Perron/Eisele, Strafgesetzbuch, 28. Aufl. 2010, § 184g StGB Rdn. 6,. BGH NJW 92, 325: sich in Unterhose mit gespreizten Beinen fotografieren lassen – keine sexuelle Handlung.

113 Schönke/Schröder/Perron/Eisele, Strafgesetzbuch, 28. Aufl. 2010, § 184g StGB Rdn. 7f. m.w.N.; Fischer, Strafgesetzbuch, 58. Aufl. München 2011, § 184g StGB Rdn. 4 m.w.N.

114 BGH NStZ-RR 08, 339; Schönke/Schröder/Perron/Eisele, Strafgesetzbuch, 28. Aufl. 2010, § 184g StGB Rdn. 9. m.w.N.; Fischer, Strafgesetzbuch, 58. Aufl. München 2011, § 184g StGB Rdn. 4b m.w.N. So ist der Griff von hinten zwischen die Beine eines entkleideten Mädchens nicht ohne Weiteres eine sexuelle Handlung, wenn der Täter damit die Flucht verhindern will, BGH NStZ-RR/P 99, 357 Nr. 4; zitiert nach: Schönke/Schröder/Perron/Eisele, Strafgesetzbuch, 28. Aufl. 2010, § 184g StGB Rdn. 9.

- mit der jemand einen **Erziehungszweck** verfolgt, bei bloßem Mitschwingen von Lustvorstellungen als Begleiterscheinung des an sich einwandfreien Handlungsmotivs („**Motivbündelung**"). Entscheidend ist in diesen Fällen allein, dass das Verhalten des Täters objektiv indiziert, also z. B. eine erzieherische Maßnahme pädagogisch erforderlich war.[116]

Auch **Kinder** können dem äußeren Erscheinungsbild nach sexuelle Handlungen vornehmen (vgl. § 176 II, IV Nr. 2, 3), obwohl ihnen vielfach noch das (volle) Verständnis des sexuellen Bezugs fehlen wird.[117] Es genügt, dass die Handlung **objektiv** sexualbezogen ist.[118] Wenn die Handlung des Kindes objektiv nicht sexualbezogen oder ambivalent ist, wird sie auch nicht dadurch zur sexuellen, dass der Täter sie als solche betrachtet.[119]

Bei der Beurteilung eines konkreten Sachverhalts ist jedoch eine wichtige Einschränkung zu beachten. Gemäß **§ 184g StGB** werden nur solche sexuellen Handlungen durch die Strafvorschrift des § 176 StGB erfasst, „die im Hinblick auf das jeweils geschützte Rechtsgut von **einiger Erheblichkeit** sind".

Beispiele erheblicher sexueller Handlungen aus der Rechtsprechung[120]:

- der Beischlaf und seine Ersatzhandlungen;
- das Entblößen oder Betasten des Geschlechtsteils auch beim bekleideten Opfer oder der weiblichen Brust;
- das Drücken des Gesichts einer Person gegen das Geschlechtsteil;
- das Greifen in die Schambehaarung und das Spielen an der Brustwarze;
- in bekleidetem Zustand vorgenommene beischlafähnliche Bewegungen bei einem Kind;

---

115 Schönke/Schröder/Perron/Eisele, Strafgesetzbuch, 28. Aufl. 2010, § 184g StGB Rdn. 6 m.w.N.; Fischer, Strafgesetzbuch, 58. Aufl. München 2011, § 184g StGB Rdn. 3.

116 Vgl. Schönke/Schröder/Perron/Eisele, Strafgesetzbuch, 28. Aufl. 2010, § 184g StGB Rdn. 10.

117 Zu diesem Abschnitt siehe: Schönke/Schröder/Perron/Eisele, Strafgesetzbuch, 28. Aufl. 2010, § 184g StGB Rdn. 11.

118 BGH 29 336 , Fischer, Strafgesetzbuch, 58. Aufl. München 2011, § 184g StGB Rdn. 4.

119 Fischer, Strafgesetzbuch, 58. Aufl. München 2011, § 176 StGB Rdn. 10; BGH 17 280 [Hochheben des Rockes].

120 Entnommen: Schönke/Schröder/Perron/Eisele, Strafgesetzbuch, 28. Aufl. 2010, § 184g StGB Rdn. 15. m.w.N.; Fischer, Strafgesetzbuch, 58. Aufl. München 2011, § 184g StGB Rdn. 6 m.w.N.

- ein Kuss und das Streicheln des Geschlechtsteils über der Kleidung bei einem Kind;
- ein gewaltsamer Zungenkuss;
- das Fotografieren eines nackten 7jährigen Mädchens, das mit gespreizten Beinen die Scheide zur Schau stellt;
- das nachhaltige Berühren im Schambereich über der Kleidung.

Beispiele nicht erheblicher „sexueller Handlungen“ aus der Rechtsprechung[121]:

- misslungener Kussversuch; kurzzeitiger Zungenkuss an 15-jähriger Betroffener ohne sonstige sexuell motivierte Berührung;
- grobe Zudringlichkeiten („Begrapschen“), wenn sie der Vorbereitung beabsichtigter weiterer Handlungen dienen sollen;
- Streicheln der bekleideten Oberschenkel; Streicheln „im Bereich der Oberschenkel“;
- flüchtiger Griff an die Genitalien einer bekleideten Person; Berühren im Vaginalbereich über der Kleidung;
- Setzen eines 6-jährigen bekleideten Kindes auf den Schoß des Onkels und Streicheln am ganzen Körper in „unangemessener" Weise;
- flüchtige Berührung der Brust;
- Saugen an der Brust durch 6- oder 9-jähriges Kind.

Zu den Varianten des § 176 StGB

Abs. 1 unmittelbarer körperlicher Kontakt des Täters mit dem Kind:

Die Erheblichkeitsklausel des § 184g Nr. 1 bestimmt, welche Dauer und Intensität eine sexuelle Handlung **„an“ einem Kind** erfordert. Irrelevant sind im Umgang mit Kindern von vornherein die vielfältigen Körperkontakte, die objektiv keinen sexuellen Bezug aufweisen. Aufgrund des Erheblichkeitskriteriums scheiden zudem solche Handlungen aus, „die schlechterdings keine Gefährdung der ungestörten sexuellen Entwicklung des Kindes begründen können und im Hinblick auf die sexuelle Selbstbestimmung unerheblich sind.“ Dies betrifft z.B. einen Kuss auf die Wange, ein kurzes und unbedeutendes Berühren der Brust, des Gesäßes oder der Oberschenkel über der Kleidung sowie ein flüchtiges

121 Entnommen: Schönke/Schröder/Perron/Eisele, Strafgesetzbuch, 28. Aufl. 2010, § 184g StGB Rdn. 15. m.w.N.; Fischer, Strafgesetzbuch, 58. Aufl. München 2011, § 184g StGB Rdn. 7 m.w.N.

Greifen unter den Rock zur Verhinderung eines Fluchtversuchs. Das Kind selbst muss weder die sexuelle Bedeutung verstehen noch die Handlung selbst wahrnehmen; eine sexuelle Handlung kann daher auch an einem schlafenden Kind vorgenommen werden.[122]
Lässt der Täter sexuelle Handlungen **von einem Kind „an" sich** vornehmen, ist es unerheblich, ob das Kind die Sexualbezogenheit erkennt und wer die Initiative ergriff.[123]

Abs. 2 der Täter bestimmt das Kind zu körperlichen Kontakten mit Dritten:

Bestimmen: Der Täter muss den Willen des Kindes zur Vornahme der sexuellen Handlung beeinflussen, wobei bei Kleinkindern auch schon das bloße Verursachen des fraglichen Verhaltens genügt. Wie dies geschieht, ob durch Überredung, Versprechen von Geschenken, Drohung, Täuschung, Wecken von Neugier etc. ist unerheblich.[124]
Ein **An-sich-vornehmen-Lassen** des Kindes liegt vor, wenn das Kind die Handlungen des Dritten duldet oder diesen hierzu veranlasst.[125]

Abs. 4 erfasst weitere Formen des sexuellen Missbrauchs von Kindern, die zwar nicht zu einem unmittelbaren Körperkontakt mit dem Kind führen, aber auf andere Weise seine ungestörte sexuelle Entwicklung beeinträchtigen.

Nr. 1: wer **sexuelle Handlungen „vor" dem Kind** an sich selbst oder an einem Dritten vornimmt.
Das Kind muss nur den äußeren Geschehensablauf sinnlich wahrnehmen, aber nicht dessen sexuelle Bedeutung verstehen. Dadurch wird es schwierig, den **Austausch von Zärtlichkeiten zwischen Eltern in Gegenwart des Kindes** vom Straftatbestand auszuschließen. Hier muss auf die Erheblichkeitsklausel zurückgegriffen werden. Für den Täter muss gerade die sinnliche Wahrnehmung der sexuellen Handlung durch das Kind wichtig sein, was auch beim bloßen Abspielen früher aufgezeichneter sexueller Handlungen nicht zutrifft.[126]

---

122 Zu dem Abschnitt einschl. dem Zitat Schönke/Schröder/Perron/Eisele, Strafgesetzbuch, 28. Aufl. 2010, § 176 StGB Rdn. 3. m.w.N.;

123 Schönke/Schröder/Perron/Eisele, Strafgesetzbuch, 28. Aufl. 2010, § 176 StGB Rdn. 4.

124 Schönke/Schröder/Perron/Eisele, Strafgesetzbuch, 28. Aufl. 2010, § 176 StGB Rdn. 8.

125 Schönke/Schröder/Perron/Eisele, Strafgesetzbuch, 28. Aufl. 2010, § 176 StGB Rdn. 9.

126 Schönke/Schröder/Perron/Eisele, Strafgesetzbuch, 28. Aufl. 2010, § 176 StGB Rdn. 12.

Nr. 2: das **Bestimmen des Kindes zur Vornahme sexueller Handlungen.**

Es genügt eine äußerlich sexualbezogene Handlung des Kindes, auch wenn es den sexuellen Charakter nicht erfasst bzw. erkennt. Bei objektiv nicht sexualbezogenen Handlungen, wie z.B. Baden oder Duschen, genügt es nicht, dass der Täter sie sexuell auffasst. Keine (erhebliche) sexuelle Handlung liegt daher vor, wenn der Täter das Kind veranlasst, seinen Rock hochzuheben, einen Handstand zu machen, bei dem die Unterwäsche sichtbar wird, oder in Unterwäsche die Beine zu spreizen.[127]

Nr. 3: das **Einwirken auf ein Kind durch Schriften** (§ 11 Abs. 3), um es zu sexuellen Handlungen zu bringen.

Entscheidend ist das „Dazu-Bringen" des Kindes zu sexuellen Handlungen, weshalb es auf den näheren Inhalt der Schriften nicht ankommt, um auch Tricks oder Verführungen im Internet etc. zu erfassen. Sexualpädagogische Bücher, Internetseiten oder Chatrooms, „um [Kinder] darin zu unterstützen, ein positives Gefühl zu ihrem Körper und zu ihrer Sexualität zu entwickeln", waren laut Gesetzgeber nicht gemeint.[128]

Nr. 4: **Einwirken auf das Kind durch Vorzeigen pornografischer Abbildungen oder Darstellungen, durch Abspielen von Tonträgern pornografischen Inhalts oder entsprechende Reden.**

Es genügt jede Form der **Pornografie**, soweit sie bebildert ist („Abbildungen"). **Reden,** wozu auch Lieder zählen, müssen nach Art, Inhalt und Intensität sonstigen pornografischen Darstellungen vergleichbar sein, wofür ein sexueller Bezug allein oder grobe sexuelle Äußerungen nicht ausreichen.[129]

Einwirken setzt voraus, dass das Kind die Abbildung etc. aufgrund der Handlung des Täters tatsächlich sinnlich wahrnimmt. Zudem muss das Einwirken darauf gerichtet sein, in dem Kind sexuelle Interessen zu wecken. Ein flüchtiges Vorzeigen, kurzes Abspielen und kurze oberflächliche Reden reichen hierfür nicht.[130] Es muss darüber hinaus keine besondere Absicht der sexuellen Erregung des Täters, des Kindes oder Dritter

---

127 Schönke/Schröder/Perron/Eisele, Strafgesetzbuch, 28. Aufl. 2010, § 176 StGB Rdn. 13, m.w.N.; Fischer, Strafgesetzbuch, 58. Aufl. München 2011, § 176 StGB Rdn. 11, m.w.N.

128 Schönke/Schröder/Perron/Eisele, Strafgesetzbuch, 28. Aufl. 2010, § 176 StGB Rdn. 14; Fischer, Strafgesetzbuch, 58. Aufl. München 2011, § 176 StGB Rdn. 15.

129 Schönke/Schröder/Perron/Eisele, Strafgesetzbuch, 28. Aufl. 2010, § 176 StGB Rdn. 16.

130 Schönke/Schröder/Perron/Eisele, Strafgesetzbuch, 28. Aufl. 2010, § 176 StGB Rdn. 17.

vorliegen. Man wird aber verlangen müssen, dass für den Täter die Wahrnehmung der sexuellen Handlung durch das Opfer von Bedeutung ist. [131]

Endergebnis: Raster rechtlich zulässigen/unzulässigen Erziehungsverhaltens

Rechtlich zulässiges Erziehungsverhalten	
Körperliche Kontakte **aus fachlichen Gründen** (pädagogischen, pflegerischen, therapeutischen): emotionaler Dialog, Stressregulation, Trösten, …	zulässig
Körperliche Kontakte **zur Durchsetzung von Regeln, Anordnungen**	zulässig
Körperliche Kontakte **zur Wahrung der Aufsicht**	zulässig
Grenze: emotionale und körperliche Erziehung bzw. Betreuung des Kindes, insbes. sexuelle Erziehung, bei der nicht angenommen werden kann, dass sie **den Vorstellungen der Eltern sowie allgemein anerkannten pädagogischen Grundsätzen** entsprechen,	müssen entsprechend dem **elterlichen Erziehungsvorrang** und dem unterstützen den Charakter des Förderauftrags von Kindertageseinrichtungen mit den Eltern abgesprochen bzw. in der Konzeption verankert werden. Bei **Zärtlichkeiten** sind die Grenzen zum Bereich familiärer Intimität zu beachten: keine Küsschen auf den Mund, kein gemeinsames Nacktduschen etc.
Rechtlich unzulässiges Erziehungsverhalten	
Grenze: körperliche Bestrafung, alle entwürdigenden und seelisch verletzenden Verhaltensweisen, wie Verletzung der Intimität in entwürdigender Weise	verboten und ggf. strafbar

131 Schönke/Schröder/Perron/Eisele, Strafgesetzbuch, 28. Aufl. 2010, § 176 StGB Rdn. 18; Fischer, Strafgesetzbuch, 58. Aufl. München 2011, § 176 StGB Rdn. 9; (BGH 49 381 [Beobachten einer Vergewaltigung], NJW 09, 1892 u. Stuttgart NStZ 02, 34 [jew. Beobachten beim Onanieren].

Grenze: Gefährdungen des Kindeswohls (für Eltern) **Eine dem Wohl des Kindes dienende Erziehung, Bildung oder Betreuung ist nicht mehr gewährleistet (für Kita)**	verboten unzulässig
Grenze: Sexuelle Handlungen i. S. d. § 176 StGB	**verboten und strafbar** Handlungen von Mitarbeitenden, die objektiv, d. h. nach ihrem äußeren Erscheinungsbild einen Sexualbezug erkennen lassen (**eindeutig sexualbezogene Handlungen**). Handlungen von Mitarbeitenden, die ihrem **äußeren Erscheinungsbild nach ambivalent** sind, aber durch die Absicht motiviert sind, die eigene oder fremde **Geschlechtslust zu erregen oder zu befriedigen.** **Zulässig:** Eindeutig **sexualbezogene oder ambivalente Handlungen** von Mitarbeitenden, die aber **pflegerisch, therapeutisch oder pädagogisch geboten und motiviert** sind (z. B. notwendige Unterstützung bei der Körperhygiene, Sexualaufklärung).
Grenze: Partnerschaftliche Erziehung	erwägen, ob und inwieweit dem Willen des Kindes Rechnung getragen werden kann bzw. wo zum Wohl des Kindes Grenzen zu setzen sind (**Kultur der Wertschätzung und Eigenständigkeit in Grenzen**).

Anwendung – Was ist sexueller Missbrauch in Kindertageseinrichtungen?

Im Folgenden werden verschiedene Situationen beschrieben. Handelt es sich Ihrer Ansicht nach dabei um einen (sexuellen) Missbrauch oder nicht?

Situationsbeschreibung	Missbrauch	Kein Missbrauch
Der 6-jährige Franz hat in der Tasche des Gärtners in der Kindertageseinrichtung einen Playboy (ein Pornoheft) entdeckt.	☐	☐
Die 5-jährige Anja ist spät abends noch einmal aufgestanden und hat ihre Eltern im Schlafzimmer „dabei" überrascht.	☐	☐
Der Praktikant in einer Kindertageseinrichtung gibt der 5-jährigen Ingrid einen (Abschieds-)Kuss auf die Backe.	☐	☐
Eine Erzieherin gibt einer verschlafenen und sich eng ankuschelnden Zweijährigen nach ihrem Mittagsschlaf einen Kuss auf die Stirn.	☐	☐
Ein Erzieher versorgt nach dem Plantschen im Sommer bei der 5-jährigen nackten Ines eine Verletzung mit einem Pflaster. Er ist dabei erregt.	☐	☐
Eine Erzieherin steckt ihren Finger in den After der 4-jährigen Sabine, um zu gucken, ob sie dort gesund ist. Sie soll das nicht ihren Eltern erzählen.	☐	☐
Zwei Kinder – Mädchen 6 und Junge 4 Jahre alt – haben sich in einer Bauecke die Hosen runtergezogen und mal gegenseitig beguckt.	☐	☐
Ein Erzieher legt es darauf an, Fotos von den kleinen Jungen in der Einrichtung zu machen. Auch bei einem Kindergeburtstag benutzt er statt der Kamera der Eltern seine eigene.	☐	☐
Den Praktikanten erregt es, wenn die 5-jährige Claudia einen Handstand macht und – in Unterwäsche – die Beine spreizt.	☐	☐
Peter, 5 Jahre, lebt im Kinderheim. Er spielt mit dem 6-jährigen Dieter auf dem Dachboden. Er zieht dann sowohl Dieters als auch seine Hose herunter, um sich und Dieter zu streicheln. Dieter hat Angst. Peter wurde von seinem Vater missbraucht.	☐	☐

Vater badet mit der 5-jährigen Tochter.	☐	☐
Die Erzieherinnen einer Einrichtung berichten über ihre pädagogische Konzeption und betonen u. a. die Wichtigkeit des Hautkontaktes mit den Kindern. Eine Erzieherin erzählt dabei, dass sie Kinder öfters auf den eigenen nackten Bauch legt.[132]	☐	☐
Janina, fünf Jahre alt, ist als Zweijährige zusammen mit ihrer Mutter und einer älteren Schwester aus Russland nach Deutschland gekommen. Beim Aufnahmegespräch berichtete die Mutter, dass sie seit kurzem mit einem neuen Mann zusammenlebe, der zwei jugendliche Söhne in die Partnerschaft eingebracht habe. Im Kindergarten klagt Janina seit etwa einem Monat wiederholt über heftige Kopf- und Bauchschmerzen. Eine Erklärung dafür ist zunächst nicht zu finden. Eines Nachmittags vertraut sie sich ihrer Erzieherin an: Wenn die Mutter und ihr Freund abends weggingen, dann halte ihr großer Stiefbruder Timo sie manchmal fest und zwinge sie, sich auf seinen Schoß zu setzen. „Dann drückt er mich und ruckelt so komisch. Mir tut das weh!", erzählt sie und schmiegt sich dabei eng an die Erzieherin.[133]	☐	☐
Der Onkel: Bei einer Familienfeier taucht ein Onkel der Familie auf, der lange Jahre im Ausland gelebt und die Kinder seiner Schwester zuletzt als Kleinkinder gesehen hat. Erfreut geht er zur Begrüßung auf seine 14-jährige Nichte zu, nimmt sie in den Arm und küsst sie auf beide Wangen. Das Mädchen ist in einer Familie aufgewachsen, in der kaum Körperkontakt stattfindet, der Vater die Kinder nicht einmal zur Begrüßung auf die Wange küsst. Es reagiert irritiert über das aus ihrer Sicht grenzüberschreitende Verhalten. Noch lange danach ist sie der Überzeugung, der Onkel habe besonderes (vielleicht sogar sexuelles) Interesse an ihr geäußert.[134]	☐	☐

132 Gekürzt aus U. Enders, Missbrauch durch Mitarbeiter und Mitarbeiterinnen aus Institutionen, Zartbitter Köln 2003.

133 Gekürzt aus Jörg Maywald, Kindeswohlgefährdung erkennen, einschätzen, handeln.

134 Nach: Hertha Richter-Appelt, Das Dilemma beim Aufdecken sexueller Übergriffe, in Ulrike Lehmkuhl, Ethische Grundlagen in der Kinder- und Jugendpsychiatrie und Psychotherapie, S. 181 (186).

Der Fremde im Park: In einem Park neben einem Spielplatz hält sich des Öfteren ein Mann auf, der Kinder anspricht. Ein Mädchen spielt dort und trifft auf den Mann mittleren Alters. Kaum sieht der Mann das Mädchen, beginnt er vor ihm zu exhibieren. Das Mädchen erschrickt heftig und läuft zum Spielplatz zurück.[135]	☐	☐
Die Aufklärung: Ein türkisches Mädchen wächst in einer Familie auf, in der über Sexualität nicht geredet wird, ein Mädchen erst nach der Hochzeit sexuell verkehren darf, ja, eine Entjungferung vor der Hochzeit bedeutet, keinen Ehemann mehr zu bekommen. Mit 6 Jahren wird das Mädchen von der Mutter »aufgeklärt«, indem sie diesem und ihrer Schwester Pornohefte des Vaters zeigt, die sadomasochistische Szenen beinhalten. Die Mutter weist die Kinder darauf hin, dass sie daran sehen könnten, wie schrecklich Sexualität sei. Das Mädchen reagiert mit Entsetzen, aber auch mit sexueller Erregung und beginnt nun vermehrt zu masturbieren, wobei sie sich die Bilder aus den Pornoheften vorstellt. Sie weiß nun das Versteck und holt sich immer wieder die Hefte des Vaters.[136]	☐	☐
Kindesentzug: Ein vierjähriger Junge erzählt im Kindergarten, dass sein Vater seinen Penis anfasse. Dies führt bei seiner Erzieherin zu dem Verdacht, der Junge werde sexuell missbraucht. Sie verständigte das Jugendamt und das Kind wird in Obhut genommen.[137]	☐	☐
Waschverhalten: Eine Mutter weckt ihren fünfjährigen Sohn in der Nacht und bestraft ihn körperlich, wenn sie merkt, dass er eine Erektion hat. Sie glaubt, ein Junge bekomme nur dann eine nächtliche Erektion, wenn er vor dem Einschlafen masturbiert hat. Um dem Jungen dies abzugewöhnen, greift sie ein.[138]	☐	☐
Intimität: Ein junger Erwachsener muss, wenn er nach Hause zu seiner Mutter kam, damit rechnen, dass die Mutter ins Badezimmer kommen könnte, wenn er urinierte. Er selbst empfindet dies als völlig normal.[139]	☐	☐

135 Beispiel abgewandelt nach: Kinderschutz in der Schule, Kindeswohlgefährdung durch sexuellen Missbrauch?, Wie verhalte ich mich als Lehrkraft?, Ein Leitfaden für den konkreten Fall - Stand April 2011, Bezirksregierung Düsseldorf).

136 Nach Hertha Richter-Appelt aaO. S. 189 f.

137 Nach Hertha Richter-Appelt aaO. S. 191.

138 Nach Hertha Richter-Appelt aaO. S. 192.

139 Nach Hertha Richter-Appelt aaO. S. 192.

Vertiefung: Die eigene Beurteilungskompetenz schulen

1. In einem Handlungsleitfaden für Leitungsverantwortliche finden Sie folgende Maßstäbe für Handlungen mit Sexualbezug von Mitarbeitenden mit Schutzbefohlenen:[140]

Grenzverletzend	sind grundsätzlich alle Handlungen von Mitarbeitenden im Kontakt mit Kindern, Jugendlichen und jungen Erwachsenen, die aus Sicht eines (fiktiven) Betrachters einen Sexualbezug aufweisen. Hierzu zählen nicht nur das Berühren und Manipulieren der Geschlechtsteile der Mädchen und Jungen oder exhibitionistische Handlungen, sondern auch die Konfrontation der Klientel mit Pornographie, sexuell geprägte Äußerungen oder die Förderung sexueller Handlungen von Schutzbefohlenen.
Nicht grenzverletzend	sind ausnahmsweise Handlungen von Mitarbeitenden, die aus Sicht eines (fiktiven) Betrachters zwar einen Sexualbezug aufweisen, aber pflegerisch, therapeutisch oder pädagogisch geboten und motiviert sind (z. B. notwendige Unterstützung bei der Körperhygiene, Sexualaufklärung).

Was halten Sie von dem Begriff „Handlungen von Mitarbeitenden im Kontakt mit Kindern, Jugendlichen und jungen Erwachsenen, die aus Sicht eines (fiktiven) Betrachters einen Sexualbezug aufweisen"? Entspricht der Begriff der Rechtslage oder ist er zu eng?

2. Wie ordnen Sie folgenden Textauszug von Gerhard J. Suess, Edith Burat-Hiemer, Erziehung in Krippe, Kindergarten, Kinderzimmer, Klett Cotta, Stuttgart 2009, S. 169-172, ein? Handelt es sich hier um rechtlich untersagten sexuellen Missbrauch oder um weitergehende pädagogische Vorstellungen?

   „**Nähe und Zärtlichkeiten oder Distanz:** … Natürlich wird in der Krippe viel gestreichelt und umarmt. Kinder benötigen Zärtlichkeiten und fordern Körperkontakt ein. Jede reflektierte Pädagogin wird diesem Bedürfnis des Kindes nachkommen. Solange sie dabei folgende Regel einhält, ist die Verteilung von Streicheleinheiten zu befürworten. Diese Re-

---

140 Entnommen: Handlungsleitfaden für Leitungsverantwortliche bei Grenzverletzungen von Mitarbeitenden gegenüber Kindern und Jugendlichen, Diakonieverbund Schweicheln e. V., 1. Auflage, Hiddenhausen 2010, S. 13.

gel lautet: „Das Kind muss mir zeigen, wann und wie lange es in den Arm genommen werden will!" Wir müssen uns zwischendurch Gedanken darüber machen, ob wir das Kind vielleicht doch länger im Arm halten, als das Kind es will. Geleitet von eigenen egoistischen Motiven, weil das Kind so knuddelig ist und wir darüber selbst viel an Zärtlichkeiten bekommen.

Praxisbeispiel:
Paula zeigt ihrer Bezugspädagogin Frau Heimann ganz deutlich, wann sie auf den Arm möchte, indem sie mit erhobenen Armen vor Frau Heimann stehen bleibt. Wenn Paula genug gekuschelt hat, wendet sie sich mit dem Oberkörper von Frau Heimann weg. Das ist das Signal: „Ich habe genug, ich will runter!" Die kleine Samantha wird von Mama ohne Kuss in der Krippe verabschiedet und bei der Begrüßung stellt Mama keinen Körperkontakt her. Samantha sieht jedoch täglich, wie die anderen Kinder liebevoll mit Kuss und Umarmung verabschiedet und begrüßt werden. Sie schaut interessiert zu und schlägt ihrerseits nach den Kindern und Pädagoginnen, wenn diese in ihre Nähe kommen.
Die Bezugspädagogin reagiert mit vorsichtigem Streicheln von Samanthas Unterarm. Samantha verharrt völlig ruhig und scheint zu versuchen, dieses neue Gefühl einzuordnen. Schließlich streckt sie ihren Arm der Pädagogin entgegen. Im Laufe der Zeit reagiert Samantha und beginnt sogar ihrer Bezugspädagogin den Rücken zu streicheln. Für die Mutter ist diese Form der Zuwendung ihrem Kind gegenüber ungewohnt. Sie kann die Argumente der Bezugspädagogin jedoch nachvollziehen, dass Samantha bei den anderen Kindern eine zärtliche Zuwendung sieht und selbst erfahren möchte, wie sich das anfühlt. Die Mutter nimmt Samantha bei der Verabschiedung und Begrüßung auf den Arm und drückt ihren Kopf an Samanthas. Seitdem reduzierten sich die beobachteten »handgreiflichen Kontaktangebote« von Samantha den anderen Kindern und Pädagoginnen gegenüber merklich.

Der Austausch von innigen Zärtlichkeiten gehört in die Familie. Aus diesem Grund ist der Gesichtsbereich von Kindern für fremde Menschen tabu, also auch für Pädagoginnen. Ein Küsschen vom Kind für die geliebte Pädagogin darf höchstens bei ihr auf der Wange landen. Wenn Kinder küssen, dann geht das manchmal nur gleichzeitig mit dem Austausch von Flüssigkeiten, die in ein Taschentuch gehören. Pädagoginnen nehmen Kinder in den Arm und drücken sie vorsichtig. Wenn Kinder auf dem Schoß sitzen, so sitzen sie bei männlichen Pädagogen auf einem Oberschenkel. Wenn das Kind einem Erwachsenen kein Küsschen auf die Wange geben möchte, ist diese Entscheidung zu respektieren. Wie soll das Kind unterscheiden zwischen dem freundlich gemeinten Küsschen und Anfassen von Onkel Servatius und einer Berührung mit Hintergedanken von Onkel Bonifatius? Von Tante Hilde nur eine Schokolade zu bekommen, wenn sie einen Kuss vom Kind erhält, ist nicht nur Erpressung, sondern kann schon als Übergriff gedeutet werden. Den lieben Verwandten diese Haltung zu erklären, erfordert viel Feingefühl, Mut und große Klarheit von den Eltern. Gehen Sie in die Diskussion. Sie tun es für eine gedeihliche Entwicklung Ihres Kindes. Im Übrigen mag kein Kleinkind auf den Mund geküsst werden. Für Säuglinge bedeutet es immer ein allzu großes Eindringen in ihre Intimsphäre und sie reagieren abwehrend darauf.

Das Kind darf nicht als willenloses Objekt betrachtet werden, sondern ist von Anfang an ein Subjekt, das eine eigenständige Persönlichkeit entwickelt. Die Gefühle und Entscheidungen der Kinder zu unterstützen und zu akzeptieren, ist präventive Sexualerziehung."

Kapitel 5
Daten und Fakten zum sexuellen Missbrauch

Grundlage der Prävention muss ein vorurteilsfreier Blick auf Häufigkeit, Formen und Täterstruktur etc. des sexuellen Missbrauchs sein. Nur so kann man das Risiko richtig einschätzen und ihm angemessen begegnen.

Einstieg – Prüfen Sie Ihr Wissen

Sind die nachfolgenden Thesen richtig?

- ➔ Der sexuelle Missbrauch von Kindern hat in den letzten Jahren (deutlich) zugenommen.
- ➔ Sexueller Missbrauch bedeutet in der Mehrzahl der Fälle versuchte oder vollendete vaginale, anale oder orale Vergewaltigung.
- ➔ Bei den Tätern handelt es sich überwiegend um Männer im Alter über 30.
- ➔ Täter sind überwiegend Familienangehörige und namentlich zu einem hohen Anteil Vater-Tochter-Inzeste.
- ➔ Die soziale Schicht der Opfer spielt eine große Rolle.
- ➔ Frauen können als Täterinnen nicht ernsthaft in Betracht kommen.

Epidemologie

Hellfeld

Die **Polizeilichen Kriminalstatistik** weist seit 1997 fallende Zahlen für **angezeigte Fälle** und **Opfer** sexuellen Missbrauchs von Kindern (§§ 176, 176a, 176b StGB) aus. Die angezeigten Fälle sind von 1997 bis 2009 um fast 30%, die Zahl der Opfer um 28,5% zurückgegangen.[141] Nachdem 2009 der niedrigste Wert seit 1993 zu verzeichnen war, sind 2010 bis 2012 die Zahlen des sexuellen Missbrauchs von Kindern (§§ 176, 176a, 176b StGB) wieder leicht angestiegen.[142]

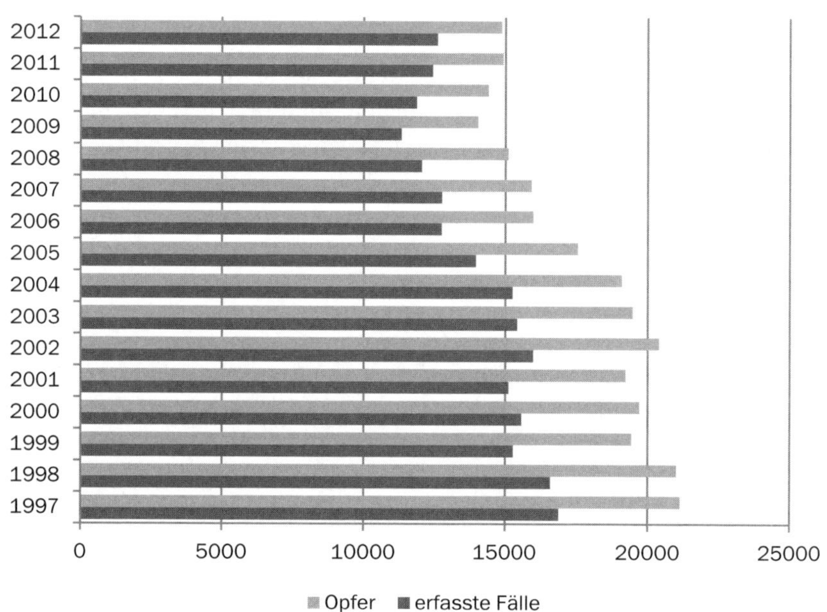

Das Bild bestätigt sich, wenn man **Häufigkeitszahlen** (Zahl der angezeigten Fälle pro 100.000 Einwohner) nimmt und damit den demografischen Wandel eliminiert.

141 Nachweise bei Bettina Zietlow, Sexueller Missbrauch in Fallzahlen der Kriminalstatistik, BZgA 3-2010, 7 (8). Der starke Rückgang der Fallzahlen wurde in der Dunkelfeldforschung (siehe unten) bestätigt.

142 Trotz eines leichten Anstiegs der Hellfeldzahlen kann bei steigender Anzeigenbereitschaft (siehe dazu unten) ein realer Rückgang der Häufigkeit sexuellen Kindesmissbrauchs vorliegen, zu diesem Phänomen siehe auch Jörg M. Fegert, Miriam Rassenhofer, Thekla Schneider, Alexander Seitz, Nina Spröber, Sexueller Kindesmissbrauch – Zeugnisse, Botschaften, Konsequenzen, Weinheim 2013, S. 36.

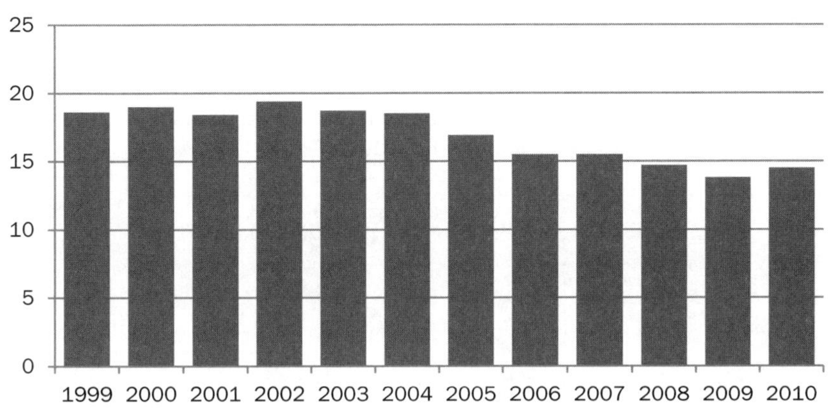

Der Rückgang fällt noch deutlicher aus, wenn man berücksichtigt, dass im gleichen Zeitraum die **Anzeigebereitschaft um 76,5 % zugenommen** hat.[143] Zugleich ist die **Aufklärungsquote** von 63,4% auf 82,1% gestiegen.

Die öffentliche Meinung geht aufgrund medialer Skandalisierung eher von einer Zunahme der Fälle sexuellen Missbrauchs von Kindern aus. Tatsächlich gehen die Fälle sexuellen Missbrauchs von Kindern, was die Zahl der angezeigten Fälle in der polizeilichen Kriminalstatistik belegt, **bereits seit den 1950er Jahren deutlich zurück.**[144] Die Zahl der Anzeigen sexuellen Missbrauchs von Kindern lag zwischen 1955 und 1965 jährlich noch bei 30 und mehr Fällen pro 100.000 Einwohner, pendelt seit Mitte der 1990er Jahre zwischen 15 und 20 pro 100.000 Einwohner und lag im Jahr 2009 bei weniger als 15 angezeigten Fällen pro 100.000 Einwohner.[145]

Die **Tatverdächtigenbelastungszahl** ist die Anzahl Tatverdächtiger pro 100.000 deutsche männliche Einwohner. In der folgenden Grafik wird diese **nach Altersgruppen** auf Grund der PKS: 2007, 2009 bzw. 2012 aufgeschlüsselt. Dadurch wird deutlich, dass die Altersgruppe der 14- bis 21-Jährigen

143 Nachweise bei Bettina Zietlow, Sexueller Missbrauch in Fallzahlen der Kriminalstatistik, BZgA 3-2010, 7 (8). Die starke Zunahme der Anzeigebereitschaft wurde in der Dunkelfeldforschung (siehe unten) bestätigt.

144 Von einem Rückgang der Fälle sexuellen Missbrauchs von Kindern geht auch der Abschlussbericht, Runder Tisch, Kindesmissbrauch in Abhängigkeits- und Machtverhältnissen in privaten und öffentlichen Einrichtungen und im familiären Bereich, vom 30.11.2011, S. 13 aus.

145 Nachweise bei Renate Volbert, Anett Galow, Sexueller Missbrauch: Fakten und offene Fragen, Juni 2010, S. 2.

männlichen Jugendlichen und Heranwachsenden weit überproportional stark als Tatverdächtige belastet werden. Allerdings besteht in dieser Altersgruppe eine überproportional große Diskrepanz zwischen Anzeigen und Verurteilungen.[146]

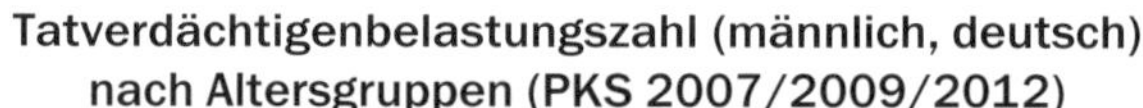

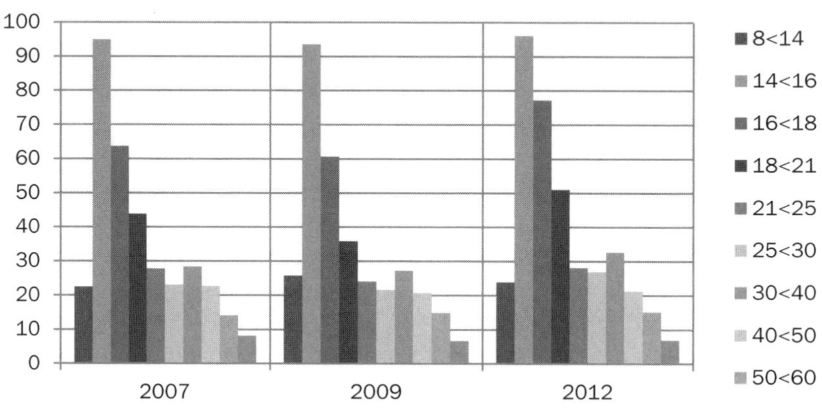

Aufgliederung § 176 StGB nach Begehungsformen (Quelle: PKS 2012, Schlüssel 13100)

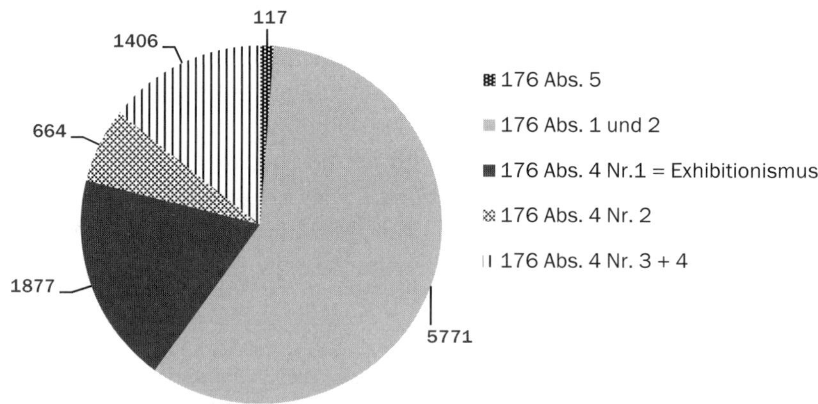

146 So auch Renate Volbert, Anett Galow, Sexueller Missbrauch: Fakten und offene Fragen, Juni 2010, S. 3.

Die Aufgliederung nach Begehungsformen[147] und damit nach Intensität deckt den beachtlichen **Anteil exhibitionistischer Fälle** auf.

Auch **Dunkelfeldstudien** kamen zu dem Ergebnis, dass sexueller Missbrauch in der Regel nicht im versuchten oder vollzogenen Geschlechtsverkehr besteht. Die meisten Fälle sind exhibitionistische Erfahrungen (vor allem bei Jungen) und sexuelle Berührungen (vor allem bei Mädchen).[148]

Deegener gibt unter Auswertung der vorliegenden Studien daher in Bezug auf die „Intensität" des sexuellen Missbrauchs grob folgende Häufigkeiten an:[149]

sehr intensiver sexueller Missbrauch versuchte oder vollendete vaginale, anale oder orale Vergewaltigung; Opfer musste Täter oral befriedigen oder anal penetrieren	15 %
intensiver sexueller Missbrauch Opfer musste vor Täter masturbieren; Täter masturbierte vor Opfer; Täter fasste Opfer an die Genitalien an; Opfer musste Täter an die Genitalien anfassen; Opfer musste Täter die Genitalien zeigen	35 %
weniger intensiver sexueller Missbrauch Täter versuchte, die Genitalien des Opfers anzufassen; Täter fasste Brust des Opfers an; sexualisierte Küsse, Zungenküsse	35 %
sexueller Missbrauch ohne Körperkontakt Exhibitionismus; Opfer musste sich Pornos anschauen; Täter beobachtete Opfer beim Baden	15 %

147 Bundesministerium des Innern (Hg.), Polizeiliche Kriminalstatistik 2011, Berlin 2012, S. 45. Die Gesamtzahl der Delikte sexuellen Missbrauchs an Kindern nach §§ 176, 176a, 176b StGB wird dort für mit 12444 angegeben.

148 Annette Engfer, Formen der Misshandlung von Kindern – Definitionen, Häufigkeiten, Erklärungsansätze, in: U.T. Egle, S. O. Hoffmann, P. Joraschky, Sexueller Missbrauch, Misshandlung, Vernachlässigung, Schattauer, Stuttgart S. 3 (15) m.w.N.

149 Entnommen: Günther Deegener, Kindesmissbrauch, 5. Aufl. Weinheim 2010, S. 32 f., vgl. auch: Annette Engfer, Formen der Misshandlung von Kindern – Definitionen, Häufigkeiten, Erklärungsansätze, in: U.T. Egle, S. O. Hoffmann, P. Joraschky, Sexueller Missbrauch, Misshandlung, Vernachlässigung, Schattauer, Stuttgart S. 3 (13f.).

Dunkelfeld

Die Polizeiliche Kriminalstatistik (Hellfeld) bildet nur einen Teil der tatsächlich begangenen Delikte ab. Das Dunkelfeld ist durch **zwei repräsentative wissenschaftliche Studien des Kriminologischen Forschungsinstituts Niedersachsen** (KfN) in **1992 und 2011**, in denen Opfer retrospektiv nach verschiedenen Formen sexueller Übergriffe in ihrer Vergangenheit befragt wurden, mittlerweile gut erforscht.

Den beiden Studien des Kriminologischen Forschungsinstituts Niedersachsen (KFN) liegt im Wesentlichen die **deutsche strafrechtliche Definition** sexuellen Missbrauchs von Kindern zu Grunde.[150] Internationale Dunkelfelduntersuchungen geben sehr unterschiedliche Prävalenzraten[151] aufgrund länderspezifischer Besonderheiten, der Stichprobenwahl und vor allem unterschiedlicher Definitionen für sexuellen Kindesmissbrauch an. Insbesondere voneinander abweichende Altersgrenzen und Altersunterschiede zwischen Täter und Opfer, die Berücksichtigung von Handlungen ohne Körperkontakt führen zu großen Abweichungen.[152]

Für die **Erhebung des KfN in 2011** wurde bundesweit eine Repräsentativstichprobe von 11.428 Personen der Altersgruppe 16 bis 40 befragt, ob sie Betroffene sexuellen Missbrauchs geworden sind:

- Unter 14 Jahren gaben 5,0% der weiblichen und 1,0% der männlich Befragten an, sexuellem Missbrauch mit Körperkontakt erlebt zu haben.
- 4,5% der befragten weiblichen und 1,3% der befragten männlichen Personen berichteten von exhibitionistischen Handlungen männlicher Täter.
- Das ergibt in Summe Gesamtprävalenzraten von 2,3% bei Männern und 9,5% bei Frauen für 2011. [153]

---

150 Vgl. Lena Stadler, Steffen Bieneck, Christian Pfeiffer, Repräsentativbefragung sexueller Missbrauch 2011, kfn Forschungsbericht 118, S. 13f.

151 Die Prävalenzrate bezeichnet die Anzahl der Fälle, welche während einer bestimmten Zeitperiode in einer bestimmten Population vorgekommen sind (z.B. Erkrankte, Verstorbene, Unterernährte usw.) im Verhältnis zur Anzahl aller Mitglieder dieser Population.

152 Nach Renate Volbert, Anett Galow, Sexueller Missbrauch: Fakten und offene Fragen, Juni 2010, S. 4; Annette Engfer, Formen der Misshandlung von Kindern – Definitionen, Häufigkeiten, Erklärungsansätze, in: U.T. Egle, S. O. Hoffmann, P. Joraschky, Sexueller Missbrauch, Misshandlung, Vernachlässigung, Schattauer, Stuttgart S. 3 (12f.).

153 Lena Stadler, Steffen Bieneck, Christian Pfeiffer, Erster Forschungsbericht zur Repräsentativbefragung sexueller Missbrauch 2011, Stand 17.10.2011, S. 40.

Im Vergleich zur KFN-Untersuchung des Jahres 1992 ist ein **deutlicher Rückgang** des Missbrauchs zu verzeichnen. Damals hatten von den Frauen 8,6% und von den Männern 2,8% bis zum 16. Lebensjahr mindestens eine Missbrauchserfahrung mit Körperkontakt erlebt.[154]

Der Befund wird **bestätigt**, wenn man in der aktuellen KfN-Studie die Missbrauchserfahrungen zwischen den **verschiedenen Altersgruppen vergleicht**. So erlitten die weiblichen 31- bis 40-Jährigen Befragten bis zu ihrem 16. Lebensjahr zu 9,5% einen Missbrauch mit Körperkontakt, die 21- bis 30-Jährigen zu 7,1%, die 16- bis 20-Jährigen dagegen nur zu 2,9%. Die Vergleichszahlen für die Männern lauten 2,0%, 1,4% und 0,8%.[155]

Ein deutlicher Rückgang sexuellen Missbrauchs findet sich auch in internationalen Untersuchungen.[156]

Die Auswertung der Studie belegt weiter, dass sich die **Anzeigebereitschaft deutlich erhöht** hat. Während die 31- bis 40-Jährigen ihren bis zum 16. Lebensjahr erlittenen Missbrauch je nach Tattyp nur zu 4,8% bis 14,8% anzeigten, lag die Anzeigebereitschaft bei den 21- bis 30-Jährigen bereits bei 16,9% bis 29,7% und stieg bei den 16- bis 20-Jährigen weiter auf 9,1% bis 50%. Das bedeutet konkret, dass heute jeder dritte Täter mit einem Strafverfahren rechnen muss, während dies in den achtziger Jahren nur jeder zwölfte musste.[157] In dem Zusammenhang fallen zwei Punkte auf: Zum einen wird festgestellt, dass bei sexuellem Missbrauch mit Körperkontakt (Aufforderung zur sexuellen Berührung durch den Täter, Penetration mit Finger, Zunge, Gegenstand oder Penis sowie orale Penetration) jedoch nicht bei sexueller Berührung des Betroffenen durch den Täter tendenziell eher

---

154 Lena Stadler, Steffen Bieneck, Christian Pfeiffer, Erster Forschungsbericht zur Repräsentativbefragung sexueller Missbrauch 2011, Stand 17.10.2011, S. 40. Im kfn Forschungsbericht 118, werden auf S. 54 die geringfügig höheren Zahlen für die deutschstämmigen Befragten berichtet. Zur Studie von 1992 siehe auch Renate Volbert, Anett Galow,. Sexueller Missbrauch: Fakten und offene Fragen, Juni 2010, S. 4; zur Einstufung der deutschen Prävalenzraten siehe Annette Engfer, Formen der Misshandlung von Kindern – Definitionen, Häufigkeiten, Erklärungsansätze, in: U.T. Egle, S. O. Hoffmann, P. Joraschky, Sexueller Missbrauch, Misshandlung, Vernachlässigung, Schattauer, Stuttgart S. 3 (13).

155 Siehe Lena Stadler, Steffen Bieneck, Christian Pfeiffer, Repräsentativbefragung sexueller Missbrauch 2011, kfn Forschungsbericht 118, S. 28f., 54.

156 Nachweise bei Lena Stadler, Steffen Bieneck, Christian Pfeiffer, Repräsentativbefragung sexueller Missbrauch 2011, kfn Forschungsbericht 118, S. 54; Jörg M. Fegert, Miriam Rassenhofer, Thekla Schneider, Alexander Seitz, Nina Spröber, Sexueller Kindesmissbrauch – Zeugnisse, Botschaften, Konsequenzen, Weinheim 2013, S. 38.

157 Vgl. Lena Stadler, Steffen Bieneck, Christian Pfeiffer, Repräsentativbefragung sexueller Missbrauch 2011, kfn Forschungsbericht 118, S. 54.

diejenigen Täter angezeigt werden, die dem Familienkreis der Betroffenen entstammen.[158] Zum anderen wird Anzeige in den seltensten Fällen unmittelbar nach der Tat erstattet. Ein großer Teil der Betroffenen zögert mehr als 6 Jahre.[159]

In dem Forschungsbericht des KfN findet sich ein eindrückliches **Beispiel**, warum die massiv erhöhte Anzeigebereitschaft trotz deutlich rückläufiger Prävalenzzahlen sexuellen Missbrauchs zu einer **erhöhten öffentlichen Wahrnehmung** des sexuellen Missbrauchs führt.[160]

- Der Erhebung ist zu entnehmen, dass von den weiblichen 31- bis 40-Jährigen in ihrer Kindheit 1,7% Opfer einer analen oder vaginalen Penetration wurden. Für die 16- bis 20-Jährigen lag das Risiko nur noch bei 0,8%. Das heißt, 100 Opfern der Gruppe der 32- bis 40-Jährigen stehen nur 47 aus der jüngeren gegenüber.
- Die Anzeigebereitschaft der 100 Betroffenen der 31- bis 40-Jährigen lag nach eigenen Angaben bei 6% – im Ergebnis gingen von ihnen also 6 Frauen zur Polizei. Bei 16- bis 20-Jährigen lag die Anzeigebereitschaft dagegen bei 39,1% – von den 47 jüngeren Opfern gingen also ca. 15 Frauen zur Polizei.
- Trotz eines erheblich niedrigeren Risikos sind wesentlich mehr 16- bis 20-Jährigen in der polizeilichen Opferstatistik erfasst worden als von den 31- bis 40-Jährigen. Für die anderen Formen sexuellen Missbrauchs ergeben sich ähnliche Ergebnisse.

Bei den **Tätergruppen** für sexuellen Missbrauch mit Körperkontakt wurden am häufigsten mit 49,1% **männliche Familienangehörige** genannt (44,9% der männlichen und 49,9% der weiblichen Betroffenen). Als männliche Familienangehörige wurden Vater, Stiefvater, Onkel und sonstige männliche Familienangehörige gezählt. Onkel wurden in 10,3% der Fälle, Stiefväter in 9,9% und Väter in 8,6% benannt. Männliche Bekannte wurden mit 27,3% (von 18,1% der männlichen Betroffenen und 29,1% der weiblichen Betroffenen) angegeben. 19,8% der Nennungen betrafen unbekannte männliche Täter (21,5% der weiblichen und 19,4% der männlichen Betroffenen). 15,3% der männlichen und 1,5% der weiblichen Betroffenen erlitten einen sexuellen Missbrauch mit Körperkontakt durch **weibliche**

158 Siehe hierzu Lena Stadler, Steffen Bieneck, Christian Pfeiffer, Repräsentativbefragung sexueller Missbrauch 2011, kfn Forschungsbericht 118, S. 46f.

159 Siehe hierzu Lena Stadler, Steffen Bieneck, Christian Pfeiffer, Repräsentativbefragung sexueller Missbrauch 2011, kfn Forschungsbericht 118, S. 47.

160 Siehe Lena Stadler, Steffen Bieneck, Christian Pfeiffer, Repräsentativbefragung sexueller Missbrauch 2011, kfn Forschungsbericht 118, S. 55.

Täter. Die Täter sexuellen Missbrauchs mit Körperkontakt stammen also überwiegend aus dem sozialen und familiären Umfeld.[161]

In Medien und öffentlicher Meinung wird sexueller Missbrauch vielfach mit einem **Vater-Tochter-Inzest** identifiziert. Diese Form sexuellen Missbrauchs kommt jedoch nach den vorliegenden Forschungsbefunden vergleichsweise seltener vor.[162] Günther Deegener schreibt hierzu, das Schlagwort „Die Täter sind (meist) die Väter" ist falsch.[163]

Der **Rückgang** sexuellen Missbrauchs ist vor allem auf dem des innerfamiliären Missbrauchs zurückzuführen. Der Vergleich der befragten Alterskohorten ergab bei den 31- bis 40-Jährigen noch eine Quote von 50,4% männlicher Familienangehöriger, während er bei den 16- bis 20-Jährigen bei 23,8% lag. Das Missbrauchsrisiko durch unbekannte Täter ist dagegen konstant geblieben.[164]

Schlüsselt man das Risiko außerhalb der Familie durch einen bekannten Täter missbraucht zu werden weiter auf, so gibt sich für das **soziale Umfeld** folgendes Bild. Das größte Risiko geht von Nachbarn aus (zwischen 21,7% und 37% bei weiblichen, 31,4% und 86,3% für männliche Betroffene).[165] Bei den weiblichen Opfern fällt auf, dass für 8,3% der Missbrauchsfälle mit Köperkontakt erwachsene Täter im schulischen Bereich (Lehrer, Hausmeister etc.) benannt werden. Täter aus dem Bereich Freizeit/Sport werden dagegen nur in 4,2% Fällen angegeben.[166]

Das KfN weist auf folgende **Einschränkungen** ihrer Erhebung hin. Zum einen sind durch die Erhebungsmethode „institutionalisierte Menschen (z.B. in Psychiatrien, Krankenhäusern, Justizvollzugsanstalten, Einrichtungen für Menschen mit psychischen/physischen Beeinträchtigungen) sowie weitere schwerer erreichbare Personengruppen (Menschen aus dem Drogenmilieu, Prostituierte, Obdachlose) ausgeschlossen und demzufolge in der Stichprobe unterrepräsentiert." Zum anderen wurde zur „Vergleichbar-

161 Nach Lena Stadler, Steffen Bieneck, Christian Pfeiffer, Repräsentativbefragung sexueller Missbrauch 2011, kfn Forschungsbericht 118, S. 35-37 und 56.

162 So auch Annette Engfer, Formen der Misshandlung von Kindern – Definitionen, Häufigkeiten, Erklärungsansätze, in: U.T. Egle, S. O. Hoffmann, P. Joraschky, Sexueller Missbrauch, Misshandlung, Vernachlässigung, Schattauer, Stuttgart S. 3 (15).

163 Günther Deegener, Kindesmissbrauch, Erkennen-helfen-vorbeugen, 5. Aufl. Weinheim, Basel, 2010, S. 148.

164 Nach Lena Stadler, Steffen Bieneck, Christian Pfeiffer, Repräsentativbefragung sexueller Missbrauch 2011, kfn Forschungsbericht 118, S. 37 und 56.

165 Die Angabe einer Bandbreite folgt daraus, dass die Studie des KfN zwischen sieben verschiedenen Missbrauchsformen differenziert.

166 Nach Lena Stadler, Steffen Bieneck, Christian Pfeiffer, Repräsentativbefragung sexueller Missbrauch 2011, kfn Forschungsbericht 118, S. 38 und 56.

keit mit der Vorläuferstudie explizit eine Altersdifferenz von fünf Jahren zwischen dem Täter/der Täterin und dem Kind bzw. Jugendlichen gefordert". Der Grund für diesen Altersunterschied war, dass „konsensuelle sexuelle Beziehungen/Handlungen unter Jugendlichen ... nicht als sexueller Missbrauch mit erfasst werden sollten."[167] Zudem sollte durch die Altersdifferenz das „für sexuellen Kindesmissbrauch charakteristische Macht- bzw. Autoritätsgefälle" operationalisiert werden.[168] Schließlich betrifft der „dargestellte Rückgang der Auftretensraten sexuellen Kindesmissbrauchs nur die hier erfassten Formen sexuellen Missbrauchs". Hieraus kann kein Schluss gezogen werden, wie sich andere Formen sexuellen Missbrauchs, beispielsweise im Internet entwickelt haben.[169]

Zu ergänzen bleibt, dass sich aus dem vorliegenden Forschungsmaterial insgesamt kein Zusammenhang zwischen der **Schichtzugehörigkeit** der weiblichen Opfer und dem Risiko des sexuellen Missbrauchs ergibt, ein besonderes Risiko besteht jedoch für **geistig und/oder körperlich behinderte** Mädchen.[170] Der Anteil der Kinder, die im **Vorschulalter** missbraucht werden, an allen sexuell missbrauchten Kindern wird in sozialwissenschaftlichen Studien mit **8 %** (Bange 1992) und **14 %** (Finkelhor et al. 1990) angegeben.[171]

Überwiegend handelt es sich bei sexuellem Missbrauch um einen **einmaligen Übergriff**. In einer Studie von Bange (1992) hatten drei Viertel der männlichen und zwei Drittel der weiblichen Studierenden einen einmaligen sexuellen Übergriff erlebt, in einer Studie von Bange und Deegener (1996) lagen die Zahlen bei 59% für weibliche und 70% für männliche Opfer. Wenn jedoch nahe Angehörige Täter sind, kommt es überwiegend zu mehrfachen Missbrauch bei niedrigerem Erstviktimisierungsalter.[172]

---

167 Siehe hierzu Gabriele Kett-Straub, Ausweiskontrolle vor dem Urlaubsflirt? – Der einvernehmliche Missbrauch von Kindern durch Jugendliche, Zeitschrift für Rechtspolitik, 2007, Heft 8, S. 260-264.

168 Nach Lena Stadler, Steffen Bieneck, Christian Pfeiffer, Repräsentativbefragung sexueller Missbrauch 2011, kfn Forschungsbericht 118, S. 59, Zitat ebd.

169 Nach Lena Stadler, Steffen Bieneck, Christian Pfeiffer, Repräsentativbefragung sexueller Missbrauch 2011, kfn Forschungsbericht 118, S. 60, Zitat ebd.

170 Annette Engfer, Formen der Misshandlung von Kindern – Definitionen, Häufigkeiten, Erklärungsansätze, in: U.T. Egle, S. O. Hoffmann, P. Joraschky, Sexueller Missbrauch, Misshandlung, Vernachlässigung, Schattauer, Stuttgart S. 3 (14).

171 Annette Engfer, Formen der Misshandlung von Kindern – Definitionen, Häufigkeiten, Erklärungsansätze, in: U.T. Egle, S. O. Hoffmann, P. Joraschky, Sexueller Missbrauch, Misshandlung, Vernachlässigung, Schattauer, Stuttgart S. 3 (14).

172 Annette Engfer, Formen der Misshandlung von Kindern – Definitionen, Häufigkeiten, Erklärungsansätze, in: U.T. Egle, S. O. Hoffmann, P. Joraschky, Sexueller Missbrauch, Misshandlung, Vernachlässigung, Schattauer, Stuttgart S. 3 (14f.).

Missbrauch in Institutionen

Für den Bereich der Kindertageseinrichtungen konnte bisher **keine spezifische wissenschaftliche (Dunkelfeld)Studie** gefunden werden.[173] Weder die Expertise, „Sexualisierte Gewalt gegen Kinder in Institutionen Nationaler und internationaler Forschungsstand" für das Projekt „Sexuelle Gewalt gegen Mädchen und Jungen in Institutionen" von C. Bundschuh noch der Abschlussbericht Runder Tisch enthält diesbezüglich einen Hinweis.[174] Auch der Studie sexueller Missbrauch des KFN aus 2011 sind aufgrund zu geringer Fallzahlen keine belastbaren Aussagen zum Tatort Kindergarten zu entnehmen.[175]

Zum innerfamiliären Missbrauch Bettina Zietlow, Sexueller Missbrauch in Fallzahlen der Kriminalstatistik, BZgA 3-2010, 7 (10), zur psychiatrischen Charakteristik der Täter und zum Rückfallrisiko Michael Günter, Jugendliche und erwachsene Sexualstraftäter im Vergleich: Psychiatrische Charakteristika und späteres Rückfallrisiko, in: Claus, Marianne, Sexuelle Entwicklung – sexuelle Gewalt, Lengerich 2010, S. 66-83.

173 Auch dem Aufsatz von Mechtild Wolff, Sexueller Missbrauch in pädagogischen Institutionen, in: Renate-Berenike Schmidt, Uwe Sielert, Handbuch Sexualpädagogik und sexuelle Bildung, 2. Auflage, Weinheim 2013, S. 464-474 und Jörg M. Fegert, Miriam Rassenhofer, Thekla Schneider, Alexander Seitz, Nina Spröber, Sexueller Kindesmissbrauch – Zeugnisse, Botschaften, Konsequenzen, Weinheim 2013, Abschnitte 2.4 und 5.6 sind keine Aussagen zu Kindertagesstätten zu entnehmen.

174 Das Fehlen wissenschaftlicher Untersuchungen für den Bereich der Kindertageseinrichtungen stellt Claudia Bundschuh in ihrer Expertise, „Sexualisierte Gewalt gegen Kinder in Institutionen Nationaler und internationaler Forschungsstand" für das Projekt „Sexuelle Gewalt gegen Mädchen und Jungen in Institutionen", S. 21, fest.

175 Siehe Lena Stadler, Steffen Bieneck, Christian Pfeiffer, Repräsentativbefragung sexueller Missbrauch 2011, kfn Forschungsbericht 118. In der Tabelle 23 auf S. 41 wird ausgewiesen, dass 1,7 % aller Befragten 16- bis 40-Jährigen weiblichen Opfern und 0,7 % der männlichen den Kindergarten als Tatort eines exhibitionistischen Missbrauchs angaben. Von 0,7 % der weiblichen Opfer wurde ein Missbrauch mit Körperkontakt angegeben. Die Prozentzahlen sind gewichtet (siehe Fußnote zur Tabelle 23) und nur die Gesamtzahlen der Opfer bekannt (mit Körperkontakt 401 Personen, exhibitionistisch 334 Personen, ebda. S. 53). Zudem ist nicht aufzuklären, ob bzw. inwieweit sich die verschiedenen Nennungen in den einzelnen Missbrauchszenarien auf verschiedene oder gleiche Vorfälle beziehen (siehe S. 17). Bei der geringen, im Zufallsbereich liegenden, Zahl von Fällen ist eine repräsentative Aussage nicht möglich.

Das Deutsche Jugendinstitut hat von Mitte 2010 bis Mitte 2011 in 1800 Schulen, Internaten und Heimen, aber nicht im Kindertageseinrichtungsbereich die Zahl der Verdachtsfälle erforscht.[176]

- „Schulen, Internate und Heime sehen sich häufig mit Verdachtsfällen auf sexualisierte Gewalt bzw. unterschiedlicher Formen von Übergriffen konfrontiert. Rund die Hälfte der Schulen, knapp 70% der Internate und 4 von 5 Heimen gaben an, dass sie sich in den letzten Jahren mit Verdachtsfällen innerhalb und außerhalb der eigenen Einrichtung auseinandersetzen mussten.
- Die mutmaßlichen Täter sind in 3% bzw. 4% der Fälle (in Internaten bzw. Schulen) und in 4% bis 10% der Fälle (in Heimen) Beschäftigte der Institutionen. Damit sind Übergriffe durch an den Institutionen beschäftigte Erwachsene vergleichsweise selten. Sie wiegen aber schwer, da Kinder wie Eltern Fachkräften vertrauen können müssen."[177]

Diese Zahlen sind auf Kindertageseinrichtungen nicht übertragbar, da sie aufgrund der **organisatorischen Gegebenheiten** erheblich niedriger liegen dürften als im schulischen Bereich. Die Gefahr eines sexuellen Missbrauchs ist in der Kita schon deswegen deutlich geringer, weil ständig die Türen offen stehen und alle alles mitbekommen[178](Transparenz) und in den Gruppen immer gleichzeitig zwei pädagogische Kräfte arbeiten (Kontrolle). Zudem übernachten im Gegensatz zum Heim Kinder nur in Ausnahmefällen in der Kita (z.B. Vorschulkinder vor ihrer Einschulung). Eine Nachfrage beim Landschaftsverband Rheinland – zuständige Aufsicht für immerhin rd. 5600 Kindertageseinrichtungen und Familienzentren – bestätigte diesen Eindruck. Die zuständige Fachkraft rechnet aufgrund einer persönlichen Ad hoc-Einschätzung mit ein bis zwei Verdachtsfällen für sexuelle und körperliche Gewaltübergriffe seitens der Mitarbeitenden pro Jahr. Eine strafrechtliche Verurteilung sei nur in einem einzigen, bereits mehrere Jahre zurückliegenden Fall bekannt geworden.

---

176 Siehe: Abschlussbericht, Runder Tisch, Kindesmissbrauch in Abhängigkeits- und Machtverhältnissen in privaten und öffentlichen Einrichtungen und im familiären Bereich, vom 30.11.2011, S. 15; Alexandra Langmeyer, Christine Entleitner, Ein erschreckend häufiger Verdacht, dji impulse, 3/2011, S. 4-8.

177 Zitat: Abschlussbericht, Runder Tisch, Kindesmissbrauch in Abhängigkeits- und Machtverhältnissen in privaten und öffentlichen Einrichtungen und im familiären Bereich, vom 30.11.2011, S. 15.

178 So auch Tim Rohrmann, Mehr Männer in die Kitas!, Spiel/raum 10/10, S. 6.

Vertiefung: Geschlechtsspezifische Schutzlücken und Wahrnehmungsverzerrungen

Geht man vom Zweck des § 176 StGB aus, die **ungestörte sexuelle Entwicklung** von Kindern unter 14 Jahren zu schützen,[179] muss man feststellen, dass schon der durch den Straftatbestand gewährte Schutz unvollständig ist. Die Definition der Gefährdungslagen scheint geschlechtsspezifische Lücken aufzuweisen. Zudem führen Geschlechtsstereotypen bei der Wahrnehmung von Situationen als „sexueller Missbrauch“ dazu, dass schneller Männer als Frauen als Täter wahrgenommen werden.

Geschlechtsspezifische Lücken im Straftatbestand bzw. bei der Strafverfolgung sexuellen Missbrauchs

Fragen: ▸ Worin könnte sexueller Missbrauch durch Frauen bestehen? Welche Formen könnten für Ihre Arbeit in Kindertageseinrichtungen relevant sein? Haben Sie schon einmal Anzeichen für solche Missbrauchsformen in ihrer Arbeit bemerkt?

Als Anregung soll folgender Text dienen, der sich vor allem auf Karl Haag, „Wenn Mütter zu sehr lieben“ und Hertha Richter-Appelt, „Das Dilemma beim Aufdecken sexueller Übergriffe“[180] stützt.

Ausgangspunkt ist, dass es um den **Schutz der ungestörten sexuellen Entwicklung des Kindes** geht. Für eine ungestörte psychosexuelle Entwicklung bedarf das Kind Bezugspersonen, die ihre eigenen Interessen zurückstellen, weil und soweit das Kind auf ihre (elterliche) Fürsorge angewiesen ist. Das Kind ist erst noch auf dem Weg zu einer „eigenverantwortlichen und gemeinschaftsfähigen Persönlichkeit“ (§ 1 Abs. 1 SGB VIII) und ist daher auf die Förderung seiner Entwicklung und seine Erziehung angewiesen. Seine Offenheit und seine Unerfahrenheit müssen vor Ausbeutung, Verführung und Instrumentalisierung durch Andere geschützt werden.

---

179 Schönke/Schröder/Perron/Eisele, Strafgesetzbuch, 28. Aufl. 2010, § 176 StGB Rdn. 1 m.w.N.

180 Karl Haag, „Wenn Mütter zu sehr lieben“, Stuttgart 2006; Hertha Richter-Appelt, „Das Dilemma beim Aufdecken sexueller Übergriffe“, in: Ulrike Lehmkuhl (Hg.), Ethische Grundlagen in der Kinder- und Jugendpsychiatrie und Psychotherapie, Vandenhoeck & Ruprecht, Göttingen 2003; S. 181-198 und gekürzt auch als „Sexueller Missbrauch im Kindesalter“, in: Renate-Berenike Schmidt, Uwe Sielert Handbuch Sexualpädagogik und sexuelle Bildung, 2. Auflage, Weinheim 2013, S. 451-460.

„Die Achtung vor der Person des Kindes in seiner Entwicklungsfähigkeit und Offenheit für die Zukunft erfordert …, dass seine Interessen und Optionen für die Zukunft erhalten bleiben und davor geschützt werden, von anderen, die ihnen … sehr nahe sind, sexuell instrumentalisiert werden."[181] Ein **sexueller Missbrauch** liegt vor, wenn ein Elternteil sein Kind zu Zwecken benutzt, die der Befriedigung seiner sexuellen Interessen und Bedürfnisse dienen, und das Kind dadurch in seiner Entwicklung zu einer unabhängigen, selbständigen, verantwortlichen und liebevollen Persönlichkeit behindert oder geschädigt wird. Missbrauch kann nicht punktuell auf die Überschreitung von Grenzen durch einzelne sexuelle Handlungen reduziert werden. Er besteht vielmehr im Missbrauch der Beziehung zu einem Menschen, der einem persönlich vertraut und seine Förderung zu einer eigenständigen Person erwarten darf. Er missachtet die anvertraute Entwicklungsoffenheit des Kindes, er instrumentalisiert das Vertrauen und die Nähe des Kindes zu eigenen Zwecken und er nutzt seine Schutzlosigkeit, Unerfahrenheit und Offenheit aus. Ein solcher Missbrauch umfasst im Beziehungsverlauf das ganze Spektrum des gegenseitigen miteinander Umgehens. Es scheint, als wenn bei Frauen eher eine sexuelle Ausnutzung der Beziehung zu finden ist, so dass der Missbrauch bei Ihnen als **sexuell motivierte Beziehungstat** und weniger als sexuell-genitale Gewalttat erscheint.

Auf dieser Grundlage spricht K. Haag von „**inzestuösem Missbrauch** im weitesten Sinne (Sohn in der Rolle des Partners der Mutter)",[182] wenn die Mutter „vom Kind erwartet, dass es in gewisser Hinsicht die Rolle oder Funktion des Intimpartners übernimmt" und ihre „erotischen oder sexuellen Bedürfnisse … im weitesten Sinne erfüllt." Diese Missbrauchsform erfordert nicht, dass es zum Geschlechtsverkehr oder anderen offenkundigen sexuellen Handlungen (Oralverkehr, manuelle Stimulation der Genitalien usw.) mit dem Kind kommt (**sexuell-genitaler Missbrauch**). Dieser ist eher typisch für **Männer**, während **Frauen** dagegen sehr viel mehr zu **prägenitalen sexuellen Verhaltensweisen** ohne körperliche Gewalt neigen.

Am **äußeren Verhalten der Frau** ist der sexuelle Hintergrund daher meist nicht so leicht erkennbar, sie sind sich ihrer erotischen oder sexuellen Wünsche und Bedürfnisse mitunter noch nicht einmal bewusst. Sie können sie in **Zärtlichkeiten, Seufzern und sonstigen subtilen Formen**, aber auch in ganz anders gearteten Handlungen ausdrücken, wie z.B. in der **Körper-**

181 Zitat: Konrad Hilpert, Kirchliche Sexualethik, in: Godehard Brüntrup, Christian Herwartz, Hermann Kügler, Unheilige Macht, 2. Auflage , Stuttgart 2913, S. 141, (142), vgl. dort auch zum ganzen Absatz.

182 Zitate: Karl Haag, „Wenn Mütter zu sehr lieben", Stuttgart 2006, S. 18 und S. 22f., siehe dort auch zum Folgenden.

pflege, der **Gesundheitsvorsorge** oder in **Strafen**, denen die sexuelle Motivation äußerlich nicht anzusehen ist.[183] Das Verhalten kann äußerlich als einfache **mütterliche Zärtlichkeit** erscheinen, als Sorge für das Kind, z.B. wenn der zwölfjährige Sohn nach der Scheidung der Eltern im Bett der Mutter schlafen darf, weil er behauptet, nachts allein in seinem Zimmer Angst zu haben, während in Wirklichkeit die Mutter sich nach Auszug des Mannes allein in ihrem Bett einsam fühlt und Trost und körperliche Nähe braucht (diese Konstellation wird in der Kindertherapie laut Haag häufiger erlebt).[184] Etwas deutlicher scheint der sexuelle Hintergrund auf, wenn die Mutter den Sohn in der Badewanne am ganzen Körper einseift – bis zu seinem 18. Lebensjahr. Wenn die Mutter dem Sohn die Hosen herunterzieht, um ihm das nackte Gesäß zu versohlen – angeblich „weil das mehr wehtut" –, wird man unschwer ein sexuell-sadistisches Motiv erkennen. Weniger offensichtlich ist der sexualisierende Gehalt in „die geschlechtliche Entwicklung von Kindern taxierenden Blicken und Kommentaren oder das ‚Flirtverhalten' gegenüber kleinen Jungen". Zumindest wird der sexuelle Bezug bei Frauen weniger wahrgenommen als wenn dasselbe Verhalten von Männern gegenüber Mädchen gezeigt wird.[185] Dies gilt auch für unangemessene sexuelle Handlungen im Zusammenhang mit Wickeln und Baden – „wie z.B. das Spielen und Manipulieren am Penis eines Babys"[186] H.-E. Richter nennt schließlich noch als ein Indiz für eine Gatten-Rolle des Kindes, dass die Mutter versucht im Sohn Misstrauen, ja Abscheu gegen „Frau überhaupt" zu wecken.[187]

Charakteristisch ist für diese „inzestuöse" Missbrauchsform eine **fehlende Grenzziehung und eine gestörte Schamentwicklung**:[188] Kleine Kinder suchen Nähe und Zärtlichkeit, wollen auf den Arm genommen, gestreichelt

---

183 H.-E. Richter, Eltern, Kind und Neurose, 34. Auflage Hamburg 2012, S. 113, nennt als Indizien für die Gatten-Rolle des Kindes: Die Mutter schläft mit dem Sohn im gleichen Bett, sie übertreibt Zärtlichkeiten und sie setzt die Pflege-Praktiken weit über das durchschnittliche Alter hinaus fort.

184 Zwei Beispiele aus der Praxis finden sich bei Sigrid Richter-Unger, Sexueller Missbrauch von Kindern durch Frauen, in: prävention 2/2004, S. 22 (23).

185 Zitierte Beispiele und Einschätzung aus Irene Böhm, Einige Aspekte zur Bedeutung des Themas „sexueller Missbrauch durch Frauen für die Präventionsarbeit", in Prävention 2/2004 S. 13 (15).

186 Ebd. S. 15.

187 H.-E. Richter, Eltern, Kind und Neurose, 34. Auflage Hamburg 2012, S. 114.

188 Hertha Richter-Appelt, Sexueller Missbrauch im Kindesalter, in: Renate Berenike Schmidt, Uwe Sielert Handbuch Sexualpädagogik und sexuelle Bildung, 2. Auflage, Weinheim 2013, S. 451 (457); siehe auch: Irene Böhm, Einige Aspekte zur Bedeutung des Themas „sexueller Missbrauch durch Frauen für die Präventionsarbeit", in Prävention 2/2004, S. 13 (15).

und liebkost werden. Grenzen im körperlichen Umgang sowie eine entwicklungsgemäße Schamentwicklung werden von diesen Müttern nicht vermittelt und können so zu einer Traumatisierung der Sexualität führen. Als Beispiel findet sich hierzu bei Richter-Appelt der Bericht von einem Patienten, *„der noch als Erwachsener, wenn er nach Hause zu seiner Mutter kam, damit rechnen musste, dass die Mutter ins Badezimmer kommen könnte, wenn er urinierte. Der Patient selbst empfand dies als völlig normal.“*[189] Sigrid Richter-Unger wiederum schildert als Beispiel die Kindheit und Jugend eines Mannes, der bis zu seinem 20. Lebensjahr das Ehebett mit seiner Mutter geteilt und sich gegen die abendlichen „Einschlafrituale“ nicht hatte wehren können.[190]

Die Beeinträchtigung der ungestörten sexuellen Entwicklung des Kindes kann mit Richter Appelt auch durch **„Schüren der Angst vor der Sexualität“**[191] oder der **„Angst vor körperlicher Berührung“** von Kindern nicht nur im Genitalbereich erfolgen: Die öffentliche Diskussion durchzieht die Angst vor einer „unkontrollierten männlichen Sexualität“. Der Missbrauchsdiskurs hat zu einer Mentalität geführt, wonach „hinter allen möglichen Ereignissen und Situationen die gefährliche meist männliche Sexualität lauert“. Frauen kommt im Rahmen ihrer dominanten Rolle in der Kindererziehung und den einschlägigen Netzwerken hierbei eine bedeutsame Rolle zu. Die Folgen der Tabuisierung von Körperlichkeit, von voreiligen Verdächtigungen und Interventionen für die betroffenen Kinder werden dabei oft unterschätzt. Übertriebene emotionale Reaktionen der Familienmitglieder des Opfers und negative Stigmatisierungen durch Personen seines sozialen Nahraumes sowie Überreaktionen der Instanzen der Sozialkontrolle, z.B. der Polizei und der Gerichte können bei einem falschen Verdacht schnell zu **sekundären Viktimisierungen** führen.[192] Sie können psychische und soziale Schäden bewirken bzw. bestehende verschlimmern. Befragungen und ärztliche Untersuchungen von Kindern sind für diese in hohem

---

189 Hertha Richter-Appelt, „Das Dilemma beim Aufdecken sexueller Übergriffe“, in: Ulrike Lehmkuhl (Hg.), Ethische Grundlagen in der Kinder- und Jugendpsychiatrie und Psychotherapie, Vandenhoeck & Ruprecht, Göttingen 2003; S. 181 (192).

190 Sigrid Richter-Unger, Sexueller Missbrauch von Kindern durch Frauen, in: prävention 2/2004, S. 22 (22).

191 Hertha Richter-Appelt, Sexueller Missbrauch im Kindesalter, in: Renate Berenike Schmidt, Uwe Sielert Handbuch Sexualpädagogik und sexuelle Bildung, 2. Auflage, Weinheim 2013, S. 451 (456f.), nachfolgendes Zitat ebd.

192 Unter sekundärer Viktimisierung versteht man das erneute Opferwerden aufgrund verfehlten Verhaltens auf die primäre Viktimisierung. Hierzu siehe Hans Joachim Schneider: Viktimologische Aspekte des sexuellen Missbrauchs an Kindern. In Egg, Rudolf (Hg.): Sexueller Missbrauch von Kindern, Täter und Opfer. KrimZ, Wiesbaden 1999, S. 220f.

Maße belastend und können für sie traumatisierend sein. Nicht selten wird das Kind durch die formalistische Routine und Gleichgültigkeit der Bürokratien in Jugendamt, Polizei oder Krankenhaus entpersonalisiert. Es fühlt sich verloren und vernachlässigt. Ärzte und Polizisten stellen verletzende Fragen von zweifelhafter Bedeutsamkeit. Kinder werden, wenn sie gar unberechtigt aus ihrer Familie herausgenommen werden, in jedem Fall traumatisiert. Hier wäre sicher die Praxis der Inobhutnahme einiger Jugendämter kritisch zu hinterfragen.[193] Als ein typisch voreiliges und vorurteilsbehaftetes Vorgehen schildert Richter-Appelt folgenden Fall: Ein vierjähriger Junge „hatte im Kindergarten erzählt, dass der Vater seinen Penis anfasse. Dies hätte bei einer speziell dafür geschulten Kindergärtnerin zu dem Verdacht geführt, der Junge werde sexuell missbraucht. Sie verständigte das Jugendamt und innerhalb weniger Stunden wurde für das Kind ein Platz in einer Pflegefamilie gefunden. Der Vater dürfe den Jungen erst wieder sehen, wenn sichergestellt sei, was der Junge mit dieser Äußerung gemeint hätte, dass das Kind nicht missbraucht werde." Der Junge hatte eine Phimose und der Kinderarzt hatte der Mutter „empfohlen, die Vorhaut wiederholt zurückzuziehen, um einen Eingriff vermeiden zu können. Sie selbst hatte dabei zu große Hemmungen und hatte daher ihren Mann gebeten, dies zu übernehmen. Erst nach Abschluss der gerichtlichen Prüfung des Verdachts eines sexuellen Missbrauchs konnte das Kind in seine Familie zurückkehren."[194] Die Verdachtsabklärung muss daher sorgfältig und unparteiisch erfolgen. Die durch die Missbrauchsdiskurse forcierte **neue Tabuisierung von Körperlichkeit** beeinträchtigt die ungestörte sexuelle Entwicklung der Kinder.[195] Die einseitig negative Thematisierung von Sexualität und Körperlichkeit in Gefahrenvermeidungs- und Präventionsdiskursen tabuisiert positive Köpererfahrung und droht zunehmend in Vermeidung von körperlicher Nähe und Berührung umzuschlagen. Erzieherinnen aus Kindertageseinrichtungen bestätigen zum Beispiel, dass junge Väter heute

---

193 Als Beispiel sei nur der von der WAZ am 04.04.2012 berichtete Fall „Inobhutnahme – Jugendamt hat sich nicht an die Regeln gehalten" genannt http://www.derwesten.de/staedte/bottrop/inobhutnahme-jugendamt-hat-sich-nicht-an-die-regeln-gehalten-id6530631.html. Skandalös ist insbesondere die Reaktion der Stadt auf das Urteil.

194 Hertha Richter-Appelt, „Das Dilemma beim Aufdecken sexueller Übergriffe", in: Ulrike Lehmkuhl (Hg.), Ethische Grundlagen in der Kinder- und Jugendpsychiatrie und Psychotherapie, Vandenhoeck & Ruprecht, Göttingen 2003, S. 181 (191).

195 So auch Christa Wanzeck-Sielert, Der Missbrauchsdiskurs und seine Auswirkungen auf Sexualität und Sexualerziehung, in: Sexualpädagogik zwischen Persönlichkeitslernen und Arbeitsfeldorientierung (BZGA), Band 16, S. 50 (50f.). Dort auch zum Folgenden.

nicht mehr unbefangen davon erzählen, dass sie mit ihren Kleinkindern in der Badewanne waren. Eltern und Pädagogen haben Schwierigkeiten über Körperlichkeit und Sexualität zu sprechen. Eine unbefangene Sinnlichkeit und ein positives Körpergefühl sind aber Grundlage einer ungestörten sexuellen Entwicklung.

In vielen Familien und insbesondere in denjenigen, in denen es zu sexuellen Übergriffen komme, seien laut Richter-Appelt **sexuelle Handlungen verboten**, würden **sogar bestraft** (etwa wenn ein Kind beim Masturbieren erwischt wird). Als Beispiel berichtet sie von einer Mutter, die „ihren fünfjährigen Sohn in der Nacht wecke und körperlich bestrafe, wenn sie merke, dass er eine Erektion habe. Sie glaubt, ein Junge bekomme nur dann eine nächtliche Erektion, wenn er vor dem Einschlafen masturbiert hätte. Um dem Jungen dies abzugewöhnen, greife sie ein."[196] Für die nachhaltige Störung der psychosexuellen Entwicklung durch **Unterdrückung und Bestrafung trügen** nach Richter-Appelt „Frauen als ‚Täterinnen' im Rahmen der Erziehung" wohl eine erhebliche Verantwortung. Solche Handlungen würden, wenn sie überhaupt entdeckt und verfolgt werden, **jedoch** wegen der körperlichen Bestrafung und **nicht** wegen der Traumatisierung der Sexualität **bestraft.**[197] So berichtet Sigrid Richter-Unger aus ihrer Beratungspraxis von gleich drei gravierenden Missbrauchsfällen, in denen die Täterinnen nicht verfolgt wurden und zwei weiteren Fällen, in denen es nur zu einer Verurteilung wegen unterlassener Hilfeleistung kam.[198] Solche Beeinträchtigung können, wäre Richter-Appelt zu ergänzen, auch durch eine für Frauen eher typische **psychologische Kontrolle** der körperlich sinnlichen Entwicklung und der Lebensfreude herbeigeführt werden, durch:

- „einschränkende verbale Aussagen (unterbrechen, ablenken, Themen wechseln, demonstrieren von Desinteresse)
- abwertende Bemerkungen (sarkastische, abwertende Bemerkungen, Schwarz-Weiß-Denken und Spaltungsversuche)
- Attacken gegen das Kind (Beschuldigen des Kindes, fälschliche Zuschreibung von Verantwortung, wiederholte Erinnerung an vergangene ‚Fehler' bzw. an ‚Versagen' des Kindes)
- Induzierung von Schuld (dem Kind unberechtigte Schuldgefühle machen für etwas, für das es gar nicht verantwortlich ist, Aussagen

196 Hertha Richter-Appelt, „Das Dilemma beim Aufdecken sexueller Übergriffe", in: Ulrike Lehmkuhl (Hg.), Ethische Grundlagen in der Kinder- und Jugendpsychiatrie und Psychotherapie, Vandenhoeck & Ruprecht, Göttingen 2003; S. 181 (192).

197 Ebd. S. 190 und 192.

198 Sigrid Richter-Unger, Sexueller Missbrauch von Kindern durch Frauen, in: prävention 2/2004, S. 22 (22, 23).

machen, die das Kind ängstigen, bedrohen, zum Grübeln bringen, Vorhaltungen machen, was man alles für das Kind getan hat)
- Liebesentzug (wegwenden, Blickkontakt meiden, nicht antworten auf Ansprache des Kindes, Bemerkungen des Kindes überhören und aus dem Raum gehen)
- widersprüchliches Verhalten (zwischen liebevollem und Angriffsverhalten schwanken).“[199]

Ein Beispiel hierfür findet sich bei C. Meves:[200] Sie berichtet von einem Zwanzigjährigen, „der 1966 bei mir psychotherapeutischen Rat suchte, weil jede genitale Sensation ausblieb, wenn er ein Mädchen küßte oder berührte, der aber beim Anblick pornographischer Bilder oder beim Beobachten von Liebespaaren von einem Versteck aus onanierte. Als Ursache dieser Genitalangst erwies sich eine mütterliche Erziehung, die Sexualität in einer ungewöhnlich abwertenden Weise tabuierte. Als eine Nachbarsfrau der Mutter berichtet hatte, daß der siebenjährige Stefan die kleinen Mädchen der Nachbarschaft doktorspielend angeschaut und berührt habe, war er einer harten Prügelstrafe und langfristiger Diffamierung unterzogen worden. Diese negative Kindheitserfahrung wirkte auf den Jungen so stark, daß er sich noch an der Schwelle zum Erwachsenenalter an diese Tabuierung unbewußt als vollständig gefesselt erwies.“

Selbst wenn sexuelle Bedürfnisse nicht im Vordergrund stehen oder erkennbar sind, liegt doch ein **emotionaler Missbrauch** vor, wenn ein Elternteil sein Kind zur Befriedigung seiner Bedürfnisse benutzt, zwingt, manipuliert oder erpresst, und das Kind dadurch in seiner Entwicklung zu einer unabhängigen, selbständigen, verantwortlichen und liebevollen Persönlichkeit behindert oder geschädigt wird. Hier geht es oft darum, das Kind abhängig zu machen bzw. zu halten oder darum, dass sich ein enttäuschter Elternteil am Kind stellvertretend für den Partner „rächt“. An emotionalen Missbrauch durch Frauen ist zu denken, wenn sie den Sohn gegen den Vater aufhetzen; eine positive Vaterbeziehung zum leiblichen Vater verhindern; bei einer Trennung willkürlich den Kontakt mit dem Vater erschweren oder ganz unterbinden; sie dem Sohn ein schlechtes Gewissen oder ihn für ihre Gefühle, Gesundheit und Lebenssituation verantwortlich machen; ihn (in der Öffentlichkeit) erniedrigen; ihn von anderen Jungen und Sozial-

---

199 Zitat: Inge Seiffge-Kremke, Vater heute: Mehr Liebe, weniger Gewalt?, in: Ulrike Borst, Andrea Lanfranchi, Liebe und Gewalt in nahen Beziehungen, Heidelberg, 2011, S. 33 (48) zur geschlechtsspezifischen Verwendung ebd., S. 49.

200 Zitat: Christa Meves, Kindgerechte Sexualentwicklung, Vellmar-Kassel 1992, S. 8f. Ein weiteres Beispiel S. 34-36 (alleinerziehende Mutter bewirkt durch überbesorgte, das Kind erstickende Erziehung dessen übermäßige Sexualisierung).

kontakten fernhalten; ihn mit ihren nicht altersgemäßen Problemen belasten; ihn durch Liebesentzug, Einsperren etc. gefügig machen. Die Methoden emotionalen Missbrauchs gegen Kinder sind **Beziehungsaggressionen.**[201] Im Unterschied zum Einsatz oder der Androhung offener, körperlicher Aggression wird bei der Beziehungsaggression der Abbruch oder die Verschlechterung der Beziehung angedroht bzw. praktiziert. „Wenn du das nicht tust, hat dich Mama nicht mehr lieb", „Du bringst mich noch ins Grab", „Ohne dich, ginge es mir besser" usw. Die Beziehungsaggression nutzt aus, dass der anderen Person etwas an der Beziehung liegt oder sie, wie das Kind, auf die Bezugsperson zutiefst angewiesen ist. Sie umfasst alle Methoden von der Kontaktvermeidung, dem Gesprächsabbruch, der gefühllosen Behandlung, der sozialen Ausgrenzung bis negativen Äußerung über das Kind gegenüber Dritten.

Geschlechtsstereotypen bei der Wahrnehmung von Situationen als „sexueller Missbrauch"

Der Schutz der ungestörten sexuellen Entwicklung von Kindern unter 14 Jahren (§ 176) wird zudem durch eine geschlechtsstereotype Wahrnehmung verzerrt. So stellen Mitarbeitende von Beratungsstellen fest, dass sexuelle Übergriffe „durch Frauen oft nicht wahrgenommen, verharmlost oder einfach anders bewertet" werden.[202] In dem Zusammenhang werden dann die bereits zitierten Beispiele, der die geschlechtliche Entwicklung von Kindern taxierenden Blicke und Kommentare sowie unangemessene sexuelle Handlungen beim Wickeln und Baden, genannt. Aber reicht das Problem nicht tiefer? Wird gesellschaftlich nicht der weibliche Zugriff auf den männlichen Körper in größerem Umfang toleriert und umgekehrt der männliche auf den weiblichen sehr viel schneller tabuisiert und unter Missbrauchsverdacht gestellt? Bei Irene Böhm findet sich hierfür ein treffendes Beispiel: Bei Vorhautverengung (Phimose) wird der mütterliche Zugriff auf das Geschlecht des Jungen ärztlicherseits ohne jedes Bedenken verordnet und praktiziert. „Eine vergleichbare ärztliche Verordnung, sich [- als Vater -] an der Klitoris der Töchter zu schaffen zu machen – wenn es denn eine solche Diagnose gäbe – wäre undenkbar und würde in höchstem Maße den Ver-

---

201 Zur Beziehungsaggression siehe Doris Bischof-Köhler, Von Natur aus anders, 4. Aufl., Stuttgart2011, S. 290.

202 Zitat: Irene Böhm, Einige Aspekte zur Bedeutung des Themas „sexueller Missbrauch durch Frauen für die Präventionsarbeit", in Prävention 2/2004, S. 13 (15). Dort auch die nachfolgenden Beispiele.

dacht des sexuellen Missbrauchs auf sich ziehen."[203] In dem Zusammenhang wäre daran zu erinnern, dass in Deutschland die Genitalverstümmelung nach § 226a StGB unter Strafe gestellt wurde, aber nur wenn Frauen die Opfer sind.[204] Die Beschneidung eines Jungen erfüllt dagegen keinen besonderen Straftatbestand, sondern wurde durch § 1631d BGB ausdrücklich legalisiert.[205] Schon semantisch fällt auf, dass die Beschneidung bei Mädchen als Verstümmelung bezeichnet wird, bei Jungen als Beschneidung.

Die unterschiedliche gesellschaftliche Wahrnehmung, je nachdem ob ein Mann oder eine Frau sich dem anderen Geschlecht nähert, belegt wissenschaftlich eine experimentelle Studie von Arnold Hinz.[206] Er hat die Frage untersucht, ob sexuelle Situationen mit einem Mann in der Täter- und einer Frau in der Opferrolle eher als „sexueller Missbrauch" gedeutet werden als Situationen mit einer Frau in der Täter- und einem Mann in der Opferrolle. Hierfür wurde 670 Jugendlichen und jungen Erwachsenen ein Fragebogen mit fiktiven Szenen vorgelegt, in denen eine Interaktion eines Erwachsenen mit einem Kind oder einer abhängigen Person (Schüler, Patient, Sohn/Tochter, Neffe/Nichte usw.) geschildert wird. Sie sollten beurteilen, ob die Handlung/Annäherung einen „sexuellen Missbrauch" darstellt.

Anlass der Studie war, dass in der Missbrauchsforschung und -diskussion immer wieder darauf hingewiesen wird, dass Männer selbst eindeutige Missbrauchserfahrungen häufig nicht als solche wahrnehmen und be-

---

203 Zitat: Irene Böhm, Einige Aspekte zur Bedeutung des Themas „sexueller Missbrauch durch Frauen für die Präventionsarbeit", in Prävention 2/2004 S. 13 (15).

204 Siehe hierzu Tonio Walter, „Das unantastbare Geschlecht", Die Zeit vom 4. Juli 2013 S. 13.
§ 226a Verstümmelung weiblicher Genitalien".
(1) Wer die äußeren Genitalien einer weiblichen Person verstümmelt, wird mit Freiheitsstrafe nicht unter einem Jahr bestraft.
(2) In minder schweren Fällen ist auf Freiheitsstrafe von sechs Monaten bis zu fünf Jahren zu erkennen."

205 § 1631d Beschneidung des männlichen Kindes
(1) Die Personensorge umfasst auch das Recht, in eine medizinisch nicht erforderliche Beschneidung des nicht einsichts- und urteilsfähigen männlichen Kindes einzuwilligen, wenn diese nach den Regeln der ärztlichen Kunst durchgeführt werden soll. Dies gilt nicht, wenn durch die Beschneidung auch unter Berücksichtigung ihres Zwecks das Kindeswohl gefährdet wird.
(2) In den ersten sechs Monaten nach der Geburt des Kindes dürfen auch von einer Religionsgesellschaft dazu vorgesehene Personen Beschneidungen gemäß Absatz 1 durchführen, wenn sie dafür besonders ausgebildet und, ohne Arzt zu sein, für die Durchführung der Beschneidung vergleichbar befähigt sind.

206 Z Sexualforsch 2001, S. 214-225.

werten, weil es dem männlichen im Gegensatz zum weiblichen Selbstbild widerspricht, sich als missbraucht anzusehen und als Opfer zu erleben.[207]

Bevor sie das Ergebnis lesen, **beantworten Sie** den nachfolgenden gekürzten Originalfragebogen ehrlich für sich selbst! Ist die geschlechtsstereotype Verzerrung im Kitabereich relevant? Haben Sie selbst bei Mitarbeitenden schon feststellen müssen, dass die Bereitschaft, Jungen als potenziell Betroffene sexueller Gewalt anzuerkennen, nicht immer gegeben ist?[208]

Tab. 1. Der Itempool und der Fragebogen

	Form A	Form B
1	Ein 17-jähriger reibt im Bett seinen Körper an dem seiner 10-jährigen Schwester, was beiden gefällt.	Eine 17-jährige reibt im Bett ihren Körper an dem ihres 10-jährigen Bruders, was beiden gefällt.
2	Die Mutter bekommt erigierte Brustwarzen, während ihr 7-jähriger Sohn auf ihrem Schoss sitzt.	Der Vater bekommt eine Erektion, während seine 7-jährige Tochter auf seinem Schoss sitzt.
4	Beim Kuscheln im Ehebett streichelt die Mutter ihrem 13-jährigen Sohn den Bauch.	Beim Kuscheln im Ehebett streichelt der Vater seiner 13-jährigen Tochter den Bauch.
5	Der Freund des Vaters fotografiert dessen nackte 14-jährige Tochter alleine am FKK-Strand.	Die Freundin der Mutter fotografiert deren nackten 14-jährigen Sohn alleine am FKK-Strand.
6	Aus Liebe lässt sich ein 15-Jähriger auf das erste Mal mit einer 22-Jährigen ein, die an ihm sonst kaum Interesse hat. Hinterher fühlt er sich missbraucht.	Aus Liebe lässt sich eine 15-Jährige auf das erste Mal mit einem 22-Jährigen ein, der an ihr sonst kaum Interesse hat. Hinterher fühlt sie sich missbraucht.
7	Der Vater badet mit seiner 11-jährigen Tochter.	Die Mutter badet mit ihrem 11-jährigen Sohn.
8	Die allein stehende Lehrerin lädt ihren 15-jährigen Schüler zu sich nach Hause zum Abendessen ein.	Der allein stehende Lehrer lädt seine 15-jährige Schülerin zu sich nach Hause zum Abendessen ein.
12	Eine 30-jährige Psychotherapeutin und ihr gleichaltriger Klient verlieben sich und drücken ihre Gefühle schließlich auch in einer sexuellen Begegnung aus.	Ein 30-jähriger Psychotherapeut und seine gleichaltrige Klientin verlieben sich und drücken ihre Gefühle schließlich auch in einer sexuellen Begegnung aus.

207 Arnold Hinz, ZSexualforsch 2001; 214f.

208 Hierzu siehe: Marina Mayer, Die Macht der Rollenbilder, dji impulse 3/2011, S. 24-26.

„Die **Ergebnisse** bestätigten die Hypothese, dass Situationen mit einem Mann in der Täterrolle und einer Frau in der Opferrolle eher als ‚sexueller Missbrauch' gedeutet werden, als Situationen mit einer Frau in der Täterrolle und einem Mann in der Opferrolle. Das Geschlecht der Probanden spielte bei der Einschätzung als ‚sexueller Missbrauch' keine signifikante Rolle: Männer und Frauen beurteilen die Missbräuchlichkeit der geschilderten Situationen gleich."[209]

Saradjian (1999, S. 116) hat einige Beispiele gesammelt, die belegen, wie Professionelle sexuellen Missbrauch durch Frauen zur Kenntnis nehmen:[210]

Sagten Sie Frauen? Sie können nicht sexuellen Missbrauch meinen? Was kann eine Frau denn tun? Wie sind Sie denn an die gekommen?	Leitender klinischer Psychologe
Können Sie mit denen normal sprechen? Sicherlich sind sie geistig minderbemittelt?	Für den Kinderschutz zuständiger leitender Sozialarbeiter
Ist das eine genetische Mutation?	Leitender Verwaltungsangestellter einer psychiatrischen Klinik
Sind diese Frauen nicht nur zu liebevoll?	Gesundheitsfürsorger
Sicherlich lügt er. Sie, eine gebildete und begabte Mittelschichtsfrau, würden so etwas doch nie tun oder? Mit Ihrem eigenen Kind? Schon gar nicht Ihrem eigenen Sohn!	Ein praktischer Arzt, der telefonisch nach Rat fragte, nachdem ein männlicher Jugendlicher in seinem Büro in Tränen ausgebrochen war, als er erzählte, wie seine Mutter ihn sexuell missbrauche.

209 Zitat: Arnold Hinz, Z Sexualforsch 2001; 216f.

210 Zitiert nach: Rossilhol, J.-B. (2002) Sexuelle Gewalt gegen Jungen, Dunkelfelder, Abschnitt: Zur Unsichtbarkeit von sexuellem Mißbrauch an Jungen, Marburg: Tectum Verlag, S. 11.

Sind Männlichkeit und Opferstatus vereinbar?

Gewalt gegen Männer und Jungen ist weit verbreitet. Opfer von Gewaltdelikten (mit Ausnahme des sexuellen Missbrauchs) werden deutlich mehr Männer als Frauen. „Von körperlicher Gewalt in der Kindheit und Jugend sind Jungen häufiger betroffen als Mädchen. Das gilt in hohem Maße für Gewalt in Schulen, durch Gleichaltrige und abgeschwächt auch für Formen elterlicher körperlicher Züchtigung."[211] Trotzdem ist das **männliche Gewaltopfer** ein weitgehend geleugnetes zumindest aber **ignoriertes Phänomen**. Gewalt gegen Männer und Männer als Opfer von Gewalt werden gesellschaftlich und politisch nicht als Problem wahrgenommen. Die Soziale Arbeit, die doch Hilfe und Unterstützung zur Bewältigung problembelasteter und krisenhafter Lebenslagen leisten soll, übersieht bis heute die von Männern erlittene Gewalt. Übergriffe gegen Männer sind kein nennenswertes sozialpolitisches und sozialarbeiterisches Thema. Die kulturell bedingte Ausblendung der gegen Männer gerichteten Gewalt schlägt sich in der Gesetzgebung, der Verwaltungspraxis und der Rechtsprechung aber auch in Fachwissenschaften (wie der Kriminologie und Viktimologie) nieder.[212]

Als eine der Voraussetzungen von Macht benannte der Soziologe Popitz die **„Verletzungsoffenheit"** des Menschen: „Im direkten Akt des Verletzens zeigt sich unverhüllter als in anderen Machtformen, wie überwältigend die Überlegenheit von Menschen über andere Menschen sein kann. Zugleich erinnert der direkte Akt des Verletzens an die permanente Verletzbarkeit des Menschen durch Handlungen anderer, seine Verletzungsoffenheit, die Fragilität und Ausgesetztheit seines Körpers, seiner Person."[213] Diese Verletzungsoffenheit gilt für **beide Geschlechter**. Das Leben aller Menschen als denkende, erlebende und handelnde Wesen ist ungeachtet ihres Geschlechts zerbrechlich und stets gefährdet.[214] Jedem möglichen Opfer eines

---

211 Deutsche Jugendinstitut e.V. in Zusammenarbeit mit dem Statistischen Bundesamt, Gender-Datenreport zur Gleichstellung von Frauen und Männern in der Bundesrepublik Deutschland 10. Gewalthandlungen und Gewaltbetroffenheit von Frauen und Männern, S. 611. Die durch das „Bundesministerium für Familie, Senioren, Frauen und Jugend" in Auftrag gegebene Pilotstudie „Gewalt gegen Männer" ergab für die Kindheits- und Jugendphase, dass Jungen im Vergleich zu Mädchen im Durchschnitt etwas häufiger oder stärker körperliche Erziehungsgewalt wiederfährt. Nur jeder siebte der befragten Männer berichtete über keinerlei Gewaltwiderfahrnisse in der Kindheits- und Jugendphase, ebd., S. 97.

212 Abschnitt in Anlehnung an Hans-Joachim Lenz, Mann oder Opfer? Jungen und Männer als Opfer von Gewalt und die kulturelle Verleugnung der männlichen Verletzbarkeit, 108 (108).

213 Heinrich Popitz, Phänomene der Macht, 2. Auflage, Tübingen 2004, S. 63f.

214 Nach Peter Bieri, Eine Art zu leben, München 2013, S. 14.

Übergriffs oder sexueller Gewalt muss daher ungeachtet seiner Rasse oder ethnischen Herkunft, seines Geschlechts, seiner Religion oder Weltanschauung, seiner Behinderung, seines Alters oder seiner sexuellen Identität beigestanden werden. Aber das unsere Gesellschaft prägende **Konstrukt „idealer Männlichkeit"** blendet seine Verletzbarkeit, Bedürftigkeit und Individualität aus und erhebt im öffentlichen wie privaten Bereich eine starke, gewissermaßen problemlos funktionierende Männlichkeit zur gesellschaftlichen Leistungsnorm. Um die Verletzungsoffenheit von Männern sichtbar werden zu lassen, muss sie benannt und so das verzerrte gesellschaftliche Bild von Männlichkeit zurechtgerückt werden. „Das Ringen um die Beachtung der männlichen Verletzbarkeit führt aber geradezu in die Verstrickungen der herrschenden Geschlechterkonstruktionen: als Täter erhalten Männer (negative) Aufmerksamkeit, als Opfer keine ... Entweder gilt jemand als Opfer, oder er ist ein Mann. Beide Begriffe werden als unvereinbar gedacht."[215]

Speziell im **Diskurs um Gewalt und Geschlecht** wird die Ungleichbehandlung, die die Verletzbarkeit einer Frau oder eines Mädchens ernster nimmt, als die eines Mannes oder Jungen, besonders deutlich.[216] „Sexueller Gewalt an Jungen wird bis heute in der (Fach-)Öffentlichkeit nur eine geringe Aufmerksamkeit am Rande geschenkt." Die Repräsentativerhebung des KfN in 2011 belegt bei Männern in der Altersgruppe 16 bis 40 immerhin eine Gesamtprävalenzrate von 2,3 %. [217] „Trotz der hohen Zahl sexuell missbrauchter Jungen, werden von den Medien allenfalls schlagzeilenträchtige Einzelfälle berichtet. Als zentrale Fragestellung von Schulungen, Fachtagungen, wissenschaftlichen Veröffentlichungen, Untersuchungen etc. taucht das Thema kaum auf. Auf der Seite der Hilfs- und Beratungsangebote sieht es kaum besser aus. Viele Opfer bleiben daher sich allein überlassen."[218] Selbst bei Fachkräften in Einrichtungen der sozialen Arbeit oder des

215 Zitat: Hans-Joachim Lenz, Mann oder Opfer? Jungen und Männer als Opfer von Gewalt und die kulturelle Verleugnung der männlichen Verletzbarkeit, S. 108 (109). Siehe dort auch zu dem ganzen Abschnitt.

216 Hans-Joachim Lenz, Mann oder Opfer? Jungen und Männer als Opfer von Gewalt und die kulturelle Verleugnung der männlichen Verletzbarkeit, 108 (112).

217 Lena Stadler, Steffen Bieneck, Christian Pfeiffer, Erster Forschungsbericht zur Repräsentativbefragung sexueller Missbrauch 2011, Stand 17.10.2011, S. 40.

218 Zitate in diesem Abschnitt aus: Dirk Bange, Sexueller Missbrauch an Jungen. Die Mauer des Schweigens, Göttingen 2007, S. 9. Selbst in den Gewaltschutzprogrammen auf Bundes, Landes und kommunaler Ebene sowie der Europäischen Union kommt der Schutz männlicher Gewaltopfer, obwohl sie überwiegend die Betroffenen sind, nicht vor. Siehe Hans-Joachim Lenz, Mann oder Opfer? Jungen und Männer als Opfer von Gewalt und die kulturelle Verleugnung der männlichen Verletzbarkeit, S. 108 (112).

Gesundheitswesens ist die Bereitschaft, Jungen wie Mädchen als potenzielle Opfer (sexueller) Gewalt anzuerkennen, oft nicht gegeben.[219] So stellen Bundschuh und Stein-Hilbers in ihrem Bericht zu Entstehungsbedingungen von Pädosexualität fest, dass die psychischen Misshandlungen und die emotionale Vernachlässigung eines Teils der von ihnen untersuchten Pädosexuellen von Außenstehenden (Professionellen) nicht wahrgenommen wurden, da Männlichkeit und Opferstatus nicht vereinbar seien.[220]

Das einseitige Ziel, nur ein Geschlecht und nicht alle Betroffenen vor Übergriffen oder (sexueller) Gewalt zu schützen, führt im Missbrauchsdiskurs dazu, dass das **alte Geschlechterstereotyp** der „schützenswerten, wehrlosen Frau“ immer wieder erneuert und **stabilisiert wird**, während „männlich“ und „Täter sein“ gleichgesetzt werden. Gewalttaten werden statistisch überwiegend von Männern verübt. Es ist aber eine ideologische Unterstellung hieraus ohne jede Differenzierung abzuleiten, dass alle Männer potenziell gewalttätig seien. Völlig vergessen wird dabei, dass – schon statistisch – die weit überwiegende Mehrheit der Männer in ihrem Leben nie gewalttätig wird. Diese anderen, nicht gewalttätigen Männer erhalten jedoch keine öffentliche Aufmerksamkeit.

So werden im öffentlichen Missbrauchsdiskurs immer wieder moralisch aufgeladene Klischeebilder aufgerufen, die das männliche Klischee der Gewalttätigkeit und Unverletzbarkeit aufrechterhalten. Das **Opfer/Täter-Schema** wird so „zum selbstverständlichen Grundmuster der Wahrnehmung des Geschlechterverhältnisses“.[221] „Die biologisierend-geschlechterstereotype Fixierung auf weibliche Opfer und männliche Täter“ verhindert, dass Männer und Jungen ihre Widerfahrnisse der Ohnmacht, Passivität und des Ausgeliefertseins an Gewalt benennen können. Sie dürfen nach der Erwartung des gesellschaftlichen Rollenbildes kein Opfer sein. Unter Jungen ist die Bezeichnung „Opfer“ ein Schimpfwort.[222]

Frage: ▸ Können Sie sich dem anschließen, dass Männlichkeit und Opferstatus in unserer Gesellschaft nicht recht vereinbar sind?

---

219 Marina Mayer, Die Macht der Rollenbilder, dji impulse 3/2011, S. 24 (25).

220 Bundschuh, Claudia; Stein-Hilbers, Marlene (1998): Abschlußbericht zum Projekt „Entstehungsbedingungen der Pädosexualität“. Materialien zur Familienpolitik, Nr. 3/99.

221 In Anlehnung an: Hans-Joachim Lenz, Mann oder Opfer? Jungen und Männer als Opfer von Gewalt und die kulturelle Verleugnung der männlichen Verletzbarkeit, S. 108 (112).

222 Dirk Bange, Sexueller Missbrauch an Jungen. Die Mauer des Schweigens, Göttingen 2007, S. 10.

Schlussfolgerung: Was tun?

Versuchen Sie in konkreten Verdachtsfällen das Geschlechtsvorurteil dadurch zu durchbrechen, dass Sie das Geschlecht der/des potentiellen Täterin/Täters austauschen und sich fragen, ob sich dann etwas an Ihrer Einschätzung ändert. Hierzu ein Fallbeispiel aus dem Kitabereich in enger Anlehnung an Rossilhol, J.-B.[223]:

> *„Fallbeispiel zur vergeschlechtlichten Nicht-Wahrnehmung von Täterinnen. Eine Erzieherin wird des sexuellen Missbrauchs an mehreren Kindern verdächtigt."*
>
> Bei zwei der von ihr betreuten Kinder sind wiederholt Verletzungen (Kratzer, blaue Flecken, Abschürfungen) an Gesäß und Unterleib festgestellt worden, die nach bisherigem Wissensstand in der Gruppe entstanden sein müssen. Mit einer Fachberatung wird über das weitere Vorgehen beraten. Zum Umgang der Erzieherin mit den Kindern ihrer Gruppe wird ihr mitgeteilt:
>
> - Sie „nimmt Kinder über Nacht mit zu sich nach Hause und bringt ihre Wäsche gebügelt und gewaschen wieder mit.
> - Sie küsst Kinder (Alter 3-5) auf den Mund.
> - Sie „kuschelt" nach einer Art Wochenplan in der Mittagspause mit den Kindern, d.h. sie schläft mit ihnen in einem Bett.
> - Abschiede aus der Kita sind tränenreich, auch von Seiten der Erzieherin.
> - Sie hält Kontakt selbst zu Kindern, die in andere Städte gezogen sind und lädt diese zu sich nach Hause ein, auch über mehrere Tage.
> - Sie weigert sich, die Kindergruppe mit einer Kollegin oder einem Kollegen zu leiten."

In der Beratung geht es darum, ob Anhaltspunkte einer Kindeswohlgefährdung vorliegen (§ 8a SGB VIII) und deshalb das Jugendamt informiert werden soll, da die Sorgeberechtigten aufgrund eines engen persönlichen Kontaktes zur Erzieherin nicht bereit sind, etwas zu unternehmen?

> „Alle Beteiligten zögern, diesem Schritt zuzustimmen.
> Nach einigem Hin und Her bittet eine Kollegin darum, sich vorzustellen, die betroffene Person wäre ein Mann. Mit vertauschten Geschlechtsrollen würde sich die Situation so darstellen:

---

223 Nachfolgende Zitate aus Rossilhol, J.-B. (2005), Sexuelle Gewalt gegen Jungen, Dunkelfelder, 3. Dunkelfelder sexueller Missbrauch an Jungen, S. 35f., (gesamter Text: Rossilhol, J.-B. (2002) Sexuelle Gewalt gegen Jungen, Dunkelfelder, Marburg: Tectum Verlag; www.tectum-verlag.de). Rossilhol legt seinem Fall einen spontanen Bericht eines Mädchens über vaginale Penetrationen mit Objekten seitens der Erzieherin zu Grunde. Dann läge allerdings ein Anhaltspunkt mit einem sehr hohem Hinweiswert auf sexuellen Missbrauch vor, so dass in jedem Fall hätte gehandelt werden müssen, siehe Kapitel 7.

- Bei zwei der von dem Erzieher betreuten Kinder sind wiederholt Verletzungen (Kratzer, blaue Flecken, Abschürfungen) an Gesäß und Unterleib festgestellt worden, die nach bisherigem Wissensstand in der Gruppe entstanden sein müssen.
- „Der Erzieher nimmt Kinder über Nacht mit zu sich nach Hause und bringt ihre Wäsche gebügelt und gewaschen wieder mit.
- Er küsst die Kinder (Alter 3-5) auf den Mund.
- Er „kuschelt" nach einer Art Wochenplan in der Mittagspause mit den Kindern, d.h. er schläft mit ihnen in einem Bett.
- Abschiede aus der Kita sind tränenreich, auch von Seiten des Erziehers.
- Er hält Kontakt selbst zu Kindern, die in andere Städte gezogen sind und lädt diese zu sich nach Hause ein, auch über mehrere Tage.
- Er weigert sich, die Kindergruppe mit einer Kollegin oder einem Kollegen zu leiten."

Meinen Sie nicht, dass diese Neutralisierung der geschlechtstypischen Rollenzuweisungen dazu führt, dass in der Runde mit der Fachberatung die Verhaltensweisen nun durchaus kritischer und letztlich objektiver gesehen werden?

Exkurs: Generalverdacht

In dem Blog einer großen Internetseite wurde von einer Nutzerin folgende Frage gestellt:

Würdet Ihr Euer Kind in eine Kita geben, in der 5 männliche Erzieher arbeiten?

Unter den durchaus gemischten Antworten fanden sich typischerweise folgende:

„Nein, ein dickes Nein. Ich finde es gar nicht gut. Ich könnte nicht mehr ruhig schlafen.
Ich finde Männer gehören nicht dahin. Egal was sie sagen.
Jeder kann sein wahres Gesicht verstecken. Und was glaubt Ihr alle, dass jeder der auf Kinder steht, ein Schild bei sich trägt, wo es drauf steht. Nein danke. Da gehe ich lieber auf Nummer sicher. Schließlich sind es kleine Kinder."

„Kann ich einerseits schon verstehen. Heutzutage muss man schon vorsichtig sein. Andererseits ... viele Männer machen eben auch ihren Zivildienst da ... oder sind eben sozial eingestellt, muss ja nicht gleich was dahinter stecken.
Ich würde aber trotzdem Wert darauf legen, dass in jeder Gruppe, in der ein männlicher Betreuer arbeitet, auch noch eine weibliche Bezugsperson dabei ist ... meistens sind ja eh 2 Erzieher in einer Gruppe."

Hier wird, wie schon in der geschlechtsstereotypen Wahrnehmung von Situationen als „sexueller Missbrauch", eine unsere Gesellschaft durchziehende **„Verdächtigung" der männlichen Sexualität** als eines primär triebgesteuerten Begehrens sichtbar.[224] Das mitunter als „Dampfkesselmodell" bezeichnete Bild männlichen sexuellen Begehrens entstand im 18. Jahrhundert und erreichte seine theoretische ausgefeilteste Fassung in den Lehren Sigmund Freuds. Die Angst vor dem kaum, jedenfalls nur schwer kontrollierbaren Triebgeschehen begleitet uns bis heute und findet ihren Niederschlag in den Gefahrendiskursen des oben zitierten Blogs, Medienkampagnen und öffentlichen Diskussionen. Sie reicht bis in den beruflichen Alltag, mit sehr verletzenden Folgen für die betroffenen Männer. So wurde in einer vom Autor trägerseits begleiteten Kita jüngst ein erster Erzieher eingestellt. Sofort hat eine Mutter ihre Tochter abgemeldet, obwohl sie in einer anderen Gruppe betreut wurde. Die Angst kann einen Mann unversehens auch auf einem Spielplatz ereilen. „Ein Freund erzählte mir kürzlich, wie die Polizei seine Personalien überprüfte. Er hatte im Büro früher Schluss gemacht, um seine vierjährige Tochter vom Kindergarten abzuholen. Gut gekleidet, mit dem Aktenkoffer an der einen Hand und seiner Tochter an der anderen, entschied er auf dem Weg nach Hause, mit ihr noch auf den Spielplatz zu gehen. Sie wollte das so gerne. Dort richtete er ihr zweimal die beim Spielen im Sand verrutschende Wollstrumpfhose. Mein Freund griff seiner fröhlichen Tochter dazu unter den Rock. Beobachtende Mütter hatten beim ersten Mal schon mit bösen Blicken reagiert und beim zweiten Mal empört die Beamten zu Hilfe gerufen. Binnen weniger Minuten trafen sie ein. Mein Freund musste sich als Vater ausweisen.[225]

Charakteristisch ist, dass in dem obigen Blog – dem Spielplatzfall – der Einstellungsentscheidung den jeweiligen Männern keineswegs abgesprochen wurde, als Erzieher „gut mit Kindern zu können", dass „die Kinder hellauf begeistert von Ihnen sind" etc. Die diffuse, kaum fassbare Angst macht sich vielmehr daran fest, dass hinter der freundlichen, kindorientierten Fassade als wahres Gesicht der Triebtäter stehe („Und was glaubt ihr alle, dass jeder der auf Kinder steht, ein Schild bei sich trägt wo es drauf steht.").[226]

Oft genügt dann für die Verurteilung eines Mannes, Jugendlichen, aber

---

224 Siehe hierzu und zum Folgendem: Renate-Berenike Schmidt, Michael Schetsche, Sexuelle Sozialisation, Berlin 2009, S. 10f., 15f., 57-85.

225 Zitat: Ralf Bönt, Das entehrte Geschlecht, München 2012, S. 5.

226 Hierzu siehe: Bundesministerium für Familie, Senioren, Frauen & Jugend (Hg.) (2010). Männliche Fachkräfte in Kindertagesstätten. Eine Studie zur Situation von Männern in Kindertagesstätten und in der Ausbildung zum Erzieher. 3. Auflage Berlin 2012,S. 61f., 63, 65.

auch von Jungen in Kindertageseinrichtungen wegen sexueller Übergriffe unter Kindern, der **bloße Verdacht.**[227]

Dieser latente Verdacht führt dann dazu, dass Träger oder Einrichtungsleitungen die berufliche Tätigkeit von Erziehern durch einseitige Verhaltensanweisungen einschränken.[228] In der Fellbacher Zeitung vom 27.7.2010 las man dazu folgende Passage: „In jedem Fall hat er [ein Praktikant] gegen die Richtlinien, die für männliche Praktikanten in Backnanger Kindergärten gelten, verstoßen. Gemäß diesen ist ihm zwar der angemessene körperliche Kontakt mit den Kindern nicht untersagt, wohl aber, ihnen beim An- und Auskleiden zu helfen.

> ... Erika Schwiertz, die die Abteilung Kitas in Waiblingen leitet, ist ebenfalls glücklich, immerhin drei Männer in einem Team aus etwa 160 Erzieherinnen zu haben. Aber auch in Waiblingen genießt man die Männer mit Vorsicht: Das Wickeln der Kinder und die Waschräume sind für sie auch hier tabu.

In einer Arbeitshilfe für die **Personalauswahl** kann man folgende Ratschläge lesen: „Im Bewerbungsgespräch selbst sollten auch folgende Aspekte direkt befragt werden:

- ob der Bewerber jemals ein Kind sexuell misshandelt hat,
- ob der Bewerber jemals sexuelle Gedanken und Phantasien über Kinder hatte,
- welche Gedanken und Einstellungen der Bewerber in Bezug auf sexuelle Kindesmisshandlung hat."[229]

---

227 So zu Recht Christoph Kucklick, der über das negative Männerbild ein Buch „Das unmoralische Geschlecht" veröffentlicht hat, am 12. April 2012 in der „Zeit" in seinem Artikel „Geschlechterverhältnisse. Das verteufelte Geschlecht". Nach seiner Ansicht traut man „einem Mann blindlings eine Vergewaltigung zu ... .einer Frau aber nicht einmal eine Lüge." Einen Fall einseitig parteiischer Ermittlungen des Verdachts einer Vergewaltigung mit nachfolgender Verurteilung schildert der Artikel „Erwiesene Unschuld" von Sabine Rückert, http://www.zeit.de/2005/52/Freispruch. Einen literarisch aufbereiteten Originalfall „Kinder" erzählt der Strafverteidiger Ferdinand von Schirach in seinem Buch Schuld (S. 53-63).

228 Hierzu siehe: Bundesministerium für Familie, Senioren, Frauen & Jugend (Hg.) (2010). Männliche Fachkräfte in Kindertagesstätten. Eine Studie zur Situation von Männern in Kindertagesstätten und in der Ausbildung zum Erzieher. 3. Auflage Berlin 2012, S. 61f., 63, 65 und unten Kapitel 10 Prävention, Baustein V, Erzieher professionell einführen und einbinden.

229 Zitat: Marie-Luise Conen, Arbeitshilfen für die Personalauswahl zur Vermeidung

Diese Fälle zeigen eine latente Ablehnung männlicher Erzieher, eine misstrauische Haltung gegenüber männlicher Sexualität, einschränkende Arbeitsregeln für männliche Erzieher und entwürdigende Fragen in Einstellungsgesprächen. Die Einstellungsfragen verstoßen gegen das Allgemeine Gleichbehandlungsverbot, da sie sich diskriminierend nur an männliche Bewerber richten, zudem verletzen sie deren Persönlichkeitsrecht, da sie unzulässig in deren Intimbereich übergreifen.

Handelt es sich nun aber bei der weitergehenden Behauptung eines Generalverdachts gegenüber männlichen Erziehern um eine unzulässige Verallgemeinerung solcher Einzelbeispiele oder ist die „negative Andrologie“[230] **eine unsere Gesellschaft prägende Deutungsstruktur?**

Wenn man der Frage einer unsere Gesellschaft prägenden Deutungsstruktur nachgeht, sollte man sich zunächst einmal selbst fragen, ob man nicht auch bestimmte Aktionen von Erziehern kritisch sehen würde, ein unangenehmes Gefühl hätte oder Kollegen zur Vorsicht raten würde? Für eine solche Introspektion kann man Situationen wie die Folgenden nehmen: Sich Jungen/Mädchen auf den Schoß setzen; Kuscheln nach dem Mittagsschlaf; Toilettengang; Kinder wickeln ... Nach Erfahrung des Autors bejahen die meisten Erzieherinnen ein unangenehmes Gefühl bei bestimmten Aktionen männlicher Kollegen und raten ihnen zur Vorsicht.

Will man die Frage wissenschaftlich fundiert untersuchen, so bietet sich als **theoretischer Rahmen** die Soziologie der „Dualität von Struktur und Handeln“ an. Gesellschaftliche Strukturen und individuelles Handeln prägen sich wechselseitig, durchdringen sich und bringen sich gegenseitig hervor: Strukturen prägen soziales Handeln, insofern sie Handeln ermöglichen oder begrenzen. Zu den sozialen Strukturen gehören neben „Erwartungsstrukturen“ (formelle und informelle Normen und Regeln, Moralvorstellungen, Sitten, Bräuche, Umgangsformen) auch „Deutungsstrukturen“ (Werte, Leitbilder, Wissensformen). [231]

Die Frage ist nun, existiert in unserer Gesellschaft eine uns prägende Deutungsstruktur, wonach männliche Sexualität als aktiv, unkontrollierbar, triebhaft und der Mann insgesamt latent gewalttätig gilt?

---

der Einstellung pädophiler Mitarbeiter, in: Fegert, Jörg, M./Wolff, Mechtild (Hrsg): Sexueller Missbrauch durch Professionelle in Institutionen. Prävention und Intervention. Münster: Votum Verlag 2002.

230 Begriff nach: Christoph Kucklick: Das unmoralische Geschlecht. Zur Genese der negativen Andrologie.

231 Quelle: Robert Gugutzer, Verkörperung des Sozialen, S. 98 f.

Mehrere empirische Studien weisen in diese Richtung:

- So kommen R. Volz, M. Zulehner in ihrer Studie „Männer in Bewegung, Zehn Jahre Männerentwicklung in Deutschland“[232] zu dem Ergebnis: „Gewalttätigkeit“ wird heute sowohl von Männern wie von Frauen weit eher dem „Männlichen“ zugewiesen als dem „Weiblichen“. Diese Zuordnung hat sich zwischen 1998 und 2008 noch verstärkt.
- Die BMFSFJ Studie „Männliche Fachkräfte in Kindertagesstätten“ stellt fest, dass Männer zwar durchaus von der Mehrheit der Eltern in einer Kindertagesstätte erwünscht sind. In der Studie geben 56% der Eltern an, dass sie es für wichtig erachten, dass Kinder sowohl von männlichen als auch von weiblichen Erziehern betreut werden. Aber nur 60% aller Eltern stimmen der Aussage zu, „Ich würde mein Kind in der Kita bedenkenlos einem männlichen Erzieher anvertrauen“. Das bedeutet, dass 40% der Eltern gegenüber männlichen Erziehern Bedenken oder Vorbehalte haben.
- Die schon vorgestellte experimentelle Studie von A. Hinz zur geschlechtsstereotypen Einschätzung von Verdachtssituationen[233] resumiert: „Die Ergebnisse bestätigten die Hypothese, dass Situationen mit einem Mann in der Täterrolle und einer Frau in der Opferrolle eher [als] ‚sexueller Missbrauch‘ gedeutet werden, als Situationen mit einer Frau in der Täterrolle und einem Mann in der Opferrolle. Das Geschlecht der Probanden spielte bei der Einschätzung als ‚sexueller Missbrauch‘ keine signifikante Rolle: Männer und Frauen beurteilen die Missbräuchlichkeit der geschilderten Situationen gleich.“

Ergänzend zu diesen empirischen Studien können die Ergebnisse der **historischen Forschung** zur sexuellen Sozialisation von R.-B. Schmidt und M. Schetsche herangezogen werden, die die Historie einer unsere Gesellschaft durchziehenden „Verdächtigung“ männlicher Sexualität als eines primär triebgesteuerten und schwer zu kontrollierenden Begehrens herausarbeiten.[234] Die historisch-soziologische Forschung zum Wandel des Männerbildes von C. Kucklick[235] schließlich belegt, dass die Philosophie vom schlechten, unmoralischen Mann weit vor dem Feminismus zu Beginn der Moderne um 1800 entstanden ist. „Vorher hielt man Männer wie Frauen

---

232 Studie für BMFSFJ März 2009, S. 316.

233 Z Sexualforsch 2001; 214-225.

234 Renate-Berenike Schmidt, Michael Schetsche, Sexuelle Sozialisation, Berlin 2009, S. 10f., 15f., 57-85.

235 Christoph Kucklick: Das unmoralische Geschlecht. Zur Genese der negativen Andrologie.

für göttlichen Ursprungs, also im Prinzip für gelungen, aber zur Sünde neigend. Keines der Geschlechter war moralisch besser oder schlechter, aber Männer selbstverständlich zur Herrschaft berufen. Innerhalb von zwei Generationen wurde diese Vorstellung umgekrempelt. Ein historisch einmaliger Diskurs hob um 1800 an, der Männer als das Zentralproblem der Gesellschaft beschrieb: als unmoralisch, egoistisch, emotionslos, triebgesteuert, gewalttätig, verantwortungslos. ... Entscheidend ist, dass das neue Denken nichts mit dem Verhalten von Männern zu tun hatte. Aber viel mit der modernen Gesellschaft, die in jener Zeit sichtbar wurde: Arbeitsteilung, Individualisierung, Zerfall der Traditionen. Die neue Gesellschaft wurde gefeiert, aber ebenso gefürchtet, als bedrohlich, als unheimlich."[236]

Es gibt also wissenschaftliche Belege für ein unsere Gesellschaft prägendes negatives Männerbild.

Was sind die Konsequenzen für den Kinderschutz?

Zunächst sollte nicht verkannt werden, dass Männer durchaus von der **Mehrheit der Eltern** in einer Kindertagesstätte erwünscht sind. In der Studie „Männliche Fachkräfte in Kindertagesstätten" geben 56 % der Eltern an, dass sie es für wichtig erachten, dass Kinder sowohl von männlichen als auch von weiblichen Erziehern betreut werden[237] und 60 % aller Eltern stimmen der Aussage zu, „Ich würde mein Kind in der Kita bedenkenlos einem männlichen Erzieher anvertrauen"[238]. Nicht alle Eltern hegen also einen Generalverdacht gegenüber Männern in der Kita.

Es gilt daher, sich die **Vorurteile bewusst** zu machen und gegen sie anzusteuern. Verdächtigungen müssen sauber und fair abgeklärt werden und dürfen nicht zu vorschnellen, parteiischen Verurteilungen führen. Diskriminierende Vorurteile seitens einzelner Eltern und Trägervertretern müssen zurückgewiesen werden.[239] Vor allem aber müssen wir aus Verantwor-

---

236 So das eigene Resümee seiner Forschung in: spiegel-online 23. April 2012, 10:52 Uhr, Geschlechterdebatte Der Mann, das Tier Ein Essay von Christoph Kucklick.

237 Bundesministerium für Familie, Senioren Frauen und Jugend, Männliche Fachkräfte in Kindertagesstätten ... Eine Studie zur Situation von Männern in Kindertagesstätten und in der Ausbildung zum Erzieher, S. 47.

238 Bundesministerium für Familie, Senioren Frauen und Jugend, Männliche Fachkräfte in Kindertagesstätten. Eine Studie zur Situation von Männern in Kindertagesstätten und in der Ausbildung zum Erzieher, S. 48.

239 So berichtet Claudia Bundschuh, sexualisierte Gewalt gegen Kinder in Institutionen, Nationaler und internationaler Forschungsstand, S.22 unter Berufung auf die Esslinger Zeitung „So gab auch die Geschäftsführerin des SKF in Stuttgart gegenüber einer Tageszeitung bekannt, dass die Einrichtung in der nächsten Zeit keine männlichen Praktikanten mehr einstellen werde, und dies auch Wunsch der Eltern

tung für den ganzheitlichen Förderauftrag heraus mehr Erzieher für die Arbeit in den Kitas gewinnen. Denn es gibt viele (pädagogische) Gründe für die Beschäftigung von männlichen Mitarbeitern. So sind Männer in Kitas als Bezugspersonen für Jungen und Mädchen wichtig. Aufgrund der zunehmenden Zahl Alleinerziehender und des zunehmenden Arbeitsdrucks stehen vielen Kindern in ihrem Lebensumfeld oft keine oder nur in begrenztem zeitlichen Umfang männliche Identifikationsfiguren zur Verfügung. Dann muss dafür gesorgt werden, dass die Erlebniswelten der Kinder dadurch verbreitert werden, dass Erzieher in den primären Lernumwelten der Kinder tätig werden. Denn in der frühen Kindheit steht die Notwendigkeit im Mittelpunkt, durch die kulturell verankerte Geschlechtsidentität Sicherheit zu gewinnen.[240] Dafür aber muss den Männern die Möglichkeit

---

sei.“ http://www.esslinger-zeitung.de/lokal/stuttgart/stuttgart/Artikel580364.cfm. Der Autor selbst hat von einer Einrichtungsleitung in Köln berichtet bekommen, dass der im September 2010 in der Kölner Tageszeitung gemeldete Verdacht gegen eine als Küchenhilfe beschäftigte männliche Ein-Euro-Kraft zur Folge hatte, dass in ihrer Einrichtung – es handelt sich um eine andere, als die in der die Küchenhilfe tätig war (!) – ein bis dahin beliebter Erzieher von den Eltern aus seiner Arbeitsstelle gemobbt worden ist. Am Samstag, 10.02.2010, berichtete der General Anzeiger Bonn unter der Überschrift „Missbrauchsverdacht im Kindergarten“ „Polizei leitet Verfahren ein - Kirchengemeinde Heilig Geist suspendiert Mitarbeiter und erteilt Hausverbot“. Weiter hieß es dort: „Wegen des Verdachts des Kindesmissbrauchs hat die Polizei Ermittlungen gegen einen Mitarbeiter der katholischen Kirchengemeinde Heilig Geist eingeleitet. Mitte Januar hatten die Eltern eines Jungen aus dem Kindergarten der Pfarrei Anzeige erstattet, nachdem ihnen das Kind über an ihm vorgenommene sexuelle Handlungen berichtet hatte, auch im Detail.“ Am 13.7.2010 meldete der General-Anzeiger Bonn dann: „Die Staatsanwaltschaft hat das Verfahren gegen einen Mitarbeiter der katholischen Kirchengemeinde Heilig Geist wegen des Verdachts des Kindesmissbrauchs eingestellt. Das bestätigte Behördensprecher Fred Apostel dem GA gestern auf Anfrage. Die Ermittlungen hätten ergeben, dass "jeder Verdacht gegen den Mann ausgeräumt ist … Der Mann sei unschuldig“. In gerichtlichen Verfahren um das Sorge- oder Umgangsrecht wird von Fachleuten der Anteil falscher Verdächtigungen auf 25-50 % geschätzt, so Völker, Mallory; Clausius, Monika (2012): Sorge- und Umgangsrecht. 5. Aufl. Bonn § 1 Rdn. 226. Einen differenzierten und mit Blick auf die dem Verdacht eines sexuellen Missbrauchs ausgesetzten Elternteile ernüchternden Einblick in die Gerichtspraxis seit Beginn der 90er Jahre gibt Röse Häußermann, Juristische Perspektiven des Umgangsrechts bei einem Missbrauchsvorwurf in familienrechtlichen Verfahren, S. 120-139. So schreibt sie, als Präsidentin des Landgerichts Tübingen, zu der von ihr als „Absicherungsjustiz“ bezeichneten Gerichtspraxis: „Selbst wenn die Verdachtsmomente wenig konkret, fadenscheinig oder ersichtlich an den Haaren herbei gezogen waren, griffen die Gerichte in Umgangsrechtsverfahren vorsichtshalber zumindest zu dem Rettungsanker eines betreuten Umgangs“ (ebd., S. 121).

240 Vgl. Uwe Sielert, Einführung in die Sexualpädagogik, S. 83.

gegeben werden, ihren Beruf professionell und in all seinen Facetten auszuüben. Dies beinhaltet natürlich den für Kleinkinder entwicklungspsychologisch notwendigen und von ihnen eingeforderten bzw. initiierten Körperkontakt: Sei es beim Toben oder beim Trösten.[241] Männer in Kindertagesstätten dürfen nicht dazu angehalten werden, bestimmte vermeintlich verdächtige Situationen (wie z.B. das Wickeln, das Auf-den-Arm-nehmen etc.) zu meiden. Dies würde sie in ihrem professionellen, pädagogischen Handeln einschränken und Kinder in hohem Maße irritieren. Es gilt aber auch, die von Liselotte Ahnert erforschten Unterschiede in den Fachkraft-Kind-Beziehungen zwischen Mädchen und Jungen sowie die in vielen Ausbildungskonzepten der Berufsschulen und Fachhochschulen sowie in vielen Einrichtungen greifbare Vereinseitigung der Pädagogik auf Ziele der Friedfertigkeit, Sanftmut, Bravheit etc. unter Ausblendung von Lebendigkeit, Wildheit, Abenteuer, Kampf und Durchsetzungsfähigkeit zu reflektieren.

241 So weist z.B. Uwe Sielert, Einführung in die Sexualpädagogik, S. 170 darauf hin, dass Kinder Spaß am durchaus auch heftigeren Körperkontakt, an der Bewegung, am Zergern, Ringen und Raufen haben und dies zunehmend auch für Mädchen gilt.

Kapitel 6
Strategien der Täter/innen und Erklärung des sexuellen Missbrauchs

Analyse der Täterstrategien

Kindertageseinrichtungen sind wie andere Einrichtungen der Kinder- und Jugendhilfe für potentielle Täter sexuellen Missbrauchs prinzipiell interessant. Auch wenn es keine empirischen Untersuchungen zur Häufigkeit von sexuellem Missbrauch in Kindertagesstätten gibt (vgl. Kapitel 5) und Experten eher der Meinung sind, dass die Strukturen in Kindertageseinrichtungen vermeintliche Täter eher abschrecken[242] und hierin durch die Praxiserfahrungen bestätigt werden, kann dieser nicht gänzlich ausgeschlossen werden. Meine Kollegin C. Bundschuh hat dankenswerterweise ihren vorzüglichen Überblicksartikel zu „Strategien von Tätern und Täterinnen in Institutionen" als Ausbildungsmaterial zur Verfügung gestellt:

1. Welche **zwei Tätergruppen** lassen sich je nach ihrer sexuellen Neigung unterscheiden?

2. Sexueller Missbrauch ergibt sich nicht zufällig aus besonderen Situationen heraus. TäterInnen gehen in der Regel sehr planvoll vor, um ihre Opfer in eine Missbrauchsbeziehung hinein zu ziehen und einzubinden. Meine Kollegin C. Bundschuh beschreibt in ihrem nachstehenden Text **die vier Schritte dieser Strategie** in Bezug auf die potentiellen Opfer: Testrituale/Initiierung von Abhängigkeiten und Schuldgefühlen/gezielte Auswahl der Orte/Sprechverbot.
   - Was sind **Testrituale?** Welche hiervon kommen vor allem in Kindertageseinrichtungen in Betracht?
   - Welche Kinder sind weniger und welche **leichter zu manipulieren**? Bitte konkret beschreiben, welche Charakteristika leichter manipulierbare Kinder aufweisen!

242 Vgl. Tim Rohrmann, Mehr Männer in die Kitas!, Spiel/raum 10/10, S. 6

- Kindern wird nach „bestandener Prüfung" durch besondere Zuwendungen und Aufmerksamkeit systematisch das Gefühl der **Abhängigkeit und Schuldigkeit** vermittelt. Wie könnte so etwas in Kindertageseinrichtungen konkret aussehen?
- Welche Handlungen könnten Sie sich für die gezielte **Auswahl „der Orte"** in Kindertageseinrichtungen vorstellen?

3. Die Täterstrategien zur **Manipulation der Fachkräfte** beschreibt C. Bundschuh folgendermaßen:
   - Manche machen sich quasi unentbehrlich, indem sie durch ihren besonderen Einsatz die anderen Fachkräfte vielfältig entlasten.
   - Andere basteln am Image des Unbedarften, indem sie ihren Job erledigen, sich ansonsten aber nicht weiter um die Angelegenheiten anderer kümmern.
   - Ein guter Kontakt zur Leitung ist aus Sicht der TäterInnen in jedem Fall „empfehlenswert."
   - TäterInnen erwecken überdies häufig den Anschein einer besonders auf das Wohl der Kinder bedachten Fachkraft.
   - Die Vortäuschung von Heterosexualität, d.h. einer eindeutigen Bevorzugung von altersangemessenen PartnerInnen ist eine ebenfalls bekannte Methode, um die Wahrnehmung der Fachkräfte der eigenen Einrichtung zu vernebeln.
   - Fast immer **positionieren sich TäterInnen (auch ungefragt) offenkundig gegen sexuellen Kindesmissbrauch.**

   Welche dieser Strategien eignet sich besonders im Schutz- und Schonraum einer Kindertageseinrichtung? Besteht auf Grund dieser Täterstrategien nicht die Gefahr, dass gerade die „gut integrierten, engagierten Mitarbeitenden" fälschlich in Verdacht geraten?

4. Zur **Manipulation familiärer Bezugspersonen** nennt C. Bundschuh zwei Vorgehensweisen:
   - Als **hilfreiche/r Ansprechpartner/in für die Fragen und Nöte der Eltern** erarbeiten sie sich deren Anerkennung.
   - Durch fals**che Informationen über das Opfer** (z.B. die Behauptung, das Kind habe Probleme in der Gruppe und sei deshalb gegenwärtig sehr verschlossen) wird gegebenenfalls dem vorgebeugt, dass familiäre Bezugspersonen bei eventuellen Auffälligkeiten des Kindes dessen Verhalten genauer hinterfragen.

Wenn trotzdem Verdachtsmomente auftauchen, wird/werden

- dem Kind, das die Erfahrung offengelegt hat, oder der erwachsenen Person, die eine Beobachtung gemeldet hat, eine **Fehldeutung unterstellt**.
- **Betroffenheit zur Schau** gestellt hinsichtlich der Probleme, die sie bei dem Opfer verursacht haben und nachdrücklich ihr Bedauern versichert.
- bereits im Vorfeld entworfene **Erklärungen** für das eventuell auffällige Verhalten der Opfer geliefert (z.B. Probleme in der Schule oder im Elternhaus) und nun angebliche eigene Beobachtungen offengelegt, die das Opfer in ein schlechtes Licht rücken.
- immer gleichzeitig der **Druck auf die Opfer** erhöht, Anschuldigungen zurückzunehmen bzw. zu widerlegen.

Erklären Sie konkret, warum diese Manipulationsstrategien für Kindertageseinrichtungen besonders gefährlich sind?

5. Schlussfolgerungen:
   - Was sind die Probleme bzw. Gefahren dieser Täterstrategien für Kindertageseinrichtungen?
   - Welche Gegenstrategien nennt C. Bundschuh und welche hiervon halten Sie für Ihre Einrichtung für besonders nützlich?
   - Haben Sie noch eigene weiterführende Ideen?

Exkurs: Strategien von Tätern und Täterinnen in Institutionen

Claudia Bundschuh

Institutionen der Kinder- und Jugendhilfe gelten gemeinhin als **besonderer Schutz- und Schonraum** für Mädchen und Jungen. Wir alle unterstellen diesen Räumen, dass in ihnen Menschen aktiv sind, deren Interesse die Unterstützung und Förderung einer gesunden Entwicklung der jungen Menschen ist. Es fällt uns schwer zu glauben, dass es genau an diesen Orten zu wissentlichen Schädigungen von Kindern kommt.

Für Menschen mit einem vorübergehenden oder dauerhaften sexuellen Begehren gegenüber Kindern gilt jedoch: Sie suchen in vielen Fällen, ähnlich Menschen mit einem anderen sexuellen Begehren, nach Möglichkeiten, ihre Bedürfnisse zu befriedigen. Zur Kontaktaufnahme mit den gewünschten Sexualpartnerinnen bieten sich naheliegend die Lebensräume von jungen Menschen an. Besonders gute Gelegenheiten sind erfahrungsgemäß Freizeitplätze (z.B. Bolzplätze, Schwimmbäder, Computerecken in Kaufhäusern), institutionalisierte Freizeitangebote (z.B. ehrenamtlich getragene Kinder- und Jugendgruppen unter konfessioneller und nicht konfessioneller Trägerschaft, Sportvereine) und schließlich auch institutionalisierte Betreuungsangebote (z. B. Kindertagesstätten, Heime) und Bildungseinrichtungen. Je nach Einrichtung treten Täterinnen dann beispielsweise in Erscheinung als Hausmeister an einer Schule, als ehrenamtliche Fachkraft in der Hausaufgabenhilfe, als Erzieher in der Kindertagesstätte, als Lehrerin in der Schule, als Trainer im Tischtennisverein oder als Psychologin einer Heimmaßnahme.

Die Kontaktaufnahme über die institutionelle Kinder- und Jugendbetreuung hat vor allem für Menschen mit einer dauerhaften sexuellen Bevorzugung von Kindern einen besonderen Reiz. Sie werden in der Sexualwissenschaft als ***Pädosexuelle*** bezeichnet. Pädosexuelle fühlen sich meist durch Mädchen oder Jungen einer bestimmten Altersgruppe, seltener durch Kinder beiderlei Geschlechts erotisch angezogen. Die erotische Anziehung lässt nach, sobald bei dem/der gewünschten Partner/in das typisch Kindliche verblasst und zunehmend körperliche und psychische Merkmale des Erwachsenseins sichtbar und erfahrbar werden.

Pädosexuelle erleben die kindliche Welt häufig als ihre eigene, und ihr sexuelles Interesse an einem Kind ist nicht selten begleitet vom Wunsch, auch sozial-emotional eine Beziehungsebene herzustellen. Das bedeutet, sie möchten wie Menschen in Beziehungen mit altersangemessenen Partnerinnen gemeinsame Freizeitaktivitäten unternehmen, ein Stück Alltag teilen mit den ausgewählten Kindern. In institutionellen Bezügen wird ihnen die Möglichkeit der gemeinsamen Zeit jenseits sexueller Kontakte problemlos gewährt, es gehört ja häufig gerade zu ihren Aufgaben, sich den Kindern in ihren alltäglichen Belangen zu widmen.

Von den Pädosexuellen lassen sich so genannte ***situative Täter und Täterinnen*** unterscheiden. Ihr sexuelles Begehren ist vorwiegend auf altersangemessene Partnerinnen gerichtet. Wenn sie dennoch ein Kind sexuell missbrauchen, geschieht dies in der Regel im Kontext spezifischer Problemwahrnehmungen. Solche Problemwahrnehmungen können etwa subjektiv empfundene zeitweilige Schwierigkeiten der Durchsetzung eigener Wünsche z. B. in altersangemessenen Partnerschaften oder auch im beruflichen Kontext sein. Durch die Ausbeutung von schwächeren Menschen, in dem Fall Kinder, sollen diese empfundenen negativen Beeinträchtigungen von Selbstwertgefühl und Bedürfnisbefriedigung kompensiert werden. Bei situativen Täterinnen kann die Missbrauchsbeziehung unter Umständen bis ins frühe Erwachsenenalter des Opfers andauern, sofern es nicht gelingt, den sexuellen Kontakt zu unterbinden. Denn Merkmale des Erwachsenseins wirken auf sie nicht wie bei Pädosexuellen erregungshemmend.

Beim Missbrauch in Institutionen, Vereinen und Verbänden ***setzen*** pädosexuelle wie situative Täterinnen ***gezielt auf das Vertrauen***, das man ihnen aufgrund der Institution, der sie zugehören bzw. der Qualifikation, die sie haben, entgegenbringt. Das Vertrauen verschafft ihnen Freiräume, die sie für sich zu nutzen wissen.
Wenn Täterinnen ein spezifisches Interesse an einem Kind bei sich wahrnehmen, ***gehen*** sie sowohl dem Kind als auch den anderen Fachkräften und gegebenenfalls auch den Eltern gegenüber sehr ***strategisch vor***.

Manipulation des Kindes

Entgegen weitläufigen Annahmen in der Bevölkerung und Selbstdarstellungen der Täterinnen ist sexualisierte Gewalt gegen Kinder kein Phänomen, das aus einer unmittelbaren Situation heraus entsteht. Vielmehr hat die Forschung inzwischen hinlänglich gezeigt, dass Täterinnen in der Regel sehr planvoll in ihrem Bemühen sind, Mädchen und Jungen in eine Missbrauchsbeziehung einzubinden.

Testrituale

Bekanntermaßen beginnt sexualisierte Gewalt gegen Kinder allgemein nur in seltenen Fällen mit einer eindeutigen Tathandlung. Vielmehr wird das auserwählte Mädchen oder der Junge zunächst einmal auf seine/ihre Widerstandsfähigkeit getestet. Mögliche Testrituale sind beispielsweise sexistische bzw. anzügliche Bemerkungen über das Aussehen oder Verhalten eines Jungen/ Mädchens, scheinbar zufällige Berührungen im Intimbereich, als Spiel getarnte Berührungen, unangemessene Gespräche über Körperhygiene und Sexualität. Nicht selten machen Täterinnen dem ausgewählten Kind auch scheinbar zufällig erotische oder pornografische Produkte zugänglich, um es damit in ein Gespräch über Sexualität zu verwickeln und Einsicht in seine Einstellung und sein Wissen zu bekommen.

Selbstbewusste, aufgeklärte und in ihrem Herkunftssystem kindgerecht betreute und geförderte Mädchen und Jungen reagieren auf solche Testrituale häufig mit Protest, Abwehr und zukünftiger Distanz. Leichter zu manipulieren sind demgegenüber **Kinder, die bislang nur unzureichende Hilfestellung bei der Bewältigung kinder- und jugendtypischer Entwicklungsaufgaben erhalten oder aber einen Mangel an Zuwendung und Anerkennung erfahren haben. Konkret** gehören dazu beispielsweise Kinder, die aufgrund einer repressiven oder unvollständigen Sexualerziehung das Geschehen nur unzureichend oder gar nicht einordnen können. Ebenfalls Abgrenzungsschwierigkeiten weisen Mädchen und Jungen auf, die in einem traditionell hierarchischen Herkunftssystem aufwachsen. Ihr Umgang mit Erwachsenen ist häufig getragen von der Vorstellung, dass ältere Menschen Autoritätspersonen sind, denen sie in jedem Fall gehorchen müssen. Besonders gefährdet sind außerdem vernachlässigte Jungen und Mädchen sowie Opfer von Erziehungsgewalt und sexueller Gewalt.

Initiierung von Abhängigkeiten und Schuldgefühlen

Hat ein Kind die Prüfung „bestanden“, so wird es **systematisch durch besondere Zuwendungen und Aufmerksamkeit in das Gefühl von Abhängigkeit und Schuldigkeit eingebunden.** Dies ist für Fachkräfte in Einrichtungen der Kinder- und Jugendhilfe häufig ein leichtes Unterfangen, denn sie kennen nicht selten sehr viele Details über den Erfahrungshintergrund der betreuten Kinder. Sie wissen, wo die spezifischen Probleme und Bedürftigkeit der Mädchen und Jungen liegen. Sie kennen mindestens den Status des Kindes in der Gruppe und im Team der Einrichtung (etwa in Freizeiteinrichtungen wie Sportverbänden), und sie haben oft auch Kenntnis über Erfahrungen des Kindes außerhalb der Einrichtung (z. B. in der Schule oder der Familie). All dieses Wissen machen sie sich nun zunutze, um den Widerstand des Opfers zu brechen und es für ihre Bedürfnisse gefügig zu machen. Das kann **konkret** bedeuten: Ein Kind, das im Alltag zu wenig Zuwendung und Aufmerksamkeit von den Bezugspersonen erfährt, wird nun vom Täter/von der Täterin zum Liebling auserkoren, dem besondere Aufmerksamkeit zuteil wird. Das können Geschenke sein oder spezielle Hilfestellungen bei alltäglichen Problemen. Kinder, die einen schlechten Stand in der Gleichaltrigengruppe haben, werden nun in Gruppenkontexten bevorzugt behandelt, dürfen beispielsweise eigene Wünsche bei der Planung von Aktivitäten einbringen, die dann immer vorrangig behandelt werden. Kinder, die im Team eher als besonders problematisch gelten, werden bei Regelverletzungen gegenüber den anderen Kollegen und Kolleginnen gedeckt und nicht selten auch über interne Angelegenheiten aus dem Team informiert, die keinesfalls für Kinderohren bestimmt sind.

Die Opfer werden durch die besonderen Zuwendungen und Aufmerksamkeiten zunehmend in das Gefühl der Schuldigkeit gebracht. Da sie die Zuwendungen angenommen haben, sehen sie sich früher oder später stets in der Pflicht, als Gegenleistung auch den Wünschen des Täters/der Täterin Befriedigung zu verschaffen. Und die Täterinnen tun das Ihre, um die Opfer in diesem Empfinden zu bestärken. So sie Fachwissen über die psychischen Mechanismen bei Kindern und Jugendlichen haben, kommt ihnen das zusätzlich zugute.

Gezielte Auswahl der Orte

Täterinnen sind erwartungsgemäß darauf bedacht, jede Zeugenschaft zu vermeiden. Daher **gehen sie** gleichfalls **planvoll** vor bei der Wahl der Orte, an denen sie sexuelle Handlungen ausführen. Um die Einrichtung selbst nutzen zu können, bieten sie nicht selten Kolleginnen oder Kollegen an, einen Dienst allein zu Ende zu führen oder zu einer anderen Zeit am Tag für einige Stunden allein die Kinderbetreuung zu übernehmen. In anderen Fällen nutzen sie Ämtergänge, Arztbesuche o.Ä. mit dem Kind, um dann mit dem Opfer in der Privatwohnung vorbeizufahren. Oder aber es werden ausdrücklich Treffen außerhalb der Einrichtung mit dem Kind vereinbart.

Sprechverbot

Opfern sexualisierter Gewalt wird stets suggeriert oder detailliert angekündigt, dass eine **Aufdeckung** der Erfahrung **ihnen nur zum Schaden gereichen kann.** Die Kinder ihrerseits wissen, dass der/die Täter/in qua der Funktion am längeren Hebel sitzt und es enorm schwer sein wird, jemanden zu finden, der ihnen glaubt, dass dieser nette Pädagoge, diese kompetente, hilfsbereite Betreuerin etc. so etwas tut.

Wenn sie dennoch gegenüber Dritten Anzeichen geben, werden ihre Befürchtungen durch **gezielte Drohungen** der Täterinnen bestärkt. Zu den Androhungen kann zum Beispiel gehören, bislang geheim gehaltene Regelverstöße offenzulegen, einen Ausschluss des Opfers aus der Einrichtung einzuleiten, Anhaltspunkte für vermeintliche psychische Störungen und damit verbundene Unglaubwürdigkeit des Opfers bekannt zu machen. Auch wird dem Opfer die Verantwortung für zukünftige leidvolle Erfahrungen anderer Personen zugeschrieben. Das heißt, die Täterinnen führen den Kindern vor Augen, dass sie selbst etwa ihre Stellung verlieren werden, die Einrichtung in ein schlechtes Licht gerät und geschlossen werden muss und die Eltern des Kindes krank werden etc., wenn das Opfer seine Offenlegung untermauert. So die Einschüchterungsversuche aus Sicht der Täterinnen nicht die gewünschte Wirkung zeigen, schrecken manche auch nicht davor zurück, körperliche Gewalt anzudrohen und gegebenenfalls auch zuzufügen.

Manipulation der Fachkräfte der Einrichtung

Ebenso wie das Kind manipulieren Täterinnen wie eingangs erwähnt stets auch das Team bzw. die anderen Fachkräfte der jeweiligen Einrichtung. Sie sorgen dafür, dass im Falle eines aufkommenden Verdachts oder bei Aufdeckung durch das Opfer Kolleginnen, Mitarbeiterinnen und Vorgesetzte erhebliche Schwierigkeiten haben, dies mit ihrem bisherigen Erleben ihrer Person in Einklang zu bringen. D. h. sie gestalten ihren Umgang mit den einrichtungsinternen Fachkräften und ihre Selbstpräsentation in der Weise, dass sie keinerlei Angriffsfläche bieten, sondern im Gegenteil häufig **eher als Fachkräfte gelten, die in der Einrichtung besonders geschätzt sind.** Manche machen sich quasi **unentbehrlich**, indem **sie durch ihren besonderen Einsatz** die anderen Fachkräfte vielfältig entlasten. Dies kann geschehen durch die fortlaufende Bereitschaft, unbeliebte Dienste oder unangenehme Aufgaben zu übernehmen, auch im Rahmen von (unbezahlten) Überstunden. Gleichfalls zeichnen sich diese Täterinnen häufig dadurch aus, dass sie immer ein offenes Ohr für die Sorgen und Nöte der anderen haben und stets helfend einspringen, wenn außerordentliche Begebenheiten zu Engpässen führen. Bei stationären Einrichtungen bieten sie gegebenenfalls auch an, ein Kind mit nach Hause zu nehmen über die Feiertage, wenn dadurch die Gruppe geschlossen werden und die anderen Fachkräfte vom Dienst befreit werden können. In der Konsequenz kann dann niemand glauben, dass gerade diese allseits beliebten Personen so etwas tun.

Andere basteln stetig am **Image des/der Unbedarften**, indem sie ihren Job ordnungsgemäß erledigen, sich ansonsten aber nicht weiter um die Angelegenheiten anderer kümmern. Sie tragen faktisch dafür Sorge, eher unbemerkt zu bleiben, sodass nachher niemand mehr so richtig in Erinnerung hat, wie sich der oder die Verdächtige denn eigentlich im Umgang mit den Kindern verhalten hat.

Ein **guter Kontakt zur Leitung** ist aus Sicht der Täterinnen in jedem Fall »empfehlenswert«. Damit wird zum einen erreicht, dass andere Fachkräfte, bei denen ein Verdacht aufkommt, geneigt sind, an ihrer Wahrnehmung zu zweifeln, wo doch die Leitung so große Stücke auf diese Fachkraft hält. Zum anderen können die Täterinnen potenziell »gefährliche« Fachkräfte frühzeitig bei der Leitung in ein schlechtes Licht rücken und darauf hinarbeiten, dass die Leitung bei einer Offenlegung des Verdachts durch diese Person dazu tendiert, ihren Verdächtigungen wenig Glauben zu schenken.

Täterinnen erwecken überdies häufig den **Anschein einer besonders auf das Wohl der Kinder bedachten Fachkraft.** Sie scheinen dann stets präsent, wenn Kinder Aufmerksamkeit brauchen, und verfügen nicht selten über ein reichhaltiges Repertoire an Ideen für zeitgemäße Aktivitäten mit Kindern. Diese Selbstpräsentation fällt besonders Pädosexuellen nicht schwer, denn sie erleben, wie erwähnt, die kindliche Welt nicht selten als ihre eigene. Entsprechend gering ist daher häufig ihre Hemmschwelle dahingehend, auf die kindliche Ebene zu gehen, mit den jungen Menschen zu toben und zu spielen. Von außen betrachtet, werden sie in solchen Fällen wohlwollend als »die ewigen Kinder« wahrgenommen, denen niemand so ein »erwachsenes Verhalten« wie die Ausübung sexualisierter Gewalt zutraut.

Die **Vortäuschung einer uneingeschränkten Heterosexualität,** d.h. einer eindeutigen Bevorzugung von altersangemessenen Partnerinnen ist eine ebenfalls bekannte Methode, um die Wahrnehmung der Fachkräfte der eigenen Einrichtung zu vernebeln. Geschichten über angebliche Liebschaften erweisen sich aus Sicht der Täterinnen hier als zweckmäßig, aber auch Flirts in der eigenen Einrichtung.

Fast immer **positionieren sich Täterinnen (auch ungefragt) offenkundig gegen sexuellen Kindesmissbrauch.** D.h. sie äußern sich nachdrücklich dahingehend, dass sie sexuellen Missbrauch als ein furchtbares Verbrechen empfinden und die Täterinnen aus ihrer Sicht hart bestraft werden müssen. Speziell Pädosexuellen fällt dies wiederum leicht, denn sie betrachten das, was sie tun, als von Kindern gewollte sexuelle Kontakte. Als Missbrauch wirksam werden laut ihren Behauptungen nur gewalttätige Übergriffe im Sinne von Handlungen, die unter Androhung oder Ausübung körperlicher Gewalt stattfinden.

Manipulation der familiären Bezugspersonen

Wenn der Kontakt zu den Eltern der Kinder besteht, sorgen die Täter und Täterinnen in der Regel auch in diesem Kontext dafür, dass Verdachtsmomente von vornherein entkräftet werden.

Als **hilfreiche/r Ansprechpartner/in für die Fragen und Nöte der Eltern** erarbeiten sie sich deren Anerkennung, indem sie ihnen gegenüber besonders viel Verständnis für ihre Anliegen entgegenbringen, beispielsweise auch ein offenes Ohr haben für Ärger mit Fachkräften aus der eigenen oder einer anderen Einrichtung (Schule, Jugendamt, Arbeitsstelle). Je nach Situation bieten Täterinnen ihre Hilfe auch in privaten Dingen an, die sie dann in ihrer arbeitsfreien Zeit leisten.

Durch **falsche Informationen über das Opfer** (z.B. die Behauptung, das Kind habe Probleme in der Gruppe und sei deshalb gegenwärtig sehr verschlossen) wird gegebenenfalls dem vorgebeugt, dass familiäre Bezugspersonen bei eventuellen Auffälligkeiten des Kindes dessen Verhalten zu genau hinterfragen und aktiv werden.

Umgang mit Verdächtigungen

Wenn trotz aller Vorsichtsmaßnahmen ein Verdacht aufkommt, tun die Täterinnen alles Erdenkliche, um diesen Verdacht zu zerstreuen. In der Regel wird dem Kind, das die Erfahrung offengelegt hat oder der erwachsenen Person, die eine Beobachtung gemeldet hat, eine **Fehldeutung unterstellt.** Eine sexuell motivierte Berührung wird dann als versehentlich bzw. völlig anders begründet dargestellt, beispielsweise als Massage gegen bestimmte Schmerzzustände des Kindes oder als eine spezielle Form der Körperarbeit mit Jungen.

In der Regel stellen die Täterinnen auch wahrnehmbar **Betroffenheit zur Schau** hinsichtlich der Probleme, die sie bei dem Opfer verursacht haben, und versichern nachdrücklich ihr Bedauern. Nicht selten sind sie ohne weiteres bereit, sich bei dem Opfer zu entschuldigen.

Parallel liefern sie bereits im Vorfeld entworfene **Erklärungen** für das eventuell auffällige Verhalten der Opfer (z.B. Probleme in der Schule oder im Elternhaus) und legen nun angebliche eigene Beobachtungen offen, die das Opfer in ein schlechtes Licht rücken. Und immer erhöhen sie gleichzeitig den **Druck auf die Opfer**, Anschuldigungen zurückzunehmen bzw. zu widerlegen.

Schlussfolgerungen

Für die betroffenen Mädchen und Jungen ist es unter den gegebenen Bedingungen schwer, sexualisierte Gewalterfahrungen aufzudecken. Nicht zuletzt deshalb, weil sie an ihrer eigenen Wahrnehmung zweifeln, wo doch alle anderen den Täter/die Täterin offensichtlich gegenteilig wahrnehmen. Es ist daher zu vermuten, dass bei sexualisierter Gewalt in Einrichtungen bislang noch vieles im Dunkelfeld liegt.

So dennoch eine Aufdeckung gelingt, bleibt dies auch nicht ohne Folgen für die Einrichtung. Solch ein Vorkommen einrichtungsintern löst eine Welle von Emotionen aus, denn auch die Kolleginnen, Mitarbeiterinnen und Vorgesetzten wurden getäuscht, manipuliert, für die Zwecke der Täterinnen missbraucht. Manche mögen sich schuldig fühlen, weil sie mögliche Anzeichen nicht ernst genommen haben oder weil sie von kollegialen Hilfestellungen des Täters/der Täterin (z.B. der Übernahme von unbeliebten Diensten) profitiert haben.

Insbesondere das Opfer, aber eben auch das Team braucht demzufolge besondere Hilfestellung bei der Verarbeitung des Vorfalls. Denn **das Problematische an den vorgestellten Strategien der Täterinnen** ist; Es handelt sich um Verhaltensweisen und Selbstdarstellungen, **die an sich keine Hinweise** auf eine Bereitschaft zur Schädigung von Kindern geben, sondern stattdessen bei Kindern, Jugendlichen und Erwachsenen im Normalfall zu Recht **Vertrauen, Anerkennung und Wertschätzung hervorrufen.** Sind sie als Strategien einmal bekannt, so besteht **die Gefahr**, dass bald jede Fachkraft in Verdacht gerät, so er/sie besonders engagiert ist und sich durch empathisches und kollegiales Verhalten auszeichnet.

Eine solche Verunsicherung erschwert die professionelle Arbeit und gereicht allenfalls jenen zum Nutzen, die sexuelle Interessen an Kindern haben und Institutionen der Kinder- und Jugendhilfe als ehrenamtliches oder hauptamtliches Betätigungsfeld wählen, um Mädchen und Jungen für ihre Bedürfnisse auszubeuten. Dem Schutz von Kindern dienlich ist es im Zuge dessen, mit Blick auf die bekannten Strategien der Täterinnen **Gegenstrategien** zu entwickeln. Diese sollten u.a. darauf gerichtet sein, das **Problembewusstsein in der eigenen Einrichtung** zu schärfen und Zielgruppen und Fachkräften durch **transparente, klare Richtlinien und Positionierungen Orientierung zu geben** im Hinblick auf die Frage, was im Rahmen der Arbeit kindgerecht ist und was nicht. Sie sollten ein **Beschwerdemanagement für Kinder**, Jugendliche und ihre Bezugspersonen umfassen und Räume und Gelegenheiten für Fachkräfte, eigene **ungute Gefühle hinsichtlich Umgangsformen mit Kindern offen anzusprechen.** Diese und andere in der jüngsten Vergangenheit entwickelten Maßnahmen gilt es, in einem **Leitbild** zu verankern, das von allen Fachkräften der Einrichtung getragen wird und nach innen und außen der institutionellen Wachsamkeit Ausdruck verleiht".

Anwendung: Was halten Sie für fachlich kritisch, aber noch vertretbar und was würden Sie als übergriffig werten?

- Enge Beziehungen zwischen einzelnen Kindern und Mitarbeitenden und eine starke Konzentration einzelner Mitarbeitender auf das Kind.
- Einzelne Kinder gehen außerhalb der Öffnungszeiten zu Mitarbeitenden nach Hause oder unternehmen privat etwas; dies wird von dem Mitarbeitenden initiiert.
- Wiederholter unangemessener Körperkontakt zwischen Mitarbeitenden und einem Kind.
- Ein Kind mit Problemen wird von einzelnen Mitarbeitenden besonders intensiv betreut, auch privat und außerhalb der Gruppe.
- Ein Mitarbeitender initiiert gerne Spiele mit viel Körperkontakt.
- Umkleiden und Waschräume sowie Duschen, die keinen ausreichenden Sichtschutz bieten.
- Ein Mitarbeitender fordert Kinder auf, sich auszuziehen, z. B. zur Zeckenkontrolle oder zum gemeinsamen Nacktbaden.
- Altersunangemessene Gespräche über Sexualität.[243]

Erklärung des sexuellen Missbrauchs

Überzeugende Erklärungsmodelle für sexuellen Missbrauch fehlen bisher. Die Argumente in der Ursachendebatte wirken sehr allgemein und wenig überzeugend.[244] Neben Sozialisationsargumenten (z.B. einer geschlechtsspezifischen Sozialisation mit daraus resultierenden Männlichkeitsbildern und spezifisch männlichem Sexualverhalten) finden sich Gesellschaftstheorien (patriarchale Gesellschaft etc.), biografische Ansätze (eigener Missbrauch als Kind), feministische Theorien etc. So gehen z.B. biografische Ansätze von der Idee aus, eigene sexuelle Gewalterfahrungen der Täter würden in der Beziehung zu Kindern reinszeniert. Dies würde aber nur einen Teil der Missbrauchsfälle erklären, denn nur ca. 30% der Täter sind

243 Nach: ermutigen, begleiten, schützen, Eine Handreichung für Mitarbeitende in der Evangelischen Jugend zum Umgang mit sexueller Gewalt, S. 44.

244 Einen Überblick geben: Saskia Heyden, Kerstin Jarosch, Missbrauchstäter, Phänomenologie – Psychodynamik – Therapie, S. 19-25, Stuttgart 2010.

selbst Opfer von sexuellem Missbrauch gewesen.[245] Da somit die Mehrzahl der Täter selbst nicht missbraucht wurde und die Mehrzahl der Männer trotz eigener Gewalterfahrungen nicht zu Tätern wird, ist der Erklärungswert einer solchen Theorie sehr begrenzt. Die Theorien vermögen nicht die zentrale Frage zu lösen, wie generelle Faktoren (patriarchale Gesellschaftsstrukturen, geschlechterspezifische Sozialisation etc.) die intrapsychischen Prozesse der „Aushandlung und Aneignung von Geschlecht und Körper"[246] bei der einen Person so negativ beeinflussen, dass sie zum Missbraucher wird und bei einer anderen nicht.

Es ist auch nicht zu erwarten, dass sich die vorliegenden heterogenen Ansätze zu einem schlüssigen Gesamtmodell zusammenführen lassen.[247] Araji und Finkelhor (1986) haben gleichwohl versucht, die verschiedenen Ein-Faktor-Modelle zu einem Vier-Faktoren-Modell zusammenzuführen. Die vier Faktoren sind:[248]

- Die **emotionale „Passung"** zwischen Kindern als Liebesobjekt und Tätern: Kinder sind aufgrund ihrer fehlenden Dominanz attraktiv; verhinderte Entwicklung/Unreife; Niedriges Selbstwertgefühl; Bewältigung des Traumas durch Wiederholung; Identifikation mit dem Aggressor; Narzissmus; Männliche Sozialisation zur Dominanz.
- **Sexuelle Erregung:** Erhöhte Erregung durch Kinder; Konditionierung durch frühe Kindheitserfahrungen; Modeling durch frühe Kindheitserfahrungen; hormonelle Abweichungen; Falschattribuierung von Erregung; Sozialisierung durch Kinderpornographie oder Werbung.
- **Blockierung:** Schwierigkeiten bei der Verbindung mit erwachsenen Frauen; inadaequate soziale Fähigkeiten; Sexuelle Ängste; nicht gelöste ödipale Dynamiken; Störungen in sexuellen Beziehungen zu Erwachsenen; Repressive Vorstellungen über sexuelle Normen.

---

245 Zu den Zahlenverhältnissen Annette Engfer, Formen der Misshandlung von Kindern – Definitionen, Häufigkeiten, Erklärungsansätze, in: U.T. Egle, S. O. Hoffmann, P. Joraschky, Sexueller Missbrauch, Misshandlung, Vernachlässigung, Schattauer, Stuttgart, S. 3 (16).

246 Hierzu Anke Langner, Körper und Geschlecht, S. 130 (134), in: Markus Dederich, Wolfgang Janzen, Renate Walthes, Sinne, Körper und Bewegung, Stuttgart 2011.

247 Kritisch auch: Annette Engfer, Formen der Misshandlung von Kindern – Definitionen, Häufigkeiten, Erklärungsansätze, in: U.T. Egle, S. O. Hoffmann, P. Joraschky, Sexueller Missbrauch, Misshandlung, Vernachlässigung, Schattauer, Stuttgart, S. 3 (16).

248 Siehe Annette Engfer, Formen der Misshandlung von Kindern – Definitionen, Häufigkeiten, Erklärungsansätze, in: U.T. Egle, S. O. Hoffmann, P. Joraschky, Sexueller Missbrauch, Misshandlung, Vernachlässigung, Schattauer, Stuttgart, S. 3 (16).

- **Enthemmung:** Impulskontrollstörung; Senilität; Mentale Retardierung; Alkohol; Fehlschlagen der Inzesthemmung; Situationaler Stress; Kulturelle Toleranz; Patriarchale Normen.

Man sieht an den zu den Faktoren hinzugesetzten, dort jeweils einbezogenen Theorien[249], dass es sich hierbei nicht um ein integratives Erklärungsmodell, sondern um eine additive Zusammenstellung der einschlägigen Theorien zu vier Faktorgruppen handelt. Araji und Finkelhor bezeichnen die verschiedenen Elemente denn auch als komplementär und gehen davon aus, dass unterschiedliche Faktorenkombinationen zu verschiedenen Tatprofilen führen. Nur fehlen die entscheidenden Schritte zu einem integrativen Modell, nämlich die Beschreibung und Quantifizierung der wechselbezüglichen Wirkungsverhältnisse der jeweils einbezogenen Theorieelemente und der Faktoren selbst. Was sind die Werte, ab denen ein Faktor oder ein Element als kritisch einzustufen ist, und inwieweit kann dieser durch niedrigere Werte anderer Faktoren kompensiert werden? Sind die Faktoren feste Eigenschaften der Person oder veränderlich? Gibt es Resilienzfaktoren oder Ressourcen, die kritische Werte aufheben? Im Ergebnis bleibt es bei einer rein additiven Zusammenstellung heterogener Ansätze. Zwischenzeitlich ist die Diskussion noch um organisationstheoretische Aspekte erweitert worden. In rigide und autoritär bzw. in laissez-faire geführten Institutionen sei die Gefahr eines sexuellen Missbrauchs größer, so dass M. Wolff zu Recht eine komplizierte Gemengelage von Erklärungsansätzen konstatiert.[250]

Schlussfolgerungen

- Helfen Ihnen diese Forschungsergebnisse in der Alltagspraxis wirklich weiter?
- Sind die vier Bedingungen von Araji und Finkelhor trotz alle Ausdifferenzierung letztlich nicht doch wieder nur Ausdruck des Männer dis-

249 Diese sind entnommen der Zusammenstellung bei Rossilhol, J.-B. (2005), Sexuelle Gewalt gegen Jungen, Dunkelfelder, 3. Dunkelfelder sexueller Missbrauch an Jungen, S. 9f., (gesamter Text: Rossilhol, J.-B. (2002) Sexuelle Gewalt gegen Jungen, Dunkelfelder, Marburg: Tectum Verlag). Dort auch zur nachfolgenden Komplementarität der Faktoren.

250 Mechtild Wolff, Sexueller Missbrauch in pädagogischen Institutionen, in: Renate-Berenike Schmidt, Uwe Sielert, Handbuch Sexualpädagogik und sexuelle Bildung, 2. Auflage, Weinheim 2013, S. 464 (468) m.w.N.

kriminierenden Generalverdachts und des ihm zu Grunde liegenden, vorurteilsbeladenen mechanischen „Dampfkesselmodells“?

Vertiefung: Die eigene Beurteilungskompetenz schulen

- Zur Vertiefung der Besonderheiten bei weiblichen Täterinnen kann auf den Text von Ursula Enders, „Wenn die Kollegin missbraucht…“ verwiesen werden.[251]
- Was halten Sie von den nachstehenden konkreten Praxissituationen?

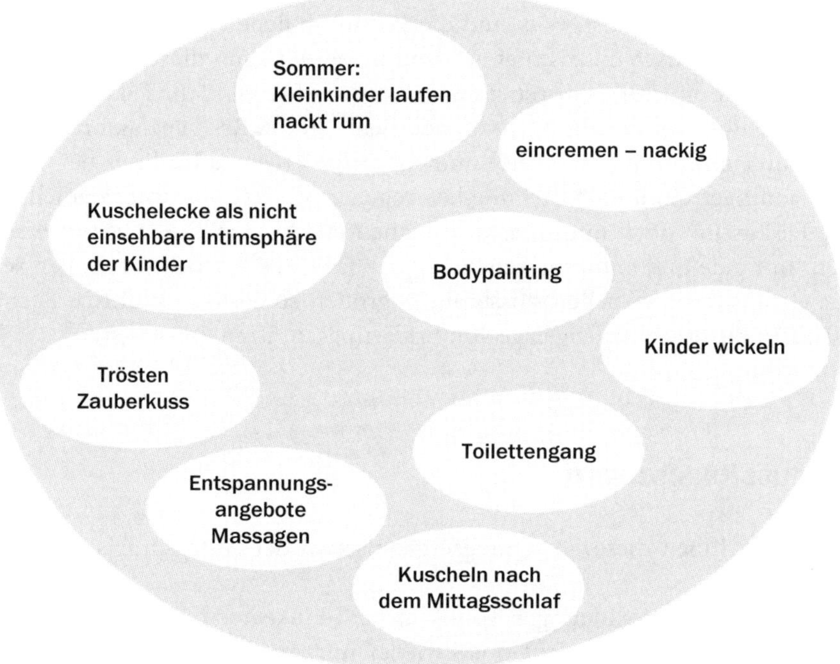

251 Im Internet unter http://www.zartbitter.de/0/Eltern_und_Fachleute/missbrauch_durch_taeterinnen_in_instutionen.pdf zu finden.

Kapitel 7
Anhaltspunkte für einen sexuellen Missbrauch – das dreistufige Verdachtsschema

Die Diagnostik des sexuellen Missbrauchs wird durch folgende Umstände erschwert:

- Es gibt meistens keine (beweiskräftigen) körperlichen Symptome und im Verhaltensbereich kein eindeutiges „Missbrauchssyndrom".
- Kinderzeichnungen und das Spiel mit anatomisch korrekten Puppen (d.h. Puppen, die Brüste, Scheide oder Penis und After haben) ergeben keine eindeutigen Hinweise auf sexuellen Missbrauch.
- Die zuverlässigste Quelle für die Feststellung des sexuellen Missbrauchs ist die spontane eindeutige Äußerung des Kindes selbst.
- Kleinere Kinder sind sehr suggestibel und daher durch falsche, suggestive Fragen leicht zu falschen Aussagen zu verleiten.
- In vielen Fällen werden reale Missbrauchserfahrungen von älteren Kindern aus Scham oder Furcht verschwiegen.[252]

Erarbeitung des dreistufigen Verdachtsschemas

Gruppenarbeit: **Erarbeiten** Sie anhand des nachfolgenden Textes: „Wie können Sie abklären, ob ein Verdacht auf sexuellen Missbrauch vorliegt?" ein **Übersichtsschema** nach folgendem Muster.

---

252 Aus: Annette Engfer, Formen der Misshandlung von Kindern – Definitionen, Häufigkeiten, Erklärungsansätze, in: U.T. Egle, S. O. Hoffmann, P. Joraschky, Sexueller Missbrauch, Misshandlung, Vernachlässigung, Schattauer, Stuttgart S. 3 (16).

Hinweiswert	Was	Fallbeispiel
sehr hoch		
Mittel		
Schwach		

Wie können Sie abklären, ob ein Verdacht auf sexuellen Missbrauch vorliegt?

Werden Sie von einem Mitarbeitenden über den Verdacht des sexuellen Missbrauchs eines von Ihnen betreuten Kindes informiert oder entdecken Sie selbst im Rahmen Ihrer Betreuungsarbeit bei den Kindern gewichtige Anhaltspunkte für einen solchen Verdacht (§ 8a SGB VIII), so gehört es zu ihren Aufgaben, abzuklären, ob tatsächlich konkrete Hinweise auf einen sexuellen Missbrauch oder einen Übergriff vorliegen. Denn bei Fällen von Kindeswohlgefährdung sind Sie aufgrund des Betreuungsvertrages verpflichtet, unverzüglich helfend und schützend, z.B. durch Information des Jugendamtes (§ 8a SGB VIII), einzugreifen.[253]

Leitlinien[254]

Entsprechend dem gesetzlichen Förderauftrag einer Kindertageseinrichtung muss bei Ihrem weiteren Vorgehen immer das **Kindeswohl im Vordergrund** stehen. Die Auswirkungen auf das Wohl des von Ihnen betreuten

253 Siehe Text hierzu Kapitel 3, S. 40, Punkt 8: Mitarbeitende katholischer Kindertagesstätten sind zudem nach den insoweit übereinstimmenden Präventionsordnungen der Bistümer verpflichtet, den jeweiligen Missbrauchsbeauftragten des Erzbistums zu informieren.

254 Es können keine standardisierten Checklisten und Vorgehensschritte gegeben werden. Angesichts der Vielzahl der Fallkonstellationen und der Komplexität der Fälle, aber auch des Ziels, dem individuellen Wohl des einzelnen betreuten Kindes gerecht zu werden, können im folgenden nur Leitlinien beschrieben werden, die im Verdachtsfall beachtet werden sollten, so auch Dirk Bange, Wilhelm Körner, Leitlinien im Umgang mit dem Verdacht auf sexuellen Kindesmissbrauch, 247 (247), in: Wilhelm Körner, Albert Lenz, Sexueller Missbrauch, Bd.1 Göttingen 2004.

Kindes sollten Sie bei jedem Schritt der Verdachtsabklärung immer wieder sorgfältig abwägen.

Der verständliche Wunsch, ein Kind sofort vor weiteren Übergriffen zu schützen, kann zu vorschnellem Handeln verleiten. Alle Fachleute, die praktisch mit Verdachtsfällen auf Kindeswohlgefährdung und speziell sexuellen Missbrauch zu tun haben, betonen dagegen: „Ruhe bewahren, überhastetes Eingreifen schadet nur!“[255] Die Devise muss also lauten, **ohne unnötigen Zeitverzug überlegt und konsequent dem Verdacht nachgehen!**

Sie müssen grundsätzlich **offen an die Aufklärung des Verdachts herangehen**, d.h. immer auch die Alternative mit bedenken und prüfen, dass der Verdacht auf missverstandenen[256] oder falschen Informationen, Bewertungen etc. beruhen kann.[257] Das BGH-Urteil von 1999 (BGHSt 45, 164) hat dieses Vorgehen als grundsätzliche Anforderung für aussagepsychologische Gutachten in Missbrauchsprozessen festgelegt. Die Forderung des Urteils ist jedoch bei jedem Schritt der Verdachtsabklärung zu berücksichtigen. Danach sind alle relevanten Alternativhypothesen – die den Verdacht entkräften oder die Verdachtsmomente anders als durch die Annahme eines sexuellen Missbrauchs erklären können – zu bedenken und zu prüfen.[258] Bei Aussagen kann das z.B. sein, dass man die Möglichkeit einer suggestiven Beeinflussung des Kindes durch Dritte überprüft, die Möglichkeit einer erfundenen Aussage (Konfabulation), die Möglichkeit einer Fehlzuordnung (sexuelle Erlebnisse mit einer anderen als der beschuldigten Person oder aus Literatur bzw. Bildmedien) oder die Möglichkeit einer Instruktion (durch

---

255 So auch Dirk Bange, Wilhelm Körner, Leitlinien im Umgang mit dem Verdacht auf sexuellen Kindesmissbrauch, 247 (253), in: Wilhelm Körner, Albert Lenz, Sexueller Missbrauch, Bd.1 Göttingen 2004; Adelheid Unterstaller (2006), „Wie kann ein Verdacht auf sexuellen Missbrauch abgeklärt werden?, Kindler, H., Lillig, S., Blüml, H., Meysen, T. & Werner, A. (Hg.) "Handbuch Kindeswohlgefährdung nach § 1666 BGB und Allgemeiner Sozialer Dienst (ASD)", München: Deutsches Jugendinstitut e.V., Kapitel 69.

256 So ist z.B. zu beachten, dass Kinder ihre Familie mitunter „fiktional darstellen“. Dies richtig einzuordnen erfordert Erfahrung. Vgl. hierzu Michael Winkler, Erziehung in der Familie, Stuttgart 2012, S. 84f.

257 So auch Dirk Bange, Wilhelm Körner, Leitlinien im Umgang mit dem Verdacht auf sexuellen Kindesmissbrauch, 247 (251f.), in : Wilhelm Körner, Albert Lenz, Sexueller Missbrauch, Bd.1 Göttingen 2004.

258 Zu möglichen Alternativhypothesen siehe Fn. 276 und Dirk Bange, Wilhelm Körner, Leitlinien im Umgang mit dem Verdacht auf sexuellen Kindesmissbrauch, 247 (251f.), in : Wilhelm Körner, Albert Lenz, Sexueller Missbrauch, Bd.1 Göttingen 2004.

eine Bezugsperson erfundene Aussage wird vom Kind übernommen) ins Auge fasst.[259]

Dokumentieren Sie sorgfältig alle Gespräche, Beobachtungen, Einschätzungen und Vorgehensentscheidungen schriftlich. Trennen Sie die allein relevanten Fakten von Vermutungen und halten Sie diese Fakten möglichst präzise beschrieben fest. Datieren Sie Ihre Notizen.[260]

Schritte der Verdachtsabklärung

Es gibt – zumal aus der Position einer Kindertageseinrichtung – nur wenig verfügbare Beweismittel, die zur Abklärung eines Verdachts auf sexuellen Missbrauch beitragen können. Sie sollen im Folgenden beschrieben und ihre jeweilige Aussagekraft für die Verdachtsabklärung herausgearbeitet werden.

Prüfen und Bewerten des Anfangsverdachts[261]

„Gewichtige Anhaltspunkte" (§ 8a SGB VIII) auf einen sexuellen Missbrauch begründen einen Anfangsverdacht als Ausgangslage für das weitere Vorgehen. Welche Anhaltspunkte können das aus Sicht einer Kindertageseinrichtung sein und wie sind sie zu bewerten?

Einmal kann man an **beobachtete Verhaltensauffälligkeiten**, insbesondere sexuelle Verhaltensauffälligkeiten, eines Kindes denken. Sie haben aber für sich allein nur einen schwachen Hinweiswert auf eine Missbrauchserfahrung des Kindes.

---

259 Martin H. Schmidt, Begutachtung von Kindern und Jugendlichen, S. 664, in: Ulrich Tiber Egle, Sven Olaf Hoffmann und Peter Joraschky, Sexueller Missbrauch, Misshandlung, Vernachlässigung.

260 Ursula Enders betont nicht zu Unrecht, dass eine fehlende oder schlampige Dokumentation letztlich Täterschutz ist, Ursula Enders, Zart war ich, bitter war's. Handbuch gegen sexuelle Gewalt gegen Mädchen und Jungen, S. 2004, Köln 2001.

261 Die der Gliederung des folgenden Abschnitts zu Grunde liegenden drei Kategorien unterschiedlichen Hinweiswerts wurden Adelheid Unterstaller (2006), Wie kann ein Verdacht auf sexuellen Missbrauch abgeklärt werden?, Kindler, H., Lillig, S., Blüml, H., Meysen, T. & Werner, A. (Hg.) „Handbuch Kindeswohlgefährdung nach § 1666 BGB und Allgemeiner Sozialer Dienst (ASD)", München: Deutsches Jugendinstitut e.V., Kapitel 69 entnommen.

Folgende **vier Gruppen** von Verhaltensauffälligkeiten kommen in Betracht:[262]

- **emotionale Verhaltensauffälligkeiten:** Angst vor Tieren, Einbrechern, Männern, Geistern etc. oder auch generelle Ängstlichkeit; Autoaggressionen; Überkontrolle; starke Stimmungsschwankungen; unkontrolliertes Verhalten; Konzentrationsstörungen; niedriges Selbstwertgefühl; Depression.
- **Auffälligkeiten im Sozialverhalten:** Rückzugsverhalten; Hemmung; ausgeprägte Unruhe; antisoziales, unkontrolliertes und aggressives Verhalten.
- **psychosexuelle Auffälligkeiten:** unangemessenes sexuelles Verhalten wie öffentliche und/oder dauernde Selbstbefriedigung[263]; sexualisierte Sprache.
- **somatische und psychosomatische Auffälligkeiten:** Verletzungen/Entzündungen im genitalen, analen oder oralen Bereich; Ess- und Schlafstörungen; Einnässen; Einkoten; Kopf- und Bauchschmerzen.

Warum ist nun der **Beweis- und Aussagewert** dieser Verhaltensauffälligkeiten für einen Verdacht auf sexuellen Missbrauch des betreffenden Kindes als **schwach** einzuschätzen?
Die einschlägige Forschung konnte zwar belegen, dass sexuell missbrauchte Kinder solche Verhaltensauffälligkeiten und Symptome in größerem Umfang aufweisen als sexuell nicht missbrauchte Kinder. Aber

---

262 In Anlehnung an Günther Deegener, Kindesmissbrauch und woran ich ihn erkenne, S. 247, in: Sabine Andresen, Micha Brumlik, Claus Koch, Das Elternbuch, 2011; Im wesentlichen gleiche Symptome bei Franz Moggi, Folgen sexueller Gewalt, S. 317 (318f.), in: Wilhelm Körner, Albert Lenz, Sexueller Missbrauch Bd.1, Göttingen 2004., mit Nachweis der Forschung; Renate Volbert, Gibt es Verhaltensindikatoren für sexuellen Missbrauch?, in: korasion 3, 2005.

263 Hier muss in der Alltagsarbeit des Kinderschutzes mit Kleinkindern oft nachdrücklich der altersabhängige Verlauf der Schamentwicklung ins Bewusstsein gerufen werden. „Solange die Schamentwicklung noch nicht weit vorangeschritten ist, ist es durchaus üblich, sexuelle Verhaltensäußerungen auch in Gegenwart von Erwachsenen zu zeigen. Erst mit zunehmender Schamentwicklung verändert sich das Verhaltensmuster und sexuelle Aktivitäten werden nicht mehr im Beisein von Erwachsenen durchgeführt. Ab etwa fünf Jahren gehen dann sexuelle Aktivitäten in Gegenwart von Erwachsenen ebenso zurück wie Verhaltensweisen, die Schamgrenzen von anderen wenig berücksichtigen … Solche Veränderungen im sexuellen Verhaltensmuster entsprechen also dem typischen Entwicklungsverlauf und haben nicht Hinweischarakter auf äußere Einflussfaktoren.“, Zitat: Renate Volbert, Gibt es Verhaltensindikatoren für sexuellen Missbrauch?, in: korasion 3, 2005.

sie treten auch bei Kindern mit anderweitigen Belastungen, Problemen oder traumatischen Erfahrungen als sexuellem Missbrauch genauso oft und genauso ausgeprägt auf wie bei Kindern, die einen sexuellen Missbrauch erlitten haben.[264] Andere belastende Lebensereignisse mit ebenfalls erhöhten (insbesondere sexuellen) Verhaltensauffälligkeiten können z.B. Scheidung oder Trennung der Eltern, körperlicher Missbrauch, Tod eines Elternteils, Krankenhausaufenthalt des Kindes sein.[265]

Die häufig gestellte Frage, ob es Symptome oder Verhaltensauffälligkeiten des Kindes gibt, die unzweideutig auf sexuellen Missbrauch schließen lassen, ist damit kurz und knapp zu beantworten: **Es gibt keine solche Auffälligkeiten („Missbrauchs-Syndrom")!**[266]

Sexuelle Verhaltensäußerungen von Kindern zwischen 2 und 6 Jahren sind ein Bestandteil ihrer normalen Entwicklung. In diesem Alter sind das gegenseitige Zeigen der eigenen und Anschauen sowie Anfassen der Genitalien anderer Kinder bzw. Bezugspersonen Aspekte altersgemäßer kindlicher Neugier. Das Spielen an den eigenen Genitalien und Empfindungen sowie Lustgefühle im Genitalbereich kennen und entdecken bereits Kleinkinder.[267] Es besteht hier also kein Erklärungsbedarf und damit Anlass, nach Auslösern dieses kindlichen Entdeckungsverhaltens des eigenen Körpers und der der anderen Kinder zu suchen. Zwar kommt das Einführen von Gegenständen in Anus und Vagina oder oral-genitale Kontakte seltener vor, aber auch sie deuten als solche nicht auf

---

264 So auch Renate Volbert, Gibt es Verhaltensindikatoren für sexuellen Missbrauch?, in: korasion 3, 2005 mit Nachweis der Forschung; dies., Sexualisiertes Verhalten von Kindern, in: Claus, Marianne, Sexuelle Entwicklung - sexuelle Gewalt, Lengerich 2010, S. 41 (60). Günther Deegener, Kindesmissbrauch und woran ich ihn erkenne, S. 248, in: Sabine Andresen, Micha Brumlik, Claus Koch, Das Elternbuch, 2011.; ebenso Bettina Schuhrke, Sexuell auffälliges Verhalten von Kindern, S. 542 (546f.), in: Dirk Bange, Wilhelm Körner, Handwörterbuch sexueller Missbrauch, Göttingen, 2002.

265 So auch Renate Volbert, Gibt es Verhaltensindikatoren für sexuellen Missbrauch?, in: korasion 3, 2005 mit Nachweis der Forschung.

266 Dirk Bange, Wilhelm Körner, Leitlinien im Umgang mit dem Verdacht auf sexuellen Kindesmissbrauch, 247, (251), in: Wilhelm Körner, Albert Lenz, Sexueller Missbrauch, Bd. 1, Göttingen 2004, m.w.N.; ebenso Adelheid Unterstaller (2006), „Wie kann ein Verdacht auf sexuellen Missbrauch abgeklärt werden?, S. 8 Anm. 9, Kindler, H., Lillig, S., Blüml, H., Meysen, T. & Werner, A. (Hg.) „Handbuch Kindeswohlgefährdung nach § 1666 BGB und Allgemeiner Sozialer Dienst (ASD)", München: Deutsches Jugendinstitut e.V., Kapitel 69.

267 Hierzu instruktiv bereits 1992, Christa Meves, Kindgerechte Sexualerziehung, S. 32, 34 f.; derzeitiger Forschungsstand bei Renate Volbert, Sexualisiertes Verhalten von Kindern, in: Claus, Marianne, Sexuelle Entwicklung – sexuelle Gewalt, Lengerich 2010, S. 41 (45-52).

einen sexuellen Missbrauch hin.[268] Die vier genannten Gruppen von **Verhaltensauffälligkeiten** sind insgesamt nicht spezifisch für einen sexuellen Missbrauch, sondern können auf verschiedenen Ursachen beruhen.[269] Dies gilt auch, wenn die sexuellen „Aktivitäten über längere Zeit alle anderen Interessen dominieren, wenn das Verhalten durchweg mit negativen Affekten verbunden ist, wenn das Kind keine anderen Formen der Kontaktaufnahme nutzen kann oder wenn die sexuellen Aktivitäten sich ausschließlich auf wesentlich jüngere Kinder beziehen und aggressiven Charakter haben."[270] Solches Verhalten ist entwicklungspsychologisch problematisch und ihm ist nachzugehen. Aber auch hier können ohne weiteres andere Probleme ursächlich sein[271], so dass die Erklärungssuche nicht vorschnell auf den Verdacht eines sexuellen Missbrauchs des Kindes verengt werden darf. Ein solch einseitiges Vorgehen könnte zu unnötigen Belastungen des Kindes und seiner sexuellen Entwicklung sowie zu seiner suggestiven Beeinflussung führen.[272]

---

268 Nach: Renate Volbert, Gibt es Verhaltensindikatoren für sexuellen Missbrauch?, in: korasion 3, 2005

269 Renate Volbert, Gibt es Verhaltensindikatoren für sexuellen Missbrauch?, in: korasion 3, 2005., fasst dies treffend so zusammen: „Die vorliegenden Befunde zeigen, dass sich ein sexueller Missbrauch nicht aufgrund von Verhaltensauffälligkeiten feststellen lässt, dass ein solcher umgekehrt allerdings auch nicht aufgrund des Fehlens von Verhaltensauffälligkeiten ausgeschlossen werden kann." Und „Es lassen sich jedoch keine spezifischen sexuellen Verhaltensweisen identifizieren, die ausschließlich von Opfern eines sexuellen Missbrauchs demonstriert werden. Umgekehrt sind bei vielen sexuell missbrauchten Kindern keine Besonderheiten im Sexualverhalten zu beobachten." Sie geht dort auf die ungeklärte Frage ein, was denn der Maßstab auffälligen sexuellen Verhaltens sei? Ist es die Quantität sexuellen Verhaltens, eine bestimmte Qualität des Verhaltens oder ...? Wie sind zudem die erhebliche Varianz und die großen Interessenunterschiede zwischen Kindern an sexueller Betätigung zu berücksichtigen?

270 Zitat: Renate Volbert, Gibt es Verhaltensindikatoren für sexuellen Missbrauch?, in: korasion 3, 2005; vgl. auch dies., Sexualisiertes Verhalten von Kindern, in: Claus, Marianne, Sexuelle Entwicklung - sexuelle Gewalt, Lengerich 2010, S. 41 (56-60).

271 Vgl. Renate Volbert, Sexualisiertes Verhalten von Kindern, in: Claus, Marianne, Sexuelle Entwicklung - sexuelle Gewalt, Lengerich 2010, S. 41 (61).Als andere Ursache nennt Renate Volbert, Gibt es Verhaltensindikatoren für sexuellen Missbrauch?, in: korasion 3, 2005 z.B. „eine Umgebung mit diffusen und instabilen sexuellen Grenzen, auf eine Umgebung, in der Sexualität mit Aggression gepaart ist, auf eine psychische oder emotionale Vernachlässigung oder auf einen Mangel an Betreuung und Aufsicht."

272 So auch: Renate Volbert, Gibt es Verhaltensindikatoren für sexuellen Missbrauch?, in: korasion 3, 2005; dies. Sexualisiertes Verhalten von Kindern, in: Claus, Marianne, Sexuelle Entwicklung – sexuelle Gewalt, Lengerich 2010, S. 41 (60f.).

Kinder zeigen bei unterschiedlichsten Problemen die gleichen Verhaltensauffälligkeiten. Das gilt auch für **Zeichnungen, Spielhandlungen und Träume.**[273] Ohne weitere Erklärungen, z.B. des Kindes selbst, kann man somit keine Rückschlüsse auf das dahinterliegende Problem ziehen. Auch wenn man bei bestimmten **Kombinationen von Verhaltensauffälligkeiten**, wie „z.B. ausgeprägte öffentliche Selbstbefriedigung; Angst vor bekannten Männern; sozialer Rückzug; mit Schreien, Weinen und Anklammerung versuchte Verhinderung der Besuche beim Großvater; häufige Entzündungen im Scheidenbereich“ den Hinweiswert auf sexuellen Missbrauch etwas höher einschätzt, können sie auf verschiedenen anderen Ursachen als sexuellem Missbrauch beruhen.[274] So sind durchaus Fälle bekannt geworden, in denen selbst das Zusammentreffen zahlreicher körperlicher Zeichen und Verhaltensauffälligkeiten, wie „Einnässen, Einkoten, endogenes Ekzem, Schlafstörungen, sexualisierte Sprache und Onanie, Scheideninfektionen, Magenschmerzen sowie Bronchitis“ durch die Vorgeschichte der Kinder und ihre familiären Beziehungen sowie die Persönlichkeiten der Familienmitglieder erklärbar waren.[275]

Folge für das weitere Vorgehen: Beruht der Anfangsverdacht auf beobachteten Verhaltensauffälligkeiten, so müssen im Sinne des o.g. BGH-Urteils neben der Möglichkeit eines sexuellen Missbrauchs besonders sorgfältig alle möglichen Alternativhypothesen zum sexuellen Missbrauch abgeklärt werden.[276] Allerdings darf dies auch nicht unterblei-

---

273 So auch Martin H. Schmidt, Begutachtung von Kindern und Jugendlichen, S. 663 (664), in: Ulrich Tiber Egle, Sven Olaf Hoffmann und Peter Joraschky, Sexueller Missbrauch, Misshandlung, Vernachlässigung.

274 Günther Deegener, Kindesmissbrauch und woran ich ihn erkenne, S. 247, in: Sabine Andresen, Micha Brumlik, Claus Koch, Das Elternbuch, 2011.; Bettina Schuhrke, Sexuell auffälliges Verhalten von Kindern, S. 542 (546f.), in: Dirk Bange, Wilhelm Körner, Handwörterbuch sexueller Missbrauch, Göttingen, 2002. B. Schuhrke weist aaO. auf klinische Fallberichte hin, die nahelegen, dass sich auch unbewältigte sexuelle Probleme von Elternteilen (z.B. erlebter sexueller Missbrauch, Schuldgefühle) oder eine unbefriedigende sexuelle Beziehung der Eltern in kindlichen Verhaltensauffälligkeiten niederschlagen können.

275 Ein ausführlich geschildertes Beispiel findet sich bei Günther Deegener, Kindesmissbrauch. Erkennen – helfen – vorbeugen. 5. Aufl. Weinheim 2005, S. 116-119.

276 Dies können z.B. beim Verdacht auf innerfamilialen Missbrauch sein: (1) Es hat kein Missbrauch stattgefunden (2) Die Verhaltensauffälligkeiten resultieren aus Beziehungsproblemen der Eltern (3) Die Verhaltensauffälligkeiten sind Folgen körperlicher Gewalt (4) der vermutliche Täter kommt nicht aus der Familie, sondern aus dem außerfamilialen Nahraum, so Dirk Bange, Wilhelm Körner, Leitli-

ben, da ja die Verhaltensauffälligkeiten als solche schon auf – worauf immer beruhende – Probleme des Kindes hindeuten (Erziehungs- und Betreuungsdefizite im Sinne des § 27 SGB VIII oder Kindeswohlgefährdung im Sinne des § 1666 BGB, § 8a BGB).

„**Vage und unklare verbale Äußerungen eines Kindes**, die zwar als Hinweis auf einen sexuellen Missbrauch interpretiert werden können, jedoch noch keinen sicheren Rückschluss auf eine akute Kindeswohlgefährdung geben, besitzen einen mittleren Hinweiswert."[277]

Nicht gemeint sind so allgemeine Äußerungen wie die, dass ein Kind berichtet, der Papa habe einen „ganz großen Pipimann" oder dass der Papa und seine Freundin in der Nacht in ihrem Schlafzimmer immer so „Stöhnen machen" würden. Solche Äußerungen lassen sich noch nicht als, wenn auch vagen Hinweis, auf einen Missbrauch interpretieren. Eher ist hier an Äußerungen wie die eines drei Jahre alten Kindes zu denken, das u.a. angab, bei seinem Opa sei aus dem Penis „eine weiße Schnecke" herausgekommen, was sich als sexuelle Handlung vor einem Kind interpretieren lässt.[278]
Der **Beweis- und Aussagewert** solcher vagen und unklaren Äußerungen eines Kindes ist nur **mittelmäßig** einzuschätzen, weil sie zwar als Hinweis auf einen sexuellen Missbrauch interpretiert werden können, aber andererseits hierauf noch keinen sicheren Rückschluss erlauben, so dass alternative Erklärungen möglich und damit abzuklären sind.

Folge für das weitere Vorgehen: Um alternative Erklärungen ausschließen zu können, müssen weitere, eindeutigere Informationen gesammelt und das Kind „im Auge zu behalten" werden.[279] Werden entsprechende

---

nien im Umgang mit dem Verdacht auf sexuellen Kindesmissbrauch, S. 247, (251) in: Wilhelm Körner, Albert Lenz, Sexueller Missbrauch Bd.1, Göttingen 2004.

277 Zitat: Adelheid Unterstaller (2006), „Wie kann ein Verdacht auf sexuellen Missbrauch abgeklärt werden?, S. 2f., Kindler, H., Lillig, S., Blüml, H., Meysen, T. & Werner, A. (Hg.) "Handbuch Kindeswohlgefährdung nach § 1666 BGB und Allgemeiner Sozialer Dienst (ASD)", München: Deutsches Jugendinstitut e.V., Kapitel 69 (69-2).

278 Beispiel nach Günther Deegener, Befragung von Kindern, S. 26 (26), in: Dirk Bange, Wilhelm Körner, Handwörterbuch sexueller Missbrauch, Göttingen, 2002.

279 So auch Adelheid Unterstaller (2006), „Wie kann ein Verdacht auf sexuellen Missbrauch abgeklärt werden?, S. 2f., Kindler, H., Lillig, S., Blüml, H., Meysen, T. & Werner, A. (Hg.) "Handbuch Kindeswohlgefährdung nach § 1666 BGB und All-

Äußerungen von einer dritten Person der Kindertageseinrichtung mitgeteilt, so kann diese Person an den ASD[280] weitergeleitet werden. Es können, wenn die Person glaubwürdig erscheint[281] und die Informationen sachhaltig und plausibel sind, die Informationen von der Einrichtung selbst an den ASD weitergegeben werden, da sie nicht dem Sozialdatenschutz unterliegen. In jedem Fall sind bei der Aufnahme und Dokumentation sorgfältig berichtete Fakten von Interpretationen und Spekulationen zu trennen. Was wurde tatsächlich beobachtet, was genau hat das Kind geäußert? Nur Fakten, keine diffusen Wertungen oder Spekulationen können in Missbrauchsfällen weiterhelfen.

Ein sehr **hoher Hinweiswert** kommt einem Anfangsverdacht auf einen sexuellen Missbrauch zu, wenn er auf direkt beobachteten sexuellen Übergriffen bzw. ihrer Dokumentation, klaren und spontanen Äußerungen des Kindes oder spezifischen körperlichen Symptomen beruht.

Der **Beweis- und Aussagewert** dieser Beweismittel ist deswegen hoch einzuschätzen, wenn und weil sie einen sicheren Rückschluss auf eine absolut verbotene sexuelle Handlung vor oder an einem Kind erlauben.
Als **Beweismittel** mit hohem Beweis- und Aussagewert kommen in Betracht:

- „Beobachtungen von sexuellen Übergriffen;
- Foto- oder Videoaufnahmen von sexuellen Übergriffen;
- spontane, unbeeinflusste Handlungsschilderungen eines Kindes, die einen als selbst erlebt geschilderten sexuellen Missbrauch zum Gegenstand haben;[282]
- körperliche Auffälligkeiten, wie übertragbare Geschlechtskrankheiten, Bisswunden und Hämatome im Genital- und Brustbereich.“ [283]

---

gemeiner Sozialer Dienst (ASD)", München: Deutsches Jugendinstitut e.V., Kapitel 69 (19-3).

280 Allgemeiner Sozialer Dienst, ist organisationsrechtlich ein Teil der kommunalen Selbstverwaltung.

281 Zur Prüfung der Motivation und der Beurteilungskompetenz einer Person, die einen Verdacht äußert, siehe: Dirk Bange, Wilhelm Körner, Leitlinien im Umgang mit dem Verdacht auf sexuellen Kindesmissbrauch, 247 (253), in : Wilhelm Körner, Albert Lenz, Sexueller Missbrauch, Bd.1 Göttingen 2004.

282 Adelheid Unterstaller (2006), „Wie kann ein Verdacht auf sexuellen Missbrauch abgeklärt werden?, S. 8, Anmerkung 13, verweist auf einschlägige Forschungen, die zeigen konnten, dass spontane Aussagen von Kindern in mehr als zwei Dritteln der Fälle als glaubhaft zu beurteilen waren.

Folge für das weitere Vorgehen: Wenn solche Hinweise vorliegen, ist immer sorgfältig abzuwägen, ob nicht über den ASD ein sofortiger Schutz des Kindes in die Wege geleitet werden muss, bevor weitere Schritte der Abklärung stattfinden. Bei Gefahr in Verzug kann das Jugendamt die Polizei einschalten (§ 8a Abs. 4 Satz 2 SGB VIII) oder ein Kind nach § 42 SGB VIII in Obhut nehmen.

Befragung weiterer Vertrauens- und Kontaktpersonen des Kindes

Wenn nach den ersten Schritten zur Abklärung der Anfangsverdacht eines sexuellen Missbrauchs noch nicht als sehr wahrscheinlich einzustufen ist, hat der ASD unter bestimmten Bedingungen das Recht, weitere Informationen von Dritten einzuholen. Befragungen Dritter, die in das Persönlichkeitsrecht des Kindes und der Eltern eingreifen, gehören nicht mehr zur Aufgabe einer Kindertageseinrichtung.

Befragung des Kindes

Der größte Beweis- und Aussagewert kommt im Rahmen der weiteren Verdachtsabklärung einer „Schilderung von Missbrauchserfahrungen durch das Kind selbst [zu], sofern sie im Rahmen einer gut geführten Exploration erfolgt." Dies kann im Grunde nur ein speziell dafür ausgebildeter Experte leisten.[284] Weshalb aus fachlichen und rechtlichen Gründen dringend davon abzuraten ist, selbst eine solche Befragung vorzunehmen.[285] Zumal die **Befragung eines Kindes** zur Abklärung eines Verdachts auf Kindeswohlgefährdung durch einen Mitarbeitenden **ohne Zustimmung der Personensorgeberechtigten unzulässig** ist. Auch das Jugendamt darf Kinder oder Jugendliche ohne Kenntnis der Eltern nur im eher seltenen Fall einer Not- und Konfliktsituationen nach § 8 Abs. 3 SGB VIII befragen.[286] Sie ist danach

---

283 Zitat: Adelheid Unterstaller (2006), „Wie kann ein Verdacht auf sexuellen Missbrauch abgeklärt werden?", (69-3).

284 Ebenso Adelheid Unterstaller (2006), „Wie kann ein Verdacht auf sexuellen Missbrauch abgeklärt werden?, (69-4), dort auch das Zitat; Dirk Bange, Wilhelm Körner, Leitlinien im Umgang mit dem Verdacht auf sexuellen Kindesmissbrauch, 247 (264), in : Wilhelm Körner, Albert Lenz, Sexueller Missbrauch, Bd. 1 Göttingen 2004.

285 Dirk Bange, Wilhelm Körner, Leitlinien im Umgang mit dem Verdacht auf sexuellen Kindesmissbrauch, 247 (264), in : Wilhelm Körner, Albert Lenz, Sexueller Missbrauch, Bd.1 Göttingen 2004.

286 Siehe hierzu Bringewat/Kunkel, SGB VIII Kommentar, 4. Auflage, Baden-Baden 2011, § 8 Rdn. 19f. m.w.N.

nur zulässig, wenn erstens eine „Not- und Konfliktlage“ besteht, zweitens die Gefahr nur durch die Befragung abgewendet und drittens eine Information der Eltern die Abwendung der Gefahr verhindern würde. Eine dringende Gefahr ist nur bei konkreten Anhaltspunkten einer gegenwärtigen Kindeswohlgefahr zu bejahen. Für die zusätzlich erforderliche Konfliktlage müssen konkrete Anhaltspunkte vorliegen, dass bei Information der Eltern eine körperliche oder seelische Schädigung des Kindes wahrscheinlich ist. Schließlich steht der Unumgänglichkeit einer Befragung hinter dem Rücken der Eltern die Möglichkeit entgegen, nach § 8a Abs. 3 SGB VIII das Familiengericht anzurufen.

Kleinere Kinder sind sehr suggestibel und daher durch suggestive Fragen leicht zu falschen Aussagen zu verleiten.[287] Bei jungen Kindern kann es schnell zu Pseudoerinnerungen kommen, „da es für sie zur Alltagserfahrung gehört, dass ihnen Erwachsene über Erlebnisse berichten, an die sie selbst keine eigene Erinnerung haben.“[288] Wegen dieses Suggestionsrisikos verbietet es sich, das Kind zum Vormachen oder zur Befragung am Ort des berichteten Geschehens aufzufordern. Durch suggestive Beeinflussung kann die Beweiskraft der Aussage grundsätzlich in Mitleidenschaft gezogen werden[289] oder aber, was genauso fatal wäre, falsche Verdachtsmomente beste-

---

287 Das Thema „suggestive Fragen“ wird im Kapitel 8, Abschnitt „Das Gespräch mit Kindern“ vertieft.

288 Zitat: Renate Volbert, Möglichkeiten und Grenzen von Gutachten bei Sexualdelikten, in: korasion 3, 2011

289 Renate Volbert, Möglichkeiten und Grenzen von Gutachten bei Sexualdelikten, in: korasion 3, 2011, schildert zum Verlust der Beweiskraft durch Suggestion von Pseudoerinnerungen eine überzeugende Untersuchung: „67 Erstklässler wurden im Abstand von jeweils etwa zwei Wochen zunächst viermal zu einem realen und einem fiktiven persönlich bedeutsamen, negativ getönten Ereignis (zum Beispiel Verletzung, Lausbefall, Tierbiss) befragt. Bei den Befragungen zum fiktiven Ereignis kamen suggestive Techniken zur Anwendung .... Zum Zeitpunkt der ersten suggestiven Einflussnahme bejahten 28 Prozent der Kinder das fiktive Ereignis, 69 Prozent verneinten es. Beim vierten Termin zeigte sich ein umgekehrtes Verhältnis mit Verneinung in 20 Prozent und Zustimmung in 76 Prozent.
An einem fünften Termin wurden die Kinder, die bis dahin dem fiktiven Ereignis zugestimmt hatten, von zwei im Hinblick auf den Wahrheitsstatus uninformierten Experten zu den realen und fiktiven Ereignissen befragt. Bis auf ein Kind machten alle Kinder auch unter diesen Bedingungen Angaben zu dem fiktiven Ereignis, auch wenn der Realitätsgehalt der Schilderungen von den Interviewern kritisch hinterfragt wurde. Dabei bestanden die Zustimmungen keineswegs in bloßen Bejahungen, sondern in mehr oder weniger umfang- und detailreichen Schilderungen, die zum großen Teil bereits auf eine offene Erzählaufforderung hin produziert wurden. Nach einer mehrwöchigen Pause wurde allen Kindern von neuen Interviewern erklärt, dass die früheren Interviewer bei einigen Kindern Fehler gemacht

hen bleiben oder fälschlich verstärkt werden (das BGH-Urteil von 1999 – BGHSt 45, 164 – betraf einen solchen Fall mit katastrophalen Konsequenzen)[290]. Es gilt also für den Experten, einen möglichst freien Bericht des Kindes über seine Erlebnisse durch nicht suggestive Fragen zu initiieren. Eine fundierte Befragung darf sich dabei nicht auf den vermuteten sexuellen Missbrauch beschränken, sondern muss sich „ein Bild vom gesamten Persönlichkeitsbild des Kindes machen, seine Beziehungssituation und seinen Entwicklungsstand berücksichtigen".[291] Nur so können Alternativhypothesen ausgeschlossen und die Aussagetüchtigkeit gerade von Kleinkindern (Wahrnehmungsgenauigkeit, Erinnerungsvermögen, Schilderungsfähigkeit sowie Phantasieleistungen und Suggestibilität) beurteilt werden.[292] Eine Befragung von Kindern unter drei Jahren kommt meist nicht in Betracht, da sie aufgrund ihres Alters oder ihrer Fähigkeiten noch nicht zur nachvollziehbaren Schilderung realer Erfahrungen in der Lage sind und daher keinen Beitrag zu Verdachtsabklärung leisten können. Schließlich gilt es zu beachten, dass eine Befragung Kinder in hohem Maße belastet und die Gefahr einer erneuten Traumatisierung des Kindes besteht.

Die Wiedergabe konkreter Erlebnisse ist entwicklungsabhängig oft sprunghaft, wobei die Kinder häufig sehr lange brauchen, bis sie überhaupt von ihren Erfahrungen sprechen.[293] Dies wird verständlich werden, wenn wir uns der Situation missbrauchter Kinder zuwenden (siehe Kapitel 8.).

---

und sie zu Ereignissen befragt hätten, die diese Kinder gar nicht erlebt hätten. Die Kinder wurden gebeten, noch einmal gut nachzudenken, welches der Ereignisse sie erlebt hätten und welches nicht. Gut ein Drittel der Kinder der Gesamtstichprobe bejahte den Realitätsgehalt beim vierten, fünften und sechsten Befragungszeitpunkt, das heißt sowohl bei suggestiver Befragung durch informierte Interviewer als auch bei suggestionsfreier Befragung durch hinsichtlich des Realitätsgehalts uninformierte Experten sowie nach Teilaufklärung durch bis dahin unbeteiligte Interviewer. Bei diesen Kindern ergaben sich demnach ausgesprochen starke Hinweise auf die Entstehung von Pseudoerinnerungen im Sinne einer subjektiven Überzeugung vom Realitätsgehalt des fiktiven Ereignisses. Zwei Kinder gaben sogar in der abschließenden Sitzung an, sich an das fiktive Ereignis besser erinnern zu können als an das reale."

290 Siehe hierzu die Darstellung der Wormser Prozesse, Kapitel 8, S. 135 ff.

291 Bange/Körner, zitiert nach Adelheid Unterstaller (2006), „Wie kann ein Verdacht auf sexuellen Missbrauch abgeklärt werden?, s. Anm. 16.

292 Hierzu und zu gesamten Befragungsthematik siehe Martin H. Schmidt, Begutachtung von Kindern und Jugendlichen, S. 664 (665), in: Ulrich Tiber Egle, Sven Olaf Hoffmann und Peter Joraschky, Sexueller Missbrauch, Misshandlung, Vernachlässigung; Günther Deegener, Befragung von Kindern, S. 26-31, in: Dirk Bange, Wilhelm Körner, Handwörterbuch sexueller Missbrauch, Göttingen, 2002.

293 Nachweise zur Forschung in Adelheid Unterstaller (2006), „Wie kann ein Verdacht auf sexuellen Missbrauch abgeklärt werden?, S. 8 Anm.: 18.

Immer wieder kommt es vor, dass Kinder mit realen Missbrauchserfahrungen ihre Aussagen zurücknehmen. Das ist nun nicht so zu werten, dass damit ein auf anderen aussagekräftigen Hinweisen beruhender Missbrauchsverdacht als vollständig entkräftet anzusehen sei.

Ihre Rolle als Kindertageseinrichtung besteht vor diesem rechtlichen und fachlichen Hintergrund in Folgendem:[294]

1. Versuchen Sie **keinesfalls** in das Kind einzudringen, es gar zu „verhören" und nach Beweisen für den sexuellen Missbrauch **auszufragen**.
2. **Schaffen Sie Gelegenheiten**, in denen das Kind mit Ihnen unverfänglich ins Gespräch kommen kann. Überlassen Sie es ihm, wann es so weit ist, sich Ihnen anzuvertrauen und das Thema zu ertragen. Akzeptieren Sie, dass es zwischen Tür und Angel nur eine Andeutung macht, weil es noch nicht so weit ist darüber zu reden.
3. Versuchen Sie, wenn das Kind von sich aus mit Ihnen spricht, die Gefühle und die Befindlichkeit des Kindes zu **verstehen**. **Loben** Sie es für seinen Mut zu reden.
4. Sie dürfen nicht panikartig oder stark emotional reagieren, das würde das Kind verunsichern und verwirren. Sie müssen dem Kind die **Sicherheit geben**, mit einem Erwachsenen zu reden, der mit seinen Problemen umzugehen weiß. Wenn das Kind daran zweifelt, dass Sie der Situation gewachsen sind, wird es alles wieder zurücknehmen oder schweigen.

Ärztliche Untersuchung

Der Beitrag ärztlicher Untersuchungen zur Sachverhaltsaufklärung wird meist weit überschätzt. Hinter diesem ernüchternden Befund stecken folgende medizinische Gründe:

- „Sexuell missbrauchte Kinder und Jugendliche weisen überwiegend einen unauffälligen körperlichen Untersuchungsbefund auf." [295]

---

294 Wie Sie das Gespräch mit Kindern führen können, wird im Kapitel 8 „Vertiefung" Abschnitt „Das Gespräch mit Kindern" vertieft dargestellt. Die Empfehlungen lehnen sich an Schmidt/Sielert, Sexualpädagogik, S. 247f., Handlungsschritte, wenn ein Kind von (sexueller) Gewalt berichtet, sowie Günther Deegener, Kindesmissbrauch, erkennen-helfen-vorbeugen, 5. Aufl. Weinheim 2010, Kapitel 11: Ich hab Angst, was Falsches zu sagen! und ders. Kindesmissbrauch und woran ich ihn erkenne, an.

295 Zitat: B. Herrmann, R. Dettmeyer, S. Banaschek, U. Thyen, Kindesmisshandlung. Medizinische Diagnostik, Interventionen und rechtliche Grundlagen, 2. Aufl. Berlin 2010, S. 116, dort auch zu den nachfolgend resümierten Untersuchungen.

Mehr als 75% der Opfer gerichtlich verurteilter Täter hatten normale oder unspezifische Befunde. Selbst in den Fällen, in denen der Täter eine Penetration gestanden hatte, waren noch knapp 40% der Opfer ohne körperliche Befunde. Neuere Großuntersuchungen bei sexuell missbrauchten Kindern und Jugendlichen weisen in mehr als 90% der Fälle Normalbefunde auf.

- „Der wichtigste Grund für die relative Seltenheit pathologischer Befunde ist die Art des Missbrauchs selbst."[296]
  Wie die Übersicht von Deegener zu den Formen des Missbrauchs unter „5. Daten und Fakten zum sexuellen Missbrauch" zeigt, kommt es in vielen Fällen sexuellen Missbrauchs von Kindern zu keinem gewaltsamen körperlichen Kontakt. Exhibitionismus, Anfassen und Berührungen, Masturbation, Erstellen pornografischer Aufnahmen, oft auch oraler Missbrauch führen nicht zu diagnostizierbaren Verletzungen.

- Hinzu kommt, dass von medizinischer Seite selbst die – eher sehr selten auftretenden – körperlichen Befunde (genitale, anale oder orale Verletzungen bzw. Entzündungen) häufig nicht eindeutig auf sexuellen Missbrauch als Ursache zurückgeführt werden können.[297]

Es verwundert daher nicht, dass die Fälle, in denen allein aufgrund medizinischer Befunde ein sicherer Nachweis sexuellen Missbrauchs gelang, äußerst gering sind.

Dennoch ist es wichtig, die möglichen körperlichen Symptome eines sexuellen Missbrauchs zu kennen:

- „Verletzungen (Kratzer, blaue Flecken, Abschürfungen, Bisswunden, Risse) an Brust, Gesäß, Unterleib, Oberschenkel; Griffspuren u. a. an den Hüften bei Analverkehr;
- unerklärliche Harnwegentzündungen, ungewöhnlicher Geruch im Genitalbereich;

296 Zitat: B. Herrmann, R. Dettmeyer, S. Banaschek, U. Thyen, Kindesmisshandlung. Medizinische Diagnostik, Interventionen und rechtliche Grundlagen, 2.Aufl. Berlin 2010, S. 116, dort auch zu dem folgenden Absatz.

297 Günther Deegener, Kindesmissbrauch und woran ich ihn erkenne, S. 249, in: Sabine Andresen, Micha Brumlik, Claus Koch, Das Elternbuch, 2011.

- → unerklärliches Bluten oder nicht erklärbarer Ausfluss im Genital-, Rektal- oder Urethralbereich;
- → Fremdkörper in Harnröhre, Blase, Vagina und/oder Anus;
- → Juckreiz und Wundsein im Genital- oder Urethralbereich; Bissspuren am Penis;
- → Ungewöhnlich starke Ausdehnung von Genital- oder Rektalbereich;
- → Geschlechtskrankheiten, Aids;
- → Schwangerschaft."[298]

Eine ärztliche Untersuchung kann helfen, den Sachverhalt zu klären, wenn nach den vorliegenden Sachverhaltsinformationen Spuren von Sperma oder Hinweise auf eine vaginale oder anale Penetration oder eine manuelle Stimulierung des Genitals eines Mädchens über eine längere Phase zu erwarten sind.[299] Die Ursachen der o.g. Verletzungen müssen in jedem Fall abgeklärt werden, auch wenn sie anders als durch sexuellen Missbrauch zustande gekommen sein können.

Zum **Beweis- und Aussagewert:** Stellt ein in der Diagnostik von Missbrauchsspuren erfahrener Arzt Hinweise auf einen Missbrauch fest, kommt dem im Abklärungsprozess ein sehr hoher Hinweiswert zu. Ein negativer Befund entkräftet den Missbrauchsverdacht, wenn nach der Schilderung des Missbrauchs medizinisch nachweisbare Spuren erwartet werden mussten.[300]

Aufgrund der meist normalen körperlichen Untersuchungsbefunde bei Opfern sexuellen Kindesmissbrauchs muss das Wohl des Kindes **Priorität** vor dem Wunsch nach forensisch verwertbarem Beweismaterial haben.[301] Eine ärztliche Untersuchung kommt daher nur in Betracht, wenn es deutliche Hinweise dafür gibt, dass Spuren am Körper des Kindes feststellbar sein werden. Zudem muss die Ärztin oder der Arzt geschult sein im Umgang mit möglicherweise traumatisierten Kindern als auch in Bezug auf körperli-

298 Zitat: Günther Deegener, Kindesmissbrauch und woran ich ihn erkenne, S. 249, in: Sabine Andresen, Micha Brumlik, Claus Koch, Das Elternbuch, 2011.

299 Siehe Adelheid Unterstaller (2006), „Wie kann ein Verdacht auf sexuellen Missbrauch abgeklärt werden?", S. 8 Anm. 18.

300 So auch Adelheid Unterstaller (2006), „Wie kann ein Verdacht auf sexuellen Missbrauch abgeklärt werden?", S. 5.

301 So auch explizit B. Herrmann, R. Dettmeyer, S. Banaschek, U. Thyen, Kindesmisshandlung. Medizinische Diagnostik, Interventionen und rechtliche Grundlagen, 2. Aufl. Berlin 2010, S. 117.

che Missbrauchssymptome.[302] Eine essentielle Voraussetzung ist zudem, dass auf jeglichen Zwang, Druck oder massive Überredung des Kindes verzichtet, d.h. das Kind auf die Untersuchung vorbereitet wird und damit einverstanden ist.[303] Schließlich ist für jede ärztliche Untersuchung eines Kindes die Einwilligung der sorgeberechtigten Eltern erforderlich.

Gespräch mit den Eltern und ihre Beteiligung am weiteren Klärungsprozess

Vorliegend geht es nicht darum, mit Eltern(-teilen) zu reden, die selbst im Verdacht eines sexuellen Missbrauchs ihrer Kinder stehen. Vielmehr geht es um eine Situation, in der mit den Eltern gesprochen werden muss, weil der Verdacht besteht, dass ihr Kind von einem Mitarbeitenden des Trägers missbraucht worden ist.

Bei einem solchen Verdacht auf außerfamiliären Missbrauch müssen die Eltern unverzüglich informiert und über die Möglichkeiten beraten werden, wie sie ihr Kind wirksam schützen können.

Aufgrund des Rechts der elterlichen Sorge spielen die Eltern eine zentrale Rolle bei allen weiteren Schritten der Informationsgewinnung. Die Befragung des Kindes oder medizinische Untersuchungen setzen jeweils die Zustimmung der Personensorgeberechtigten voraus. Für den Verfahrensverlauf ist es deshalb von großer Bedeutung, die Eltern zur Kooperation für weitere Abklärungsschritte zu gewinnen.

Wenn der verdächtige Mitarbeitende nicht nur systematisch Beziehungen zu den Kindern aufbauen, sondern sich durch Hilfsbereitschaft etc. auch das Vertrauen der Eltern erschleichen konnte, können diese ihm gegenüber vielleicht befangen, positiv eingenommen oder gar in gewisser Weise abhängig sein. In solchen Fällen kann es erforderlich sein, dass der ASD abwägt, inwieweit er gegenüber den Eltern familiengerichtliche Maßnahmen einleitet, wenn sie nicht willens oder nicht in der Lage sind, die Gefährdungen von ihrem Kind abzuwenden (§ 1666 Abs. 1 BGB).

---

302 So auch Adelheid Unterstaller (2006), „Wie kann ein Verdacht auf sexuellen Missbrauch abgeklärt werden?, S. 5.

303 So auch explizit B. Herrmann, R. Dettmeyer, S. Banaschek, U. Thyen, Kindesmisshandlung. Medizinische Diagnostik, Interventionen und rechtliche Grundlagen, 2. Aufl. Berlin 2010, S. 117.

Kooperationen im Rahmen einer Verdachtsabklärung

Liegt ein ernsthafter Verdacht auf sexuellen Kindesmissbrauch durch einen Mitarbeitenden vor, so sollten Sie sich von Fachleuten beraten lassen. In Betracht kommen eine geschulte Fachkraft des eigenen Trägers oder Kinderschutzfachkräfte aus den Kinderschutzdiensten/-zentren, ärztlichen Kinderschutzambulanzen oder Beratungsstellen gegen sexuellen Missbrauch an Mädchen und Jungen. Adressen erhalten Sie über das Jugendamt.[304]

In dieser Fachberatung sollte geklärt werden, ob es sich um einen begründeten Verdacht handelt und welche Verfahrenswege nötig sind.

Seit Inkrafttreten des Bundeskinderschutzgesetzes (BKiSchG) am 1. Januar 2012 haben nach Artikel 1 § 4 Abs. 1 (Gesetz zur Kooperation und Information im Kinderschutz – KKG) u.a. „staatlich anerkannte Sozialarbeiterinnen oder -arbeiter oder staatlich anerkannte Sozialpädagoginnen oder -pädagogen" gegenüber dem Träger der öffentlichen Jugendhilfe gemäß § 4 Abs. 2 Anspruch auf Beratung durch eine insoweit erfahrene Fachkraft zur Einschätzung einer Kindeswohlgefährdung.

Nach § 8b Abs.1 SGB VIII ist der örtliche Träger der Jugendhilfe verpflichtet, über die Beratung der Berufsgruppen des § 4 Abs. 1 KKG hinaus die Beratung aller Personen durch eine insoweit erfahrene Fachkraft zu gewährleisten, die beruflich im Kontakt mit Kindern oder Jugendlichen stehen. Dies betrifft alle Mitarbeitenden von Kindertageseinrichtungen.[305]

Bleiben Sie kritisch gegenüber Fachleuten und überprüfen Sie selbst deren Sachkompetenz.[306] Nehmen Sie die Rolle des Anwalts des Kindes ein und lassen Sie sich weder auf ungeprüftes Festhalten an haltlosen Verdächtigungen, noch auf inkompetentes Vorgehen oder auf vielleicht angenehmes Verdrängen von Verdachtsmomenten ein.

---

304 So auch Günther Deegener, Kindesmissbrauch und woran ich ihn erkenne, in: Sabine Andresen, Micha Brumlik, Claus Koch (Hg.), Das Elternbuch, Beltz S. 243-253.

305 Nach den Präventionsordnungen der katholischen Bistümer ist auch jeder kirchliche Rechtsträger verpflichtet, eine insoweit geschulte Fachkraft zur Unterstützung in diesen Fragen zu bestellen (siehe auch Kapitel 10 Baustein I, S. 149).

306 Dass dies auch mit Bezug auf Jugendämter erforderlich ist, zeigt deutlich der Fall Verdacht, von Sabine Rückert in der Zeit vom 19.09.2007, http://www.zeit.de/2003/26/Verdacht.

Wann ist ein Missbrauchsverdacht als entkräftet oder erhärtet anzusehen?

Ein Verdacht ist erhärtet, wenn er sich auf o.g. Beweismittel mit hohem Hinweiswert gründet und er sich in der Überprüfung durch andere Beweismittel bestätigt hat. Ein Verdacht ist entkräftet, wenn in der Überprüfung nach dem Sachverhalt zu erwartende Bestätigungen ausbleiben oder sich eine Alternativhypothese belegen ließ. Ein geringer Anfangsverdacht ist natürlich nur schwer zu entkräften. Dies gelingt, wenn die Aussage des Kindes ihn nicht bestätigt oder sich Alternativhypothesen erhärten. Mitunter wird sich der Verdacht nicht weiter aufklären und man muss ihn auf sich beruhen lassen.[307]

Allerdings ist es dann geboten, aufgrund der Erlebens- und Verhaltensauffälligkeiten des Kindes Hilfen zur Erziehung anzubieten und so für die Sicherheit und das Wohlergehen des betroffenen Kindes zu sorgen.

Anwendung des Verdachtsschemas auf Fälle

Ordnen Sie die nachstehenden Fälle und Beispiele den drei Kategorien zu.

Fall 1: Sie führen mit der Mutter von Corinna, fünf Jahre, ein Elterngespräch. Der Anlass ist, dass die in ihrer Gruppe betreute Corinna häufig am Boden liegt, am Daumen nuckelt oder völlig versunken masturbiert. Eigenartigerweise zeigt sie im Gegensatz zu früher kein Schamgefühl mehr. Laut Mutter sei sie zu Hause abwechselnd aggressiv und regressiv und verhalte sich gegenüber der rigide erscheinenden Mutter mal distanziert und mal anklammernd, in letzter Zeit aber auch abrupt aggressiv dem Vater gegenüber. Sie würde regelmäßig vom Vater zu Bett gebracht, hätte in letzter Zeit Angst beim Einschlafen und Alpträume. Sie hat frische Herpesbläschen perioral. Schließlich hätte sie Angst vor einem Jugendleiter aus der Nachbarschaft geäußert, der für den Turnverein im Familienzentrum Sportangebote mit Kindern betreut. Sein „Pipimann" sehe so hässlich aus. (Abgeändert nach Eberhard Motzkau, Hinweise auf und diagnostisches Vorgehen bei Misshandlung und Missbrauch, in Ulrich Tiber Egle, Sven Olaf Hoffmann und Peter Joraschky, Sexueller Missbrauch, Misshandlung, Vernachlässigung).

Fall 2: Die Mutter eines Kindes berichtet einer Erzieherin von ihrem Verdacht, dass eine Freundin ihrer Tochter vom Stiefvater sexuell missbraucht würde. Das Mäd-

307 Der Abschnitt lehnt sich an Adelheid Unterstaller (2006), „Wie kann ein Verdacht auf sexuellen Missbrauch abgeklärt werden?", (69-7) an.

chen hätte entsprechende Aussagen („Papa, aua, Muschi") gegenüber ihrer Tochter gemacht, sie aber auch immer wieder zurückgenommen. Die Mutter weiß nicht, was sie glauben soll.

Fall 3: Einer Erzieherin fällt auf, dass ein Vorschulkind seit einiger Zeit sehr bekümmert wirkt. Sie weiß, dass die alleinerziehende Mutter des Kindes psychische Probleme hat und deshalb therapeutische Hilfe bekommt. Das Kind fällt auf, weil es oft am Abend nicht nach Hause gehen will. In der letzten Zeit bringt es wiederholt teures Spielzeug mit, das es angeblich vom Nachbarn bekommen hat.

Fall 4: Ein Erzieher küsst ein Kind beim Wickeln auf die Scheide.

(Fälle 2-4 verändert nach Kinderschutz in der Schule, Kindeswohlgefährdung durch sexuellen Missbrauch?, Wie verhalte ich mich als Lehrkraft?, -Ein Leitfaden für den konkreten Fall- Stand April 2011, Bezirksregierung Düsseldorf).

Fall 5: Jens, 4 Jahre, plappert in der Bauecke über einen 19-jährigen Nachbarn: „Der hat ein ganz großes Spätzel. Ich sollte ihm daran schlecken. Vorher hatte der noch mein Spätzel in der Hand." (leicht verändert aus Günther Deegener, Kindesmissbrauch, S. 13).

Fall 6: Die fünfjährige Marie knutscht im Kindergarten alle Jungen ab. Ihr Interesse an Sexualität ist plötzlich angestiegen und beherrscht alles andere, wobei dies mit negativen Gefühlen wie Scham, Schuld oder Aggression einhergeht. (Angela Speth, Ärztezeitung 14.03.2005)

Fall 7: Janina, fünf Jahre alt, ist als Zweijährige zusammen mit ihrer Mutter und einer älteren Schwester aus Russland nach Deutschland gekommen. Seit die Familie im vergangenen Sommer aus dem Übergangswohnheim für Aussiedler in eine eigene Wohnung ziehen konnte, geht Janina in den Kindergarten, der mitten in einem sozialen Brennpunkt liegt. Beim Aufnahmegespräch berichtete die Mutter, dass sie seit kurzem mit einem neuen Mann zusammenlebe, der zwei jugendliche Söhne in die Partnerschaft eingebracht habe. Zwar sei es in der Wohnung mit sechs Personen sehr beengt, aber die neue Liebe lasse sie so manche Schwierigkeit im Alltag vergessen. Im Kindergarten sucht Janina von Anfang an intensiven Kontakt zu ihrer Bezugserzieherin. Vor allem sprachlich, aber auch in puncto soziale Kontakte macht sie schnell große Fortschritte. Seit etwa einem Monat jedoch klagt sie wiederholt über heftige Kopf- und Bauchschmerzen. Eine Erklärung dafür ist zunächst nicht zu finden. Eines Nachmittags vertraut sie sich ihrer Erzieherin an: Wenn die Mutter und ihr Freund abends weggingen, dann halte ihr großer Stiefbruder Timo sie manchmal fest und zwinge sie, sich auf seinen Schoß zu setzen. „Dann drückt er mich und ruckelt so komisch. Mir tut das weh!", erzählt sie und schmiegt sich dabei eng an die Erzieherin (gekürzt aus Jörg Maywald, Kindeswohlgefährdung erkennen, einschätzen, handeln, S. 71).

Fall 8: Ein dreijähriges Mädchen zieht immer wieder anderen Mädchen in der Gruppe die Unterhose herunter und versucht, sie im Genitalbereich zu berühren. Auf die Frage, warum sie das mache, antwortet sie: »Der Max macht das auch.«

Die Leiterin spricht wegen häufigen Einnässens und des weinerlichen sowie ängstlichen Verhaltens des Kindes mit deren Mutter und erfährt dabei, dass Max ein Freund der Mutter ist. Auf vorsichtige Fragen der Leiterin, ob Max das Kind manchmal wickle oder sonst ungewöhnlich zärtlich mit dem Kind umgehe, wird die Mutter wütend und verbittet sich solche »Anschuldigungen«. Zu einem weiteren Gespräch ist sie nicht bereit (aus: Simon Hundmeyer, Welt des Kindes, 1/2012).

Fall 9: Ein Kind ist nach dem Besuch in der Kinderturngruppe im Verlaufe der Zeit immer ängstlicher oder auch aggressiver geworden, in der letzten Zeit hat es häufig über ein Gefühl des Brennens beim Urinieren geklagt, kann schlechter einschlafen und hat Albträume. Es weigert sich zunehmend und klammert sich an die Mutter vor der nächsten Turnstunde.

Fall 10: Ein Kind onaniert im Kindergarten ungehemmt vor anderen Personen und beschimpft die Mutter zu Hause mit „blöde Kuh", „Arschloch" oder „fick dich".

(Fälle 9 und 10 in Anlehnung an Günther Deegener, Kindesmissbrauch und woran ich ihn erkenne, in: Sabine Andresen, Micha Brumlik, Claus Koch (Hg.), Das Elternbuch, Beltz S. 246).

Vertiefung: Abgrenzung Verdacht und Prävention

Fälle, in denen der Verdacht auf sexuellen Missbrauch entsteht müssen abgegrenzt werden von solchen, wo präventiv gehandelt wird. Geht es hier um den Verdacht eines sexuellen Missbrauchs oder um Prävention?[308]

Beispiel 1: (verdächtiges Auto) Mehrere Kinder berichten unabhängig voneinander, dass seit kurzem immer wieder ein bestimmtes Auto in der Nähe des Kindergartens parke und der männliche Fahrer, im Auto sitzend, die Kinder beobachte. Er habe auch schon Kinder angesprochen. Niemand kennt ihn.

Beispiel 2: (Exibitionist) Im Park in der Nähe des Kindergartens steht des Öfteren ein Mann, der Kinder anspricht. Er soll sich angeblich exhibitionistisch gezeigt haben.

Beispiel 3: (Einrichtungspersonal) Der Hausmeister betritt immer wieder den Wickelraum während die ErzieherInnen Kinder wickeln. Trotz Ermahnung seitens der Leitung ändert er sein Verhalten nicht.

---

308 Beispiele 1-3 verändert aus Kinderschutz in der Schule, Kindeswohlgefährdung durch sexuellen Missbrauch?, Wie verhalte ich mich als Lehrkraft?, – Ein Leitfaden für den konkreten Fall- Stand April 2011, Bezirksregierung Düsseldorf).

Kapitel 8
Vertiefung

Die Situation missbrauchter Kinder verstehen

Es ist für die Abklärung eines Verdachts körperlichen oder sexuellen Übergriffs wichtig, die Situation von Kindern zu verstehen, die misshandelt wurden. Sie wird in folgendem Text „Verstehen der speziellen Situation missbrauchter Kinder" näher umschrieben.

Fragen:
- Wie sieht das Aussageverhalten der betroffenen Kinder aus?
- Worin sind betroffene Kinder verunsichert?
- Warum machen sich betroffene Kinder selbst Vorwürfe?
- Was charakterisiert die Situation der Kinder, die Übergriffe durch ein Familienmitglied erlebt haben?
- Wie sieht die besondere Situation betroffener Jungen aus?
- Warum schweigen betroffene Kinder?

Verstehen der speziellen Situation missbrauchter Kinder

Gerade sexuelle oder körperliche Übergriffe innerhalb der Familie führen aufgrund der Konflikte und Ängste, in die sie die betroffenen Kinder und Jugendlichen stürzen, dazu, dass sie **meist schweigen.**[309]
Sie offenbaren Übergriffe zunächst nur andeutungsweise und bruchstückhaft. Immer wieder kommt es zudem vor, dass Opfer ihre Aussage zurücknehmen bzw. ihre Angaben wechseln, was die Beurteilung der Glaubhaftigkeit erschwert. Häufig passiert das aus der Angst heraus, nicht ernst genommen zu werden. Diese Sorge ist nicht unbegründet: Es gibt viele Eltern, die ihren Kindern zunächst nicht glauben.
Kinder, die körperliche, psychische oder sexuelle Übergriffe erleiden, sind in ihrer **Rolle** in der Familie **verunsichert** und in ihren Gefühlen sowie ihrem Selbstwertgefühl verletzt.[310] Sie wollen, dass die Übergriffe aufhören, wissen aber nicht, wie das

---

309 Die Beschreibung des Aussageverhaltens folgt Günther Deegener, Kindesmissbrauch. Erkennen – helfen – vorbeugen. 5. Aufl. Weinheim 2005, Kapitel 9 „Warum schweigen so viele sexuell missbrauchte Kinder und Jugendliche?", S. 79 und 86.

310 Die Beschreibung der „Rollenverunsicherung" folgt Vgl. Elke Nowotny, Wie kann der Kontakt mit den Kindern und Jugendlichen gestaltet werden? In: Kindler, H.,

erreicht werden kann. Mitunter sind sie so verstört, dass sie nur einen Ausweg finden: vergessen, verdrängen, ausblenden.

Viele Opfer körperlicher, psychischer oder sexueller Übergriffe machen **sich selbst Vorwürfe**, geben sich selbst die Schuld für das, was passiert ist.[311] Sie schweigen aus Scham, Schuldgefühl und der Angst, bestraft oder von der Familie bzw. dem sozialen Umfeld verurteilt zu werden.
Kinder fühlen sich **mitverantwortlich**, indem sie sich vorhalten: Ich hätte es verhindern müssen, ich hätte nicht die Türe öffnen dürfen, ich hätte mich anders anziehen müssen. Und ich hätte mich wehren müssen. Auch wenn das Kind das gar nicht konnte.
In vielen Fällen **suggeriert** der Täter dem Kind schuldig zu sein, indem er ihm vorwirft, ihn verführt zu haben, es zunächst doch auch genossen zu haben, selbst sexuell erregt gewesen oder eine „Schlampe" zu sein.
Insbesondere kleinere Kinder schreiben sich selbst die Schuld an der Misshandlung zu, weil sie denken, sie seien böse oder nicht gut genug.[312] Jugendliche fühlen sich dagegen eher zurückgewiesen, ausgegrenzt und laufen dann von zu Hause weg.

Wird ein Kind Opfer eines körperlichen, psychischen oder sexuellen Übergriffs durch ein **Familienmitglied**, so ist es gefühlsmäßig hin und her gerissen.[313] Es sucht Schutz vor den Taten, will seine eigene körperliche und seelische Unversehrtheit schützen und andererseits will es niemanden aus der Familie verraten oder gar den Zusammenhalt der Familie gefährden. Das Kind befindet sich in einem Loyalitätskonflikt, will es doch die Beziehung zum Täter und die Familie nicht zerstören. Ein solcher Konflikt kann auch dann entstehen, wenn Kinder nach Tod, Scheidung, etc. Übergriffe seitens ihrer Vaterersatzobjekte wie Stiefvater, Onkel, Opa, väterlicher Nachbar oder Freund der Familie erleiden. Das Kind glaubt, die Verantwortung des Missbrauchs wird ihm zugeschrieben. Angst und Schuldgefühle bestehen gegenüber der Mutter, wenn der Übergriff von deren Partner ausgeht. Dann müssen diese Kinder befürchten, nun auch noch die Mutter zu verlieren. Sie offenbaren den Übergriff

---

Lillig, S., Blüml, H., Meysen, T. & Werner, A. (Hg.) „Handbuch Kindeswohlgefährdung nach § 1666 BGB und Allgemeiner Sozialer Dienst (ASD)", München: Deutsches Jugendinstitut e.V., Kapitel 58 (58-2).

311 Die Beschreibung der Selbstvorwürfe folgt Vgl. Günther Deegener, Kindesmissbrauch. Erkennen – helfen – vorbeugen. 5. Aufl. Weinheim 2005, Kapitel 9 „Warum schweigen so viele sexuell missbrauchte Kinder und Jugendliche?", S. 79-84.

312 Zur Altersdifferenzierung siehe Elke Nowotny, Wie kann der Kontakt mit den Kindern und Jugendlichen gestaltet werden? In: Kindler, H., Lillig, S., Blüml, H., Meysen, T. & Werner, A. (Hg.) "Handbuch Kindeswohlgefährdung nach § 1666 BGB und Allgemeiner Sozialer Dienst (ASD)", München: Deutsches Jugendinstitut e.V., Kapitel 58 (58-2).

313 Die Beschreibung der Situation familiären Missbrauchs folgt Vgl. Günther Deegener, Kindesmissbrauch. Erkennen – helfen – vorbeugen. 5. Aufl. Weinheim 2005, Kapitel 9 „Warum schweigen so viele sexuell missbrauchte Kinder und Jugendliche?, S. 81-83.

der Mutter nicht, weil sie fürchten, sie zu kränken und zu verletzen. Viele betroffene Kinder versuchen daher ihre Erfahrungen zu bagatellisieren, zumal das Kind Angst hat, seine Familie zu verlieren oder ins Heim zu müssen.

Jungen wachsen nach wie vor vielfach mit der stillschweigenden Erwartung auf, keine Opfer zu sein (Jungen weinen nicht).[314] Missbrauch bringen sie mit „Schwäche" und „Ohnmacht" in Verbindung, ein Junge darf aber nach den gesellschaftlichen Erwartungen nicht schwach oder ohnmächtig sein. Sie „hätten selber schuld", weil sie sich nicht richtig gewehrt haben. Dies wirkt sich für sie als zusätzliche Belastung aus, zumal Jungen meist in jüngerem Alter als Mädchen zu Opfern von Übergriffen werden und diese Übergriffe häufiger mit Gewaltanwendungen einhergehen. Sie erleiden oft Verletzungen im Analbereich. Ältere Jungen befürchten zudem häufig durch den Geschlechtsverkehr mit einem Mann könne man homosexuell werden. Die Rollenerwartung wie die Angst der Homosexualität hindern Jungen zusätzlich, sich jemandem mitzuteilen.

Sexuell, körperlich oder psychisch misshandelte Kinder und Jugendliche sprechen von sich aus selten über ihre Verletzungen.[315] Viele werden vom Täter massiv unter Druck gesetzt zu **schweigen** und haben diese Situation zum Teil schon länger aushalten müssen. Sie sind misstrauisch und zurückhaltend. „Trotz der Demütigungen und Verletzungen sind sie ihren Eltern gegenüber loyal, sie idealisieren sie mitunter und blenden Verletzungen völlig aus. Diese Form der Abwehr ermöglicht es den Kindern, mit psychisch unerträglichen Gefühlen von Ausgestoßen sein und Missachtung umzugehen." Hinzu kommt, dass die betroffenen Kinder bei der psychosexuelle Thematik gegenüber fremden Menschen starke Schamgefühle erleben.[316] Schließlich erleben Kinder Institutionen wie Jugendamt, Polizei, Staatsanwaltschaft oder Gericht eher als bedrohlich und werden durch diese in Aufregung versetzt.

---

314 Nach Dirk Bange, Sexueller Missbrauch an Jungen: Die Mauer des Schweigens, Göttingen 2007.

315 Die Beschreibung der Gründe des Schweigens folgt Vgl. Elke Nowotny, Wie kann der Kontakt mit den Kindern und Jugendlichen gestaltet werden? In: Kindler, H., Lillig, S., Blüml, H., Meysen, T. & Werner, A. (Hg.) „Handbuch Kindeswohlgefährdung nach § 1666 BGB und Allgemeiner Sozialer Dienst (ASD)", München: Deutsches Jugendinstitut e.V., Kapitel 58 (58-2).

316 Hierauf und auf das Folgende weist Günther Deegener, Kindesmissbrauch. Erkennen – helfen – vorbeugen. 5. Aufl. Weinheim 2005, Kapitel 9 „Warum schweigen so viele sexuell missbrauchte Kinder und Jugendliche?, S. 85 hin.

Das Gespräch mit Kindern

Fragen:

- Wir haben über das Problem suggestibler Fragen gesprochen. Halten Sie es, wenn Sie den nachfolgenden Textauszug lesen, für sinnvoll, dass Sie von sich aus aktiv ein ermittelndes Gespräch mit einem von Ihnen betreuten möglicherweise missbrauchten Kind versuchen?
- Was ist mit dem Beweiswert der Aussage des Kindes, wenn Sie die Ratschläge nicht beachten oder versehentlich verletzen?
- Gibt es weitere Gründe, die eher für Zurückhaltung und Überlassung der Gespräche an externe Fachleute sprechen?

Durch zahlreiche Untersuchungen ist nachgewiesen worden, dass suggestive Prozesse selbst zu **komplexen Pseudoerinnerungen** führen können, die dann von den Betroffenen als eigene belastende Erinnerungen geschildert wurden.[317]

Der Verdacht auf sexuellen Missbrauch eines Kindes entsteht überwiegend aufgrund von unspezifischen Verhaltens- und Erlebnisauffälligkeiten oder körperlichen Symptomen (Schlafstörungen, Einnässen, Angst etc.).[318] Es wird dann versucht, über Beobachtung hinaus durch Befragung der Kinder, **Aussagen von ihm zu erhalten**. Hierbei wird, in der Annahme, man würde den Kindern auf diese Weise den Bericht über die belastenden Umstände des Missbrauchs erleichtern, schnell auf suggestive Techniken zurückgegriffen. So kommt es immer wieder zu „indirekten, wiederholten Befragungen, zum Teil aber auch mit direkten Vorgaben, bedingungslosem Akzeptieren und Verstärken von Beschreibungen sexueller Missbrauchshandlungen, auch wenn diese vage, widersprüchlich oder sogar unrealistisch sind und der Deutung von Schweigen und Verneinung als „Noch-nicht-bereit-Sein" zur Verbalisierung sexueller Missbrauchserfahrungen."

Kennzeichnend für das suggestive Interview ist die **Voreinstellung des Interviewers** (sog. „Interviewer Bias").[319] Er nimmt stillschweigend an, dass sich ein bestimmter Vorfall tatsächlich ereignet hat und orientiert sich in seiner Befragung auf die Bestä-

317 Nachweise bei R. Volbert, K.-P. Dahlke, Forensisch-psychologische Diagnostik im Strafverfahren, Göttingen 2010, S. 52.

318 Die Passage lehnt sich an R. Volbert, K.-P. Dahlke, Forensisch-psychologische Diagnostik im Strafverfahren, Göttingen 2010, S. 52 an, dort auch das Zitat.

319 Vgl. R. Volbert, K.-P. Dahlke, Forensisch-psychologische Diagnostik im Strafverfahren, Göttingen 2010, S. 52; Stefan Schulz Hardt, Eberhard Höfer, Günter Köhnken, Schuldig bei Verdacht: wie konfirmatorisches Hypothesentesten zu fälschlicher Beschuldigung wegen sexuellen Missbrauchs führt, S. 1. http://www.docstoc.com/docs/121402775/Schuldig-bei-Verdacht-Wie-konfirmatorisches-Hypothesen testen-zu.

tigung dieser Annahme. Man nennt dies in der Psychologie **„konfirmatorisches Hypothesentesten"**. Wir alle erliegen im Alltag immer wieder diesem Phänomen, wenn wir z. B. meinen, im Supermarkt immer an der längsten Schlange zu stehen, an Ampeln immer rot zu haben oder als Bahnbenutzer, die Züge hätten immer Verspätung. Zu solchen konfirmatorischen Befragungen kommt es im Kinderschutz insbesondere dann, wenn Eltern, Pädagoginnen, Polizei, Mitarbeiter von Kinderschutzorganisationen etc. davon überzeugt sind, es müsse tatsächlich ein Missbrauch stattgefunden haben, den es nur noch aufzudecken gelte. Man neigt dann dazu, nur die Vorannahme bestätigende Auskünfte des Kindes zu registrieren und festzuhalten, widersprechenden nicht weiter nachzugehen. Informationen zur Abklärung von alternativen Erklärungen für die Verhaltens- und Erlebnisauffälligkeiten bzw. körperlichen Symptome des Kindes werden nicht gesammelt, offensichtliche Ungereimtheiten oder objektiv unmögliche Angaben werden übergangen. So wurde in einer empirischen Studie festgestellt, dass die Probanden es im Durchschnitt für schlimmer hielten, wenn ein Missbrauchsfall nicht aufgedeckt werde, als wenn eine Person fälschlicherweise beschuldigt werde. Man solle daher eher eine Falschbeschuldigung wegen sexuellen Missbrauchs riskieren als einen realen Fall sexuellen Missbrauchs unentdeckt zu lassen.[320] „Der Anfangsverdacht, jemand habe sexuellen Kindesmißbrauch begangen, kann insofern einen regelrechten Zirkel der Selbstbestätigung in Gang setzen; einen Teufelskreis, an dessen Ende die Überzeugung, es liege sexueller Mißbrauch vor, kaum noch zu widerlegen ist."

Aussagen der Kinder werden darüber hinaus – durchaus auch unbewusst und ungewollt – durch direkt **suggestiv formulierte Fragen** beeinflusst. Als suggestiv bezeichnet man Fragen, in denen dem Befragten ein bestimmter Aussageinhalt nahegelegt wird. Unter Anlehnung an ältere Aufstellungen lassen sich folgende Frageformen unterscheiden, die annäherungsweise in der Rangfolge der ihnen zugeschriebenen suggestiven Stärke angeordnet sind:[321]

- ➔ Vorhaltfragen mit vorausgesetzten Fakten (Vorannahmen):
  „Hat er dann den Penis herausgeholt?" „Du sagst, sein Glied war steif. Dann hat er also daran so gerieben?"

---

320 Übernommen aus Stefan Schulz Hardt, Eberhard Höfer, Günter Köhnken, Schuldig bei Verdacht: wie konfirmatorisches Hypothesentesten zu fälschlicher Beschuldigung wegen sexuellen Missbrauchs führt, S. 7, http://www.docstoc.com/docs/121402775/Schuldig-bei-Verdacht-Wie-konfirmatorisches-Hypothesentesten-zu. Zitat ebd. S. 8.

321 Übernommen aus Endres, Johann; Scholz, Oskar B.; Donata, Summa, Aussagesuggestibilität bei Kindern. Vorstellung eines neuen diagnostischen Verfahrens und erste Ergebnisse. In: Greuel, L., Fabian, T. & Stadler, M., Psychologie der Zeugenaussage. Ergebnisse rechtspsychologischer Forschung (der Tagung der DGPs 1995 in Bremen), 1997, Weinheim 189-204 (195) ergänzt um Beispiele aus Günther Deegener, Kindesmissbrauch und woran ich ihn erkenne, in: Sabine Andresen, Micha Brumlik, Claus Koch (Hg.), Das Elternbuch, Beltz S. 251 f.

- → Eingekleidete Bewertungen und Deskriptionen (Beschreibungen):
„Wie hat er denn da in der Wanne seinen großen Penis gewaschen, als er sexuell erregt war?"; „Als er das machte, hat er dann auch geschnauft und gekeucht, ein rotes Gesicht gehabt?"
- → Unvollständige Disjunktionen in Auswahlfragen (Einengung durch Vorgaben):
„War das Auto rot oder schwarz" „Hat er da die Hose bis zu den Knien oder bis zu den Knöcheln heruntergezogen gehabt?"
- → Implizierte Erwartungen:
„Du hast dann sicher um Hilfe gerufen?" „Und dann hat er sicher seinen Penis abgeputzt?!"
- → Konformitätsdruck (sozialer Vergleich):
„Dein Freund sagte, der Mann hat dann dort onaniert. Das musst du doch auch gesehen haben, oder nicht?!"
- → Illokutive Partikel und Wendungen:
„Das kann ich gar nicht glauben, dass du das vergessen hast" „Bist du wirklich sicher? Hat er das Geld genommen?"
- → Fragewiederholungen:
„Sagst du wirklich die Wahrheit? Also, hat er den Penis herausgeholt? Das stimmt doch, oder?!"
- → Negatives Feedback (Vorwürfe und emotionaler Druck):
„Das gibt's doch nicht, dass du das nicht mehr weißt!" „Und dann hast du das auch noch mitgemacht, das versteh' ich nicht!"; „Ich weiß, da muss etwas passiert sein, es macht mich ganz traurig, dass du mir das nicht anvertraust!"
- → Drohungen und Versprechungen:
„Bevor du mir jetzt nicht alles sagst, kommst du hier nicht raus!" „Wenn du endlich sagst, was da sonst noch passiert war, wird es dir besser gehen, dann brauchst du da auch nicht mehr hin."

Gibt das Kind dann nicht die erwartete Antwort, wird es erneut befragt.[322] Um dem Kind den Bericht über die belastenden Umstände des vermuteten Missbrauchs zu erleichtern und es zu unterstützen, werden Äußerungen, die mit der Voramahme übereinstimmen durch Gesten wie Kopfnicken oder Bestätigungen und Belobigungen dafür, dass das Kind tapfer sei, selektiv verstärkt sei.[323] Mit der Annahme in-

---

322 Vgl. zum folgenden R. Volbert, K.-P. Dahlke, Forensisch-psychologische Diagnostik im Strafverfahren, Göttingen 2010, S. 52f.

323 R. Volbert stellt ebd. S. 54 folgende Hinweise auf fremdsuggestive Prozesse bei Kindern zusammen:
- wenn vor der ersten Aussage des Kindes bei dem Befragenden bereits die Überzeugung bestand, das in Frage stehende Geschehen habe sich ereignet,

konsistente oder objektiv widersprüchliche Äußerungen (z. B. wurde ein Kind in einem Missbrauchsverfahren angeblich an den Haaren aufgehängt, obwohl dieses Kind einen Bürstenhaarschnitt besaß) werden dagegen nicht weiter beachtet.

Es sollten daher nur folgende Frageformen mit geringer suggestiver Wirkung verwendet werden:[324]

- → offene Fragen (Leerfragen):
  „Was hast du gesehen?"; „Und wie ging es dann weiter?"
- → Bestimmungsfragen:
  „Wann war das denn an diesem Tag?"; „Um welche Uhrzeit warst du dort?"; „In welchem Zimmer seid ihr gewesen?", „Wo war denn das genau?"
- → Ja-Nein-Fragen:
  „Hat der Mann etwas gesagt?".

- wenn Befragungen nicht ergebnisoffen, sondern auf ein bestimmtes Ziel hin („Aufdeckung") durchgeführt wurden,
- wenn das Kind Fragen zum vermeintlichen Sachverhalt zunächst nicht bestätigte oder explizit verneinte,
- wenn die erste Äußerung des Kindes zum vermeintlichen Geschehen erst nach mehreren Befragungen erfolgte,
- wenn es sich zunächst um sehr vage, inkonsistente Äußerungen handelte, die erst im Laufe der Befragungen mit zunehmender Konstanz und Überzeugung vorgetragen wurden,
- wenn die Aussage objektiv unmögliche Elemente enthält,
- wenn im Befragungsprozess nur hypothesenkonforme Angaben verstärkt und hypothesenkonträre Ausführungen ignoriert oder uminterpretiert wurden.

324 Übernommen aus Endres, Johann; Scholz, Oskar B.; Donata, Summa, Aussagesuggestibilität bei Kindern. Vorstellung eines neuen diagnostischen Verfahrens und erste Ergebnisse. In: Greuel, L., Fabian, T., Stadler, M., Psychologie der Zeugenaussage. Ergebnisse rechts-psychologischer Forschung {der Tagung der DGPs 1995 in Bremen}, 1997, Weinheim 189-204 (195) ergänzt um einige Beispiele aus Günther Deegener, Kindesmissbrauch und woran ich ihn erkenne, in: Sabine Andresen, Micha Brumlik, Claus Koch (Hg.), Das Elternbuch, Beltz S. 251f. ; siehe auch Dirk Bange, Wilhelm Körner, Leitlinien im Umgang mit dem Verdacht auf sexuellen Kindesmissbrauch, 247 (264 f.), in: Wilhelm Körner, Albert Lenz, Sexueller Missbrauch, Bd.1 Göttingen 2004.

Fragen: ▸ Wie kann ich dann aber einen Kontakt zielführend aufbauen?
▸ Wie soll ich mich verhalten, wenn das Kind mir etwas erzählt?

Für die Gesprächsführung in Situationen des Verdachts auf (sexuellen) Übergriff gilt es folgende Erfahrungen zu berücksichtigen:[325]

1. **Das Kind nicht ausfragen.** Versuche in das Kind einzudringen, es gar zu „verhören" und nach Beweisen für den sexuellen Missbrauch auszufragen, führen erfahrungsgemäß zu nichts. Sie belasten das Kind nur in hohem Maße und bergen die Gefahr erneuter Grenzüberschreitung.
2. **Kontakt intensivieren.** Schaffen Sie Gelegenheiten, in denen das Kind mit Ihnen unverfänglich ins Gespräch kommen kann. Überlassen Sie es ihm, wann es so weit ist, sich Ihnen anzuvertrauen und das Thema zu ertragen. Akzeptieren Sie, dass es zwischen Tür und Angel nur eine Andeutung macht, weil es noch nicht so weit ist darüber zu reden.
3. **Das Kind verstehen.** Versuchen Sie, wenn das Kind mit Ihnen spricht, die Gefühle und Befindlichkeit des Kindes zu verstehen. Loben Sie es für seinen Mut zu reden. Sie müssen eine Sprache finden, die das Kind versteht und auf seine Ausdrücke eingehen. Verwenden Sie offene Fragen, wenn Sie etwas nicht verstehen. Nehmen Sie die Schilderungen ernst.
4. **Ruhe bewahren!** Wenn Sie panikartig und stark emotional reagieren, verunsichern sie das Kind, belasten und verwirren es. Sie müssen dem Kind die Sicherheit geben, mit einem Erwachsenen zu reden, der mit seinen Problemen umzugehen weiß. Wenn das Kind daran zweifelt, dass Sie der Situation gewachsen sind, wird es alles wieder zurücknehmen oder schweigen.
5. **Überstürzen Sie nichts.** Sie müssen dem Druck der Situation Stand halten. Sie müssen überlegt handeln, Sofortaktionen können schnell schief gehen. Natürlich muss sofort eingegriffen werden, wenn dem Kind in unmittelbarer Zukunft erneut sexuelle Übergriffe drohen.
6. **Unterstützung suchen.** Überfordern Sie sich nicht! Suchen Sie Hilfe bei Fachleuten. Sie können sich ohne Nennung des Kindernamens von Beratungsstellen, Jugendamt, Allgemeinem Sozialem Dienst beraten lassen und deren Hilfe in Anspruch nehmen! [326]

---

325 Nach „Handlungsschritte, wenn ein Kind von (sexueller) Gewalt berichtet", in: Schmidt/Sielert, Sexualpädagogik, S. 247 f. und Günther Deegener, Kindesmissbrauch. Erkennen – helfen – vorbeugen. 5. Aufl. Weinheim 2005, Kapitel 11: Ich hab Angst, was Falsches zu sagen! sowie ders. Kindesmissbrauch und woran ich ihn erkenne.

326 § 8b SGB VIII Fachliche Beratung und Begleitung zum Schutz von Kindern und Jugendlichen

7. **Orientierung geben.** Machen Sie dem Kind klar, dass sie zu ihm stehen. Es muss das Gefühl bekommen, von einem Erwachsenen unterstützt zu werden, der mit solchen Problemen umgehen kann. Sagen Sie ihm, dass (sexuelle) Übergriffe verboten sind und allein der Erwachsene die Verantwortung hierfür trägt. Trösten Sie das Kind. Machen Sie keine vorschnellen Versprechungen („Ich erzähle niemanden davon“).
8. **Keine vorschnellen Verdachtsäußerungen oder Anzeigen.** Bedenken Sie, dass Symptome andere Ursachen haben können als sexuelle Übergriffe.
9. **Dokumentieren.** Halten Sie alle Hinweise auf sexuellen Übergriff schriftlich fest: wann haben Sie was von wem gehört oder selbst beobachtet (Verhaltensweisen, Beobachtungen, Informationen und Hinweise Dritter …). Notieren Sie, welche Personen Sie wann informiert und welche Schritte Sie eingeleitet haben. Es geht um das Sammeln von Beweismaterial und um das Verstehen der Situation des Kindes zur Vorbereitung der notwendigen Interventionen. Ignorieren Sie nicht Ihr Gefühl: Wenn Sie meinen und spüren, es könnte ein sexueller Übergriff vorliegen, so nehmen Sie dies ernst, aber handeln Sie behutsam und bedacht. Sie sollten immer wieder für sich abklären, was Sie wirklich wissen oder was Sie sich aufgrund Ihrer Eindrücke an Fantasien ausmalen, was dem Kind geschehen sein könnte und wie das Kind dies alles wohl erlebt und verarbeitet.

Wie wirkt sich sexueller Missbrauch auf Kinder aus (Missbrauchssyndrom, körperliche Befunde, seelische Folgen)?

Fragen: ▸ Bei Eltern und Erzieherinnen in Kindertagesstätten entstehen erste Verdachtsmomente auf sexuellen Missbrauch meist aufgrund von **Verhaltensauffälligkeiten** des Kindes. Welche vier kommen in Betracht (siehe Kapitel 7)?

---

(1) **Personen, die beruflich in Kontakt mit Kindern** … stehen, haben bei der Einschätzung einer Kindeswohlgefährdung im Einzelfall gegenüber dem **örtlichen Träger** der Jugendhilfe **Anspruch auf Beratung** durch eine insoweit **erfahrene Fachkraft.**

- Gibt es ein Missbrauchssyndrom, d.h. Verhaltensweisen des Kindes, die als spezifische Auswirkungen eines sexuellen Missbrauchs angesehen werden können (siehe Kapitel 7)?
- Sehen Sie sich die nachfolgende Zusammenstellung zu den kurzzeitigen[327] entwicklungsabhängigen Verhaltensauffälligkeiten sowie psychischen und somatischen Symptomen und Störungen nach Kindesmisshandlung[328] im Vorschulalter an[329] – sind die spezifisch?
  - Gefrorener Blick (weit offene Augen in unbeweglichem Gesicht: Kind hat gelernt, nicht zu schreien, um nicht erneut bestraft zu werden)
  - Emotionslose Reaktion bei Trennung von Eltern
  - Mangelndes Vertrauen in wichtige Bezugspersonen
  - Übermäßiges Vertrauen in fremde Personen
  - Entwicklungsrückstand (motorisch, kognitiv, emotional, sozial)
  - Essstörungen
  - Schlafstörungen
  - Ängstliches Verhalten
  - Depressive Symptome
  - Davonlaufen
  - Aggressives/hyperaktives Verhalten
  - Unfallneigung
  - Nicht altersgemäßes sexuelles Verhalten
- Wie sind solche Verhaltensweisen hinsichtlich ihres Hinweiswertes auf sexuellen Missbrauch zu bewerten (siehe Kapitel 7)?

---

327 Von Kurzzeitfolgen spricht man, wenn die Folgen der Kindesmisshandlung unmittelbar bis mittelfristig (ca. innerhalb von 2 Jahren) nach Misshandlungsbeginn auftreten, vgl. statt vieler Franz Moggi, Kindesmisshandlung, S. 865 (869), in: Silvia Schneider, Jürgen Margraf, Lehrbuch der Verhaltenstherapie, Bd. 3, Heidelberg 2009.

328 Also nicht nur nach sexuellem Missbrauch.

329 Die Zusammenstellung stammt ursprünglich von der Arbeitsgemeinschaft Kindesmisshandlung (AGKM), einer vom Eidgenössischen Department des Innern eingesetzten multidisziplinären Expertenkommission und wird allgemein benutzt. Hier zitiert nach der Wiedergabe bei: Franz Moggi, Kindesmisshandlung, S. 865 (869), in: Silvia Schneider, Jürgen Margraf, Lehrbuch der Verhaltenstherapie, Bd. 3, Heidelberg 2009.

Fragen:

- Gibt es **körperliche Befunde**, d.h. Verletzungen/Entzündungen im genitalen, analen oder oralen Bereich, die medizinisch eindeutig auf sexuellen Missbrauch rückführbar sind?
- Ein kleines Mädchen hat im Sommer während der Freibadsaison Quetschungen oder Prellungen im Vaginalbereich. Welche Erklärung könnte es hierfür als Alternativhypothese geben?
- Kann man sexuellen Missbrauch durch Ausdeutung von **Kinderzeichnungen** und Einsatz anatomischer Puppen diagnostizieren?

Trotz der verheerenden Folgen der drei Wormser Missbrauchsprozesse[330] erheben heute noch Laien wie Fachleute immer wieder Vorwürfe sexuellen Missbrauchs aufgrund von Kinderzeichnungen oder dem Einsatz anatomischer Puppen. So werden in Zeichnungen haltlose „Hinweise" hineingelesen, z.B. ein kurzer Ast an einem Baumstamm als Penis gedeutet.[331]

So berichtete dem Autor eine Einrichtungsleitung vor kurzem, dass ein Kind in ihrer Einrichtung seinen Opa mit einem sehr großen und vor allem langen Penis gemalt habe. Eine Ärztin des Gesundheitsamtes, die das Bild zufällig sah, wertete dies als eindeutiges Hinweiszeichen auf sexuellen Missbrauch und drängte vehement darauf, dass das Jugendamt eingeschaltet werden soll. Die Erzieherin hat dem widerstanden – obwohl die Ärztin noch zweimal telefonisch nachhakte – und zunächst mit den beiden Gruppenmitarbeitern gesprochen, die beide bei dem Kind keinerlei Verhaltensauffälligkeiten oder sonstige Hinweise oder Besonderheiten gemerkt hatten. Daraufhin wurde mit der Mutter ein Gespräch geführt. In dem stellte sich heraus, dass der Großvater seit längerem sehr gebrechlich ist und in der Familie gepflegt wird. Er hat seit einiger Zeit einen Dauerkatheter, was das Kind mitbekommen und sehr beschäftigt habe. „Tut das nicht weh?" hatte es seine Mutter gefragt.

Hier ist festzustellen, dass Ausdeutungen (Kinderzeichnungen und Einsatz der anatomischen Puppen als diagnostisches Instrumentarium) trotz erheblicher Forschungsbemühungen keine validen, objektiven und reliablen

---

330 Hierzu siehe Seite 135ff.

331 Günther Deegener, Kindesmissbrauch und woran ich ihn erkenne, in: Sabine Andresen, Micha Brumlik, Claus Koch (Hg.), Das Elternbuch, Beltz S. 250; ebenso Martin H. Schmidt, Begutachtung von Kindern und Jugendlichen, S. 663 (664).

Ergebnisse[332] erbracht haben.[333] Solche Interpretationen sind somit als **nicht beweiskräftige Anschuldigungen einzustufen.**

Frage: ▸ Gibt es sexuell missbrauchte Kinder, die **symptomfrei** sind?

Viele Untersuchungen zu den Folgen sexuellen Missbrauchs kamen zu dem Ergebnis, dass ein nicht unerheblicher Anteil der sexuell missbrauchten Kinder (bis zu einem Drittel der weiblichen und bis zur Hälfte der männlichen Opfer) symptomfrei war. Dies erschwert die ohnehin nicht einfache Verdachtsabklärung zusätzlich.[334]

---

332 Reliabilität, Validität und Objektivität sind entscheidende Kriterien für Test-, Messverfahren, empirische Erhebungen etc. und damit die Grundlage für zuverlässige, verwertbare und eindeutige Auswertungen.
Reliabilität ist die Zuverlässigkeit eines Tests, einer Messung etc., d.h. die Angabe ob ein Test, ein Messergebnis bei einem erneuten Versuch bzw. einer erneuten Befragung unter den gleichen Umständen stabil ist.
Validität gibt die Eignung eines Test- oder Messverfahrens bzw. einer Frage hinsichtlich ihrer Zielsetzung an. Ein Test, eine Messung oder Befragung ist valide, wenn die erhobenen Werte geeignete Kennzahlen für die zu untersuchende Fragestellung liefern.
Objektivität von Tests, Fragen oder Messverfahren ist gegeben, wenn die Antworten bzw. Messwerte unabhängig vom Tester, Interviewer bzw. Prüfer sind.

333 Ebenso Rainer Balloff, Wahrnehmung, Gedächtnis, Erinnerung, 107, (116), in: Wilhelm Körner, Albert Lenz, Sexueller Missbrauch Bd.1, Göttingen 2004, m.w.N.; Günther Deegener, Kindesmissbrauch und woran ich ihn erkenne, in: Sabine Andresen, Micha Brumlik, Claus Koch (Hg.), Das Elternbuch, Beltz S. 250; ebenso Martin H. Schmidt, Begutachtung von Kindern und Jugendlichen, S. 663 (664), in: Ulrich Tiber Egle, Sven Olaf Hoffmann und Peter Joraschky, Sexueller Missbrauch, Misshandlung, Vernachlässigung.

334 Franz Moggi, Folgen, S. 116 (119) in: Dirk Bange, Wilhelm Körner Handwörterbuch Sexueller Missbrauch, Göttingen 2002; ders. Folgen sexueller Gewalt, S. 317 (322) in: Wilhelm Körner, Albert Lenz, Sexueller Missbrauch Bd. 1, Göttingen 2004. Günther Deegener, Kindesmissbrauch und woran ich ihn erkenne, in: Sabine Andresen, Micha Brumlik, Claus Koch (Hg.), Das Elternbuch, Beltz S. 250.

Der Zusammenhang mit dem Verdachtsschema

Frage: ▸ Sehen Sie Zusammenhänge zwischen den Feststellungen zu Missbrauchssyndrom, körperlichen Befunden, seelischen Folgen und unserem Verdachtsschema?

Hinweiswert	Was
sehr hoch	Beobachtungen von sexuellen Übergriffen Foto- oder Videoaufnahmen von sexuellen Übergriffen spontane, unbeeinflusste Handlungsschilderungen eines Kindes, die einen als selbst erlebt geschilderten sexuellen Missbrauch zum Gegenstand haben körperliche Auffälligkeiten, wie übertragbare Geschlechtskrankheiten, Bisswunden und Hämatome im Genital- und Brustbereich
mittel	vage und unklare verbale Äußerungen des Kindes
schwach	beobachtete Verhaltensauffälligkeiten eines Kindes, auch sexuelle Verhaltensauffälligkeiten

Lehren aus den Wormser Prozessen

Welch schlimme Folgen für alle Beteiligten (Eltern, Kinder, Verdächtigte) vorschnelle Verdächtigungen haben können, haben die drei Wormser Missbrauchsprozesse drastisch vor Augen geführt. Deren prägnante Darstellung in wikipedia[335] soll hier – leicht gekürzt – wiedergegeben werden, da die Verfahren die möglichen Fehler in der Verdachtsabklärung lehrbuchhaft aufzeigen und geeignet sind, zu einer strikt sachlichen Aufklärungshaltung beizutragen:

335 http://de.wikipedia.org/wiki/Wormser_Prozesse. Alternativ kann man auch den skandalösen Montessoriprozess in Münster in http://www.spiegel.de/spiegel/print/d-9185859.html nachlesen. Der Titel des Artikels lautet treffend „Blind die Blinden angeführt" Gisela Friedrichsen und Gerhard Mauz über die Lehren aus dem Montessori-Prozeß (II) oder den Artikel, Justizirrtum: Inquisitoren des guten Willens, von Sabine Rückert, http://www.zeit.de/2007/03/Rueckert-Buch-03.

„Als **Wormser Prozesse** werden drei von 1993 bis 1997 andauernde Strafprozesse vor dem Landgericht Mainz bezeichnet, in denen 25 Personen aus Worms und Umgebung des massenhaften Kindesmissbrauchs im Rahmen eines Pornorings angeklagt wurden und die mit dem Freispruch aller Beschuldigten endeten. Sie gelten als die größten Missbrauchsprozesse der deutschen Rechtsgeschichte.

Auslöser

Auslöser der Verfahren war ein Scheidungsverfahren, in dem eine Frau ihrem Ex-Mann sexuellen Missbrauch der gemeinsamen Kinder vorwarf und das sich zu einer Feindschaft zwischen den Familien steigerte. Die beiden Kinder lebten damals bei der Großmutter, die sich an das Jugendamt Worms wandte und von diesem an den Verein Wildwasser Worms e.V. verwiesen wurde. Eine Wildwasser-Mitarbeiterin befragte die Kinder mittels Techniken, die auf den Münsteraner Psychiatrieprofessor Tilman Fürniss zurückgehen (anatomisch korrekte Puppen, Märchenerzählungen, „verhörähnliche" Befragungen von Kindern, Fragestellungen mit impliziter Antwort etc.) und war daraufhin davon überzeugt, Beweise für einen massenhaften Kindesmissbrauch gefunden zu haben. Die Ergebnisse wurden von einem Kinderarzt bestätigt, zu dem Wildwasser die Kinder dann schickte. Daraufhin wurden 25 Personen unter dem Tatverdacht des sexuellen Missbrauchs von insgesamt 16 eigenen oder fremden Kindern festgenommen. In der öffentlichen Meinung waren die Angeklagten bereits vorverurteilt, der Prozess fand ein gewaltiges Medienecho. So berichtete das Nachrichtenmagazin Der Spiegel zunächst: „Ein Großteil der medizinischen Befunde und die weitgehend übereinstimmenden Aussagen der Kinder lassen kaum Zweifel an vielen der Vorwürfe zu."[336]

Hauptverfahren und Freispruch

Es wurden drei Hauptverfahren eröffnet, auch bezeichnet als „Worms I", „II" und „III". In „Worms I" wurden sieben Personen aus der Verwandtschaft der geschiedenen Frau angeklagt, in „Worms II" dagegen dreizehn aus der Familie ihres ehemaligen Mannes, darunter auch die Großmutter, bei der die beiden gemeinsamen Kinder lebten. „Worms III" betraf fünf Personen, die keiner der beiden Familien angehörten. …
Eine Staatsanwältin fasste im Laufe der 131 Verhandlungstage empört und ungläubig die Vorwürfe der Verteidigung zusammen: „Die Verteidigung meint also: Blindwütige Feministinnen wirken auf ahnungslose Kinder ein, bis die von Missbrauch berichten und skrupellose Staatsanwältinnen übernehmen das …"
Der Wormser Wildwasser-Verein brachte Anschuldigungen vor, die einer Überprüfung nicht standhielten oder widersprüchlich waren: Kinder waren zu angeblichen Tatzeiten noch nicht geboren, in anderen Fällen saßen die Eltern zur angeblichen Tatzeit bereits in Untersuchungshaft. An einem Mädchen, das bis zu seiner Herausnahme aus der Familie gynäkologisch unauffällig war, stellten zwei Ärzte fünf Tage nach Aufnahme im Kinderheim „Spatzennest" Befunde fest, die „mit hoher – einen vernünftigen Zweifel im Grunde ausschließenden – Sicherheit auf einen stattgehab-

336 Der Fall sprengt die Grenzen. In: Der Spiegel. Nr. 7, 1994, S. 75-78.

ten vaginal- und anal-penetrierenden sexuellen Missbrauch“ hindeuteten.[337] Psychologische Glaubwürdigkeitsgutachten, zum Beispiel von Max Steller, ergaben, dass die vielen, zum Teil sich widersprechenden Aussagen der Kinder durch Suggestion erzeugt worden waren und nicht auf Erlebnissen basierten.[338] Auch konnte die Polizei bei nicht angekündigten Hausdurchsuchungen keine Beweise finden, die auf sexuellen Missbrauch oder ähnliches schließen ließen. Somit basierte die gesamte Beweislage auf den Aussagen der wahrscheinlich indoktrinierten Kinder und dem Gutachten eines Kinderarztes, das jedoch eventuelle natürliche Ursachen für diverse Verletzungen der Kinder nicht in Erwägung zog. Obwohl vieles auf die Unschuld der Angeklagten hindeutete, wurden für sie bis zu dreizehn Jahre Haft gefordert. Alle drei Prozesse endeten 1996 und 1997 mit Freispruch in allen 25 Fällen. Der Vorsitzende Richter Hans E. Lorenz in „Worms III“ begann sein Urteil mit dem Satz „Den Wormser Massenmissbrauch hat es nie gegeben“ und erklärte: „Bei allen Angeklagten, für die ein langer Leidensweg zu Ende geht, haben wir uns zu entschuldigen.“[339]

Folgen

Die Prozesse hatten verheerende Wirkung auf Kinder und Angeklagte: Eine Angeklagte, die siebzigjährige Großmutter, starb in Untersuchungshaft, andere verbrachten bis zu 21 Monate in Haft. Mehrere Ehen zerbrachen, die Existenz manch eines Angeklagten und von Familien wurde zum Teil auch durch die hohen Anwaltskosten völlig zerstört. Die Kinder wuchsen währenddessen größtenteils in Heimen auf und kehrten erst nach und nach zu ihren Eltern zurück. Ein Junge, der an Diabetes erkrankt war, starb nach seiner Entlassung aus dem Heim. Sechs Kinder – jene, die im Kinderheim „Spatzennest“ in Ramsen untergebracht gewesen waren, darunter die aus dem Scheidungskonflikt, der die Verfahren ausgelöst hatte – kehrten überhaupt nicht zurück, da sie völlig von ihren Eltern entfremdet waren. Dem Heimleiter wurde seinerzeit vorgeworfen, die Kinder bewusst gegen die Eltern aufgestachelt zu haben. Die meisten dieser Kinder glauben bis zum heutigen Tag, dass ihre Eltern sie sexuell missbraucht haben.[340] Das „Spatzennest“ bestand noch bis zu seiner Auflösung im November 2007, als der Heimleiter aufgrund der Eröffnung eines Ermittlungsverfahrens wegen des Verdachts auf sexuellen Missbrauch Schutzbefohlener vom Arbeitgeber entlassen wurde.[341] Am 8. Februar 2008 wurde der Heimleiter in Untersu-

---

337 Der Fall sprengt die Grenzen. In: Der Spiegel. Nr. 7, 1994, S. 75-78

338 Max Steller: Aussagepsychologie vor Gericht – Methodik und Probleme von Glaubwürdigkeitsgutachten mit Hinweisen auf die Wormser Mißbrauchsprozesse. Recht & Psychiatrie 16, 1998, S. 11–18.

339 Michael Grabenströer: Nur noch die Fetzen eines Luftballons?. In: Frankfurter Rundschau, 18. Juni 1997; Gisela Friedrichsen: Gut gemeint, schlecht gemacht. In: Der Spiegel. Nr. 26, 1997, S. 78-79 (online).; dazu Hans Lorenz: Im eindeutigen Widerspruch (Leserbrief des Vorsitzenden Richters). In: Der Spiegel 38/1997, S. 14 Vorsicht, Justizirrtum!, Menschen bei Maischberger, DasErste.de, 17. Mai 2005; Sendung als Video (Real).

340 Gisela Friedrichsen: Ausgestanden ist die Sache nicht. In: Der Spiegel. Nr. 9, 2005, S. 50-56.

341 Gisela Friedrichsen: So etwas darf nicht sein. In: Der Spiegel. Nr. 48, 2007, S. 63-64.

chungshaft genommen,[342] am 29. Juli 2008 begann der Prozess gegen ihn.[343] Am 22. August 2008 wurde er des sexuellen Missbrauchs von Kindern in Tateinheit mit sexuellem Missbrauch von Schutzbefohlenen in zwei Fällen für schuldig befunden und zu einem Jahr Haft auf Bewährung und dreijährigem Berufsverbot verurteilt.[344] Im April 2011 wurde er wegen noch schwerwiegenderer Missbrauchsvorwürfe erneut angeklagt[345] und im November 2011 wegen schweren sexuellen Missbrauchs zu einer Haftstrafe von fünf Jahren und acht Monaten verurteilt.[346] Das Urteil ist nicht rechtskräftig (Stand März 2012).[347]

Nach den Freisprüchen trennte sich Wildwasser von der tätig gewordenen Mitarbeiterin. Die Berliner Zeitung berichtete Ende Juni 1997, dass diese von der Richtigkeit ihrer Vorgehensweise weiterhin überzeugt war.[348] Eine öffentliche Entschuldigung oder andere Konsequenzen hat es nicht gegeben.

Der Bundesgerichtshof verkündete 1999 – auch unter dem Einfluss dieser Prozesse – Mindestanforderungen an strafprozessuale Glaubhaftigkeitsgutachten.[349]“

Fragen:

- Inwiefern zeigt der Wormser Fall, dass der Prüfung der Glaubwürdigkeit der Person, die den Verdacht äußert, und der Beurteilungskompetenz der hinzugezogenen Fachleute große Bedeutung zukommt?[350]
- Wo sehen Sie in den Verfahren Beispiele unprofessioneller Verdachtsabklärung?
- Welche grundsätzlichen Probleme kann parteiliche Beratung bei der Klärung und Diagnostik eines sexuellen Missbrauchsverdachts bewirken?

---

342 Reinhard Breidenbach: Haft wegen Missbrauchsverdacht – Polizei findet bei Ex-Leiter des Kinderheims Spatzennest belastende Bilder. In: Rhein Main Presse, 9. Februar 2008.

343 Ehemaliger Leiter des Spatzennestes vor Gericht, Panorama, DasErste.de, 14. Februar 2008.

344 Markus Fadl: Erzieher erhält Berufsverbot wegen Kindesmissbrauchs. In: Der Tagesspiegel, 22. August 2008.

345 Verurteilter Ex-Kinderheimleiter erneut vor Gericht, Spiegel Online, 12. April 2011.

346 Wormser Zeitung: Urteil im Ramsen-Prozess: Ex-Leiter von Kinderheim „Spatzennest" muss in Haft, 15. November 2011.

347 Wormser Zeitung: "Spatzennest-Prozess": Staatsanwaltschaft und Verteidigung legen Revision ein, 23. November 2011.

348 Mechthild Henneke: Zurück in Pfeddersheim. In: Berliner Zeitung, 25. Juni 1997.

349 Bundesgerichtshof stellt Mindestanforderungen an strafprozessuale Glaubhaftigkeitsgutachten auf, BGH Pressemitteilung Nr. 63, 30. Juli 1999 (bei lexetius).

350 Vgl. hierzu Dirk Bange, Wilhelm Körner, Leitlinien im Umgang mit dem Verdacht auf sexuellen Kindesmissbrauch, S. 247, (253) in. Wilhelm Körner, Albert Lenz, Sexueller Missbrauch Bd.1, Göttingen 2004.

Vertiefung: Die eigene Beurteilungsfähigkeit schulen

Warnung vor vorurteilsbeladener Interpretation von Symptomen:

Es muss nun allerdings nochmal vor einer leichtfertigen und unprofessionellen Behauptung sexueller Übergriffe aufgrund völlig unspezifischer Beobachtungen von Verhaltensauffälligkeiten, psychosomatischen Symptomen und psychischen Störungen oder Äußerungen gewarnt werden.[351] Fahrlässigen Vorwürfen sexuellen Missbrauchs durch Laien und Fachleuten wird durch eine Vielzahl von Checklisten, aber auch sog. Fachveröffentlichungen Vorschub geleistet. Substanzlose Verdächtigung und vorschnelle Fehldiagnosen haben wiederholt, wie z.B. im sog. Wormser „Kinderschänderprozess" oder dem Montessori-Prozess in Münster, zu katastrophalen Folgen für die Kinder, die Familien und insbesondere für die fälschlich Beschuldigten geführt. Professionelle Arbeit ist sich bewusst, dass nach zwei Seiten hin Fehler mit jeweils verheerenden Folgen gemacht werden können: das Übersehen von Anhaltspunkten für tatsächlich erlittenen sexuellen Missbrauch einerseits, wie die fälschliche Unterstellung eines in Wirklichkeit nicht erfolgten Missbrauchs andererseits.

Frage: ▸ Wie bewerten Sie anhand der unten stehenden Auswertungsfragen die folgenden Symptomlisten von

a) C. Bommert, Körperorientierte Psychotherapie nach sexueller Gewalt, 1993 und
b) Hans Dusolt, Elternarbeit als Erziehungspartnerschaft, 3. Aufl. Weinheim 2008, S. 95f.

351 Günther Deegener, Kindesmissbrauch. Erkennen – helfen – vorbeugen. 5. Aufl. Weinheim 2005, S. 113.

Symptomliste von C. Bommert, Körperorientierte Psychotherapie nach sexueller Gewalt, 1993[352]

Symptomliste für Kinder	
• Selbstverstümmelung • Zerstören von Kleidung • sexuell ausagierendes Verhalten • Verbergen der sexuellen Identität • vernachlässigendes Hygieneverhalten • Bauchschmerzen • unerklärliche Unterleibsschmerzen • Verdauungsschwierigkeiten	• Vaginaschmerzen • Einnässen • Einkoten • Erstickungsanfälle • Halsinfektionen (oraler Missbrauch) • Essstörungen (merkwürdige Dinge essen, auf merkwürdige Weise essen, Esssucht, Ess-Brech-Sucht, Magersucht) • Hautreaktionen
Symptome bis zum Alter von 8 Jahren	
• erhöhte Schmerzgrenze • offene Masturbation • Regression in erhöhter Weise • Albträume • Zurückweisung eines Elternteils und Symbiose mit einem anderen, Symbiose durchaus auch mit dem Täter • vernachlässigendes Hygieneverhalten • Bauchschmerzen • unerklärliche Unterleibsschmerzen • Verdauungsschwierigkeiten	• Wissen über Sexualität oberhalb des Alterswissens • diffuse Ängste, z. B. im Dunkeln • Isolation • plötzliche Verhaltensänderung
Symptome ab 8 Jahren	
• Suiziddrohungen, Suizidversuche • Schlafstörungen • Angst, ins Bett zu gehen • Albträume • Regressionen • Experimentieren mit Drogen, • Narkotika, Alkohol • plötzliche Verhaltensänderung • Diebstahl	• Probleme mit der sexuellen Identität • Schul- und Konzentrationsprobleme • Weglaufen, Erzählen, dass das Kind geschlagen werde oder zu wenig Taschengeld bekommt u. Ä. • enge Beziehung zu einem Elternteil oder keine Beziehung zu beiden • Depressionen

352 Zitiert nach Günther Deegener, Kindesmissbrauch. Erkennen – helfen – vorbeugen. 5. Aufl. Weinheim 2005, S. 114f.

Symptomliste von Hans Dusolt, Elternarbeit als Erziehungspartnerschaft, 3. Aufl. Weinheim 2008, S. 95f.

„Die Diagnose eines sexuellen Missbrauchs ist in der Regel nur Spezialisten möglich. Es gibt keine eindeutigen Kriterien, vielmehr handelt es sich meist um Kombinationen verschiedener Beobachtungen. Man unterscheidet grundsätzlich zwischen spezifischen und unspezifischen Auffälligkeiten, die einen Verdacht auf sexuellen Missbrauch begründen können.

Zu den spezifischen Auffälligkeiten zählen:

- intensive Beschäftigung des Kindes mit den eigenen Geschlechtsteilen und denen anderer;
- aus dem Sexualverhalten Erwachsener stammende sexuelle Spiele mit anderen oder mit Puppen;
- häufiges Sichausziehen oder auffallendes sexuell verführerisches Verhalten;
- Erzählungen – oft in kindlicher Sprache –, die sich auf das Sexualverhalten Erwachsener beziehen („Der Opa hat vorne einen Piepmatz, mit dem kann man spielen");
- Zeichnungen, die sich auf Sexualität beziehen und bedrohlich wirken;
- Bauch- und Unterleibsschmerzen;
- Verletzungen im Genitalbereich;
- Geschlechtskrankheiten."

Auswertungsfragen: Folgende der angeführten Verdachtsmomente[353]

- sind unspezifisch und haben daher einen nur schwachen Hinweiswert: ……………………………………………………………………………………
- kommen bei den meisten Kindern vor und können daher nicht als Symptome bezeichnet werden: ………………………………………………………
- sind so diffus formuliert, dass es sich um kein praktisch handhabbares Kriterium handelt: ………………………………………………………………
- sind sogar eher positiv oder als alterstypisch zu werten: ………………………… ……………………………………………………………………………………

---

353 Idee nach Günther Deegener, Kindesmissbrauch. Erkennen – helfen – vorbeugen. 5. Aufl. Weinheim 2005, S. 115f.

Die Behauptung von Bommert, dass bei „mindestens sechs" Symptomen „der Verdacht auf einen sexuellen Missbrauch als berechtigt" anzusehen sei und deren weitere Behauptung „keine andere Ursache als sexuellen Missbrauch könnten, … offene Masturbation, die trotz Intervention nicht beendet wird; selbst ein anderes Kind sexuell missbrauchen; sexualisiertes Verhalten" haben, müssen daher als fachlich schlicht falsch und nicht mehr vertretbare Aufforderung zur Verdächtigung und vorschnellen Fehldiagnose eingestuft werden.[354]

---

354 So auch Günther Deegener, Kindesmissbrauch. Erkennen – helfen – vorbeugen. 5. Aufl. Weinheim 2005, S. 115f.

Kapitel 9
Verfahren bei gewichtigen Anhaltspunkten einer Kindeswohlgefährdung durch Übergriff oder sexuellen Missbrauch

Unterscheide:

1. Verdacht eines Übergriffs oder sexuellen Missbrauchs durch einen Sorgeberechtigten/Lebenspartner
2. Verdacht eines Übergriffs oder sexuellen Missbrauchs durch einen außerfamiliären Dritten
3. Verdacht eines Übergriffs oder sexuellen Missbrauchs durch einen Mitarbeitenden oder neben- bzw. ehrenamtlich Tätigen der Einrichtung oder des Trägers

Hier geht es speziell um den 3. Fall, dass ein Verdacht eines Übergriffs oder sexuellen Missbrauchs auf einen **Mitarbeitenden oder neben- bzw. ehrenamtlich Tätigen** der Einrichtung oder des Trägers fällt.

Die nachfolgende Arbeitshilfe ist als Anregung gedacht. Sie soll Ihnen als Einrichtungsleitung bzw. Trägervertreter Handlungsschritte für Ihre praktische Arbeit aufzeigen, auf deren Grundlage Sie dann ein an die Gegebenheiten ihrer Einrichtung angepasstes Verfahren, wie sie bei einem Verdacht auf Übergriffe oder sexuellen Missbrauch vorgehen, erstellen können.[355]

Meldepflichten

1. **Mitarbeitende**, denen gewichtige Anhaltspunkte, d.h. konkrete tatsächliche Hinweise für den Verdacht auf einen Übergriff oder einen sexuel-

355 Das nachfolgend dargestellte Verfahren ähnelt dem von Mechthild Gründer, Interventionsschritte bei sexuellem Missbrauch durch Mitarbeiter in Institutionen der Jugendhilfe, S. 65-72 und der Arbeitshilfe zum »Kinderschutz« in Kindertageseinrichtungen, Der PARITÄTische Wohlfahrtsverband Hamburg e. V., 2006.

len Missbrauch durch Mitarbeitende oder neben- bzw. ehrenamtlich Tätige vorliegen, sind arbeitsrechtlich zu verpflichten, dies der Einrichtungsleitung unverzüglich mitzuteilen.
2. Wenn ein **mutmaßliches Opfer** (ggf. seine Eltern oder Sorgeberechtigen) die Leitung über einen Verdacht eines Übergriffs oder eines sexuellen Missbrauchs durch Mitarbeitende oder neben- bzw. ehrenamtlich Tätige informiert, ist das Gespräch zu protokollieren. Das Protokoll sollte von Eltern oder Sorgeberechtigten unterzeichnet werden.
3. Es sollte ein Missbrauchsbeauftragter des Trägers bestellt werden, dem **jeder Mitarbeitender** verpflichtet ist, Hinweise auf das Vorliegen eines Übergriffs oder eines sexuellen Missbrauch durch Mitarbeitende oder neben- bzw. ehrenamtlich Tätige unverzüglich anzuzeigen.

Aufgaben und Verantwortungen

1. Aufgabe der Kindertagesstättenleitung ist es nach § 8a IV SGB VIII
   - Bei gewichtigen Anhaltspunkten eine **Gefährdungseinschätzung** vornehmen.
   - Eine insoweit erfahrene **Fachkraft** beratend hinzuziehen.
   - Die **vorläufige Freistellung** zumindest aber die Trennung von Opfer und Tatverdächtigen bei Anhaltspunkten mit sehr hohem Hinweiswert kraft arbeitsrechtlicher Weisungsbefugnis vorzunehmen.
   - Für eine sorgfältige **Dokumentation** des Vorfalls sorgen.
   - Die **Erziehungsberechtigten** in die Gefährdungseinschätzung einbeziehen, soweit hierdurch das Kindeswohl nicht in Frage gestellt wird.
   - Bei Ihnen auf die **Inanspruchnahme von Hilfen hinwirken**, wenn sie diese für erforderlich hält.
   - Das **Jugendamt informieren**, falls die Gefährdung nicht anders abgewendet werden kann.

2. Ein **Trägervertreter** sollte die weitere Bearbeitung und Prüfung der arbeitsrechtlichen Konsequenzen für den Mitarbeitenden übernehmen.

3. Gewichtige Anhaltspunkte:
   - Es sollte grundsätzlich **jedem** konkreten Hinweis auf einen Übergriff oder einen sexuellen Missbrauch sorgfältig und umsichtig unter Hinzuziehung einer qualifizierten Fachkraft nachgegangen werden.
   - Bei **Gerüchten, Klatsch und Tratsch** oder vagen anonymen Schreiben sollte gegebenenfalls mit Hilfe einer erfahrenen Fachkraft zunächst überprüft werden, ob sich aus solchen Verdachtsmomenten

überhaupt konkrete Hinweise, Aussagen oder Beobachtungen ableiten lassen, die einen begründeten Verdacht ergeben können.

Beschuldigte Person

1. Liegen Anhaltspunkte für den Verdacht auf einen Übergriff oder einen sexuellen Missbrauch vor, sollte der Träger für die **weitere Unterbrechung des Kontakts** zwischen der beschuldigten Person und dem mutmaßlichen Opfer bis zur Klärung des Verdachts und Aufklärung der Sachlage sorgen.
2. Ein Trägervertreter sollte ein **Gespräch mit der beschuldigten Person führen**. Der Schutz des mutmaßlichen Opfers sollte in jedem Fall zuvor sichergestellt sein. In dem Gespräch sollte die beschuldigte Person mit dem Verdacht konfrontiert und ihr Gelegenheit gegeben werden, sich dazu zu äußern. Sie kann eine Person ihres Vertrauens hinzuziehen. Das Gespräch sollte protokolliert werden. Das Protokoll sollte von allen Anwesenden unterzeichnet werden.
3. Soweit es die Sachlage, insbesondere der Schutz des/der potentiellen Opfer erfordert, sollte der Träger die beschuldigte Person von der **Arbeit freistellen** und weitere arbeitsrechtliche Schritte prüfen. Dabei sind die Rechte der Mitarbeitervertretung zu beachten.
4. Gegenüber der beschuldigten Person besteht weiterhin die **Fürsorgepflicht**. Für sie gilt – unbeschadet der vorsorglich zu ergreifenden arbeitsrechtlichen Maßnahmen – die Unschuldsvermutung, solange eine Straftat gegen die sexuelle Selbstbestimmung nicht nachgewiesen wurde.

Begleitung und Unterstützung mutmaßlicher Opfer und deren Angehöriger

Die Eltern oder Sorgeberechtigten sind zu **informieren**. Die Kinder und die Sorgeberechtigten sollten über das weitere Vorgehen der Einrichtung aufgeklärt werden.

Dem mutmaßlichen Opfer und seinen Angehörigen sollte **Unterstützung** und psychologische Begleitung angeboten und vermittelt werden.

Dem **Schutz** des mutmaßlichen Opfers und dem Schutz vor öffentlicher Preisgabe von Informationen, die vertraulich gegeben werden, sollte besondere Beachtung beigemessen werden.

Das mutmaßliche Opfer und seine Angehörigen sollten die Möglichkeit erhalten, sich über das weitere **Verbleiben** in der Einrichtung zu äußern. Es sollte eine an der Lebenssituation und der Entwicklung des mutmaßlichen Opfers orientierte verantwortbare Lösung erarbeitet werden.

Unterstützung des Personals und weiterer Beteiligter

Der Träger ist verantwortlich für die Information sowie die Unterstützung und Begleitung des Personals wie ggf. weiterer Beteiligter bei der Aufarbeitung der Missbrauchsvorfälle. Er sollte entsprechende Hilfen bereitstellen, insbesondere Supervision für Menschen, die mit Tätern und Opfern zu tun haben.

Einbeziehung der Strafverfolgungsbehörden

(1) Soweit tatsächliche Anhaltspunkte für den Verdacht eines sexuellen Missbrauchs vorliegen, sollten die Informationen an die staatliche Strafverfolgungsbehörde weitergeleitet werden.
(2) Die Pflicht zur Weiterleitung entfällt, wenn dies dem ausdrücklichen, schriftlich dokumentierten Wunsch des Opfers entspricht und der Verzicht auf eine Mitteilung rechtlich zulässig ist. Die Strafverfolgungsbehörden sind einzuschalten, wenn weitere mutmaßliche Opfer ein Interesse an der strafrechtlichen Verfolgung der Taten haben könnten.

Eine gesetzliche Pflicht, bei Sexualstraftaten Strafanzeige zu erstatten, besteht nicht (§ 138 StGB). Eine Verpflichtung zur Einschaltung des Jugendamtes bzw. zur Erstattung einer Strafanzeige kommt jedoch in Betracht, wenn keine andere Möglichkeit besteht, einen sexuellen Übergriff durch einen Mitarbeitenden zu verhindern (BGH, 4. Strafsenat, Beschluss vom 26. Juli 2007 - 4 StR 240/07 -).[356]

Einbeziehung von Fach- und Aufsichtsbehörden

1. Liegen tatsächliche Anhaltspunkte für den Verdacht eines sexuellen Missbrauchs vor, ist die Einrichtungsleitung nach § 8a Abs. 4 SGB VIII verpflichtet, das **Jugendamt** zu informieren, wenn die Mitarbeitenden

356 Ebenso der unabhängige Beauftragte für sexuellen Missbrauch: http://beauftragter-missbrauch.de/course/view.php?id=21.

der Einrichtungen die Gefährdung des Wohls des Kindes durch einen Übergriff oder sexuellen Missbrauch nicht anders abwenden können.

2. Die Erlaubnis für den Betrieb der Kindertageseinrichtung nach § 45 SGB VIII ist möglicherweise mit einer Nebenbestimmung oder nachträglichen Auflagen versehen, dass jeder Vorfall, bei dem ein Kind oder Jugendlicher in einer Einrichtung oder einem Dienst möglicherweise Opfer eines Deliktes geworden ist, der Aufsichtsbehörde unverzüglich schriftlich anzuzeigen ist. Die Informationsweitergabe an die Aufsichtsstelle (z.B. **Landesjugendamt, Landschaftsverband**) ist notwendig, andernfalls kann die Erlaubnis für den Betrieb der Einrichtung wegen persönlicher Unzuverlässigkeit der Betreiber(in) widerrufen werden.[357] Auf diesen Sachverhalt sind die mutmaßlichen Opfer in jedem Falle nach Bekanntwerden und Erheben der Vorwürfe gegen bestimmte Personen hinzuweisen.
4. Nach § 47 Nr. 2 SGB VIII hat der Träger der zuständigen Behörde unverzüglich „Ereignisse oder Entwicklungen, die geeignet sind, das Wohl der Kinder und Jugendlichen zu beeinträchtigen" **anzuzeigen.** Davon ist bei Anhaltspunkten eines Übergriffs oder sexuellen Missbrauchs durch einen Mitarbeitenden oder neben- bzw. ehrenamtlich Tätigen der Einrichtung oder des Trägers auszugehen.

Öffentlichkeitsarbeit, Dokumentation und Analyse

1. Der **Träger** ist für eine Verständigung mit allen Beteiligten über eine angemessene Information der Öffentlichkeit zuständig. In der Regel wird eine Person benannt, die allein für die öffentliche Kommunikation zuständig ist. Mitarbeitende sollten bei Anfragen auf den mit der Kommunikation Betrauten verweisen.
2. Alle Informationen, Hinweise und Verfahrensabläufe im Zusammenhang mit sexuellem Missbrauch sollten in der Einrichtung sorgfältig **dokumentiert** werden.
3. Der Träger sollte den Fall auswerten und Schlussfolgerungen für die Verbesserung der Prävention ziehen und umsetzen.

---

357 Hierzu siehe Matthias Westerholt, Möglichkeiten der Intervention durch das Landesjugendamt nach dem SGB VIII (§ 45, § 48) im Falle sexuellen Missbrauchs durch Mitarbeiterinnen in Einrichtungen, S. 121-127, vor allem S. 123f. Tätigkeitsuntersagung, S. 124f. Anordnungen nach § 45 Abs. 2 S. 5 SGB VIII:, Markus Schnappka, Martin Stoppel, Wenn Erzieher Täter werden ..., S. 172 (176-178); einen groben Überblick zur Verantwortung des Jugendamtes geben Hartmut Gerstein, Dieter Greese, Die Verantwortung des Jugendamtes bei sexuellen Übergriffen in Einrichtungen, S. 65-171.

Kapitel 10
Prävention: Was können Kindertageseinrichtungen tun, um ihre Kinder vor sexuellem Missbrauch durch Mitarbeitende zu schützen?

Leitlinien

Die nachfolgenden Präventionsbausteine sind als Anregungen und Arbeitsgrundlage zur Erstellung eines eigenen, auf die Gegebenheiten der jeweiligen Einrichtung abgestimmten Präventionskonzepts gedacht.

Prävention sollte:[358]

... strukturell in **Organisation und Abläufe** einer Kindertageseinrichtung verankert sein. Kurzfristige und punktuelle Aktionen helfen weder den betreuten Kindern noch Eltern oder Erziehenden.

... das **Alter und die Entwicklungsvoraussetzungen** der Kinder berücksichtigen. Kindergartenkinder können noch nicht die sexuellen Bezüge von Handlungen erkennen und noch keine abstrakten Regeln situativ differenziert handhaben. Sie sehen Personen, die sie nett finden und Bekannte der Eltern meist nicht als Fremde an.

... die **emotionalen und sozialen Kompetenzen** der Kinder stärken (Lebenskompetenzerwerb)[359]. So erleiden gehemmte Kinder eher Übergriffe

---

358 Vgl. Christa Wanzeck-Sielert, Sexualkunde und Selbstbehauptungstrainings in Kindergarten und Grundschule, BZgA Forum 3-2010 S. 30 (31), an deren Ausführungen sich diese Leitlinien anlehnen. Diesen folgt auch der Präventionsansatz des Erzbistum Köln. Vgl. auch G. Deegener, Zusammenfassende Darstellung über institutionelle Konzepte zur Verhinderung von sexuellem Missbrauch und den anderen Formen der Kindesmisshandlung. Deutsche Gesellschaft für Prävention und Intervention bei Kindesmisshandlung e.V. (DGfPI), Stand: 20.03.2013, http://www.dgfpi.de/tl_files/pdf/bufo/Veroeffentlichungen/InstitutionelleKonzepte_ueberarbeitet_20.03.2013.pdf.

359 Zum Begriff der Lebenskompetenzen (Selbstwahrnehmung, Empathie, kreatives und kritisches Denken, Entscheidungs- und Problemlösefähigkeit, Gefühls- und Stress-

als andere. Es gilt daher, durch sozial-emotionales Lernen das kindliche Selbstwertgefühl und ihre Selbstwirksamkeit zu stärken. Prävention soll „nicht Angst machen, sondern Vertrauen schaffen, ... selbstbestimmtes Handeln unterstützen und vor allem Raum geben, damit Mädchen und Jungen sich entfalten und ihre Fähigkeiten entdecken können."[360]

... sich **in erster Linie an Erwachsene** und erst in zweiter an die Kinder wenden. Erwachsene haben die Verantwortung dafür zu tragen, dass Kinder geschützt aufwachsen.

... die **Schulung der Erziehenden, die Einbindung der Eltern und die Kooperation mit Fachberatungsstellen** beinhalten.

Baustein I: Personalauswahl und Schulung

Ein Schlüsselelement einer effektiven Präventionsarbeit ist es, nur fachlich geeignetes und geschultes Personal einzusetzen. Das beinhaltet folgende Elemente:[361]

Personal

- nur Personen einzusetzen, die fachlich und persönlich geeignet sind,[362]

---

bewältigung, Kommunikations- und Beziehungsfähigkeit) siehe Anneke Bühler, Katrin Heppekausen, Gesundheitsförderung durch Lebenskompetenzprogramme in Deutschland, BZgA Köln 2005 S. 16. In Kindertagesstätten werden auf der Grundlage oft die Programme: Fit und stark fürs Leben; Faustlos; Fit for Life eingesetzt.

360 Zitat: Christa Wanzeck-Sielert, Sexualkunde und Selbstbehauptungstrainings in Kindergarten und Grundschule, BZgA Forum 3-2010 S. 30 (31).

361 Sie sind beispielhaft in der Präventionsordnung für das Erzbistum Köln verbindlich verankert und finden sich auch bei G. Deegener, Zusammenfassende Darstellung über institutionelle Konzepte zur Verhinderung von sexuellem Missbrauch und den anderen Formen der Kindesmisshandlung. Deutsche Gesellschaft für Prävention und Intervention bei Kindesmisshandlung e.V. (DGfPI), Stand: 20.3.2013, S. 9, 12-14 wieder.

362 Die Anforderungen an die Qualifikation des Personals, dass in Kindertageseinrichtungen eingesetzt werden darf, sind in den jeweiligen Bundesländern unterschiedlich geregelt. Zum Teil, z.B. in NRW, dürfen auch noch Personen, die keine Fachkräfte sind und auch keine Ausbildung als Kinder- oder Heilerziehungspfleger haben eingesetzt werden, wenn sie nach Qualifikation und Eignung in der Lage sind, Fachkräfte in der pädagogischen Arbeit zu unterstützen (§ 2 der Vereinba-

- keine Personen, auch nicht neben- oder ehrenamtlich, zu beschäftigen, die rechtskräftig wegen einer Straftat nach §§ 171, 174 bis 184g, 225, 232 bis 33a, 234, 235 oder 236 des Strafgesetzbuches verurteilt worden sind (§ 72a SGB VIII).[363]
- bei der Einstellung und alle fünf Jahre ein erweitertes Führungszeugnis nach § 30a Abs. 1 des Bundeszentralregistergesetzes vorlegen zu lassen.[364]
- Alle Mitarbeitenden eine verbindliche Selbstverpflichtungserklärung unterschreiben zu lassen. Ziel ist es, auf diesem Weg gemeinsame berufsethische Werte und pädagogische Handlungsprinzipien zu verankern.
- alle Mitarbeitenden zu Fragen der Prävention von sexuellem Missbrauch zu schulen.[365] Sie sollen in der Lage sein, verschiedene Formen des sexuellen Missbrauchs frühzeitig wahrzunehmen und adäquate Handlungsschritte zu ergreifen.

---

rung zu den Grundsätzen über die Qualifikation und den Personalschlüssel nach § 26 Abs. 2 Nr. 3 des Gesetzes zur frühen Bildung und Förderung von Kindern).

363 Durch die Neufassung des § 72a SGB VIII „Tätigkeitsausschluss einschlägig vorbestrafter Personen" ist diese Verpflichtung ausdrücklich auf neben- und ehrenamtlich tätige Personen ausgedehnt worden:
(4) Die Träger der öffentlichen Jugendhilfe sollen durch Vereinbarungen mit den Trägern der freien Jugendhilfe sowie mit Vereinen im Sinne des § 54 sicherstellen, dass unter deren Verantwortung keine neben- oder ehrenamtlich tätige Person, die wegen einer Straftat nach Absatz 1 Satz 1 rechtskräftig verurteilt worden ist, in Wahrnehmung von Aufgaben der Kinder- und Jugendhilfe Kinder oder Jugendliche beaufsichtigt, betreut, erzieht oder ausbildet oder einen vergleichbaren Kontakt hat. Hierzu sollen die Träger der öffentlichen Jugendhilfe mit den Trägern der freien Jugendhilfe Vereinbarungen über die Tätigkeiten schließen, die von den in Satz 1 genannten Personen auf Grund von Art, Intensität und Dauer des Kontakts dieser Personen mit Kindern und Jugendlichen nur nach Einsichtnahme in das Führungszeugnis nach Absatz 1 Satz 2 wahrgenommen werden dürfen.

364 § 72a SGB VIII lautet: „Zu diesem Zweck sollen sie sich bei der Einstellung oder Vermittlung und in regelmäßigen Abständen von den betroffenen Personen ein Führungszeugnis nach § 30 Abs. 5 und § 30a Abs. 1 des Bundeszentralregistergesetzes vorlegen lassen."

365 Um den Schulungsaufwand beherrschbar zu halten, wird man bei den Inhalten und damit auch dem zeitlichen Umfang der Schulung entsprechend deren Aufgaben und Verantwortung zwischen Mitarbeitenden in leitender Verantwortung (Einrichtungsleitungen), Gruppenleitungen und Ergänzungskräften, sowie sonstigen Mitarbeitenden differenzieren.

Geschulte Fachkraft

Jeder Träger sollte eine geschulte Fachkraft bestellen, die in allen Fragen der Prävention von sexuellem Missbrauch an Minderjährigen als Ansprechpartner bzw. interne Beratungs- und Beschwerdestelle zur Verfügung steht.

Personalakquise, Personalentwicklung, Personalführung

Darüber hinaus ist zu empfehlen, im Rahmen der Personalakquise, Personalentwicklung, Personalführung den Präventionsgesichtspunkt zu berücksichtigen. Hier bietet sich an,

1. im Einstellungsverfahren[366], während der Einarbeitungszeit sowie in weiterführenden Mitarbeitergesprächen die dienstlichen Vorgaben zur Verhinderung von sexuellem Missbrauch und die Sanktionen bei Verstößen anzusprechen.
2. die Einarbeitung so zu gestalten, dass den Mitarbeitenden die Standards der Einrichtung und die Verhaltensregeln zum professionellen Handeln in der Einrichtung bekannt sind.

Baustein II: Organisation und Struktur

Wichtig ist weiter, dass Organisation und Struktur der Arbeit in Kindertageseinrichtungen so angelegt sind, dass Gefährdungsmomente so weit möglich ausgeschaltet werden. Hier sind folgende Punkte wichtig:[367]

---

366 Hier ist darauf hinzuweisen, dass das Fragerecht des Arbeitgebers im Einstellungsgespräch Grenzen hat, die sich aus dem Persönlichkeitsrecht des Bewerbers ergeben. Die Empfehlungen von Conen, Marie-Luise (2006): Arbeitshilfen für die Personalauswahl zur Vermeidung der Einstellung pädophiler Mitarbeiter, beachten dies nicht. Fragen nach sexuellen Phantasien (ebda. S. 53 (58)) sind unzulässig. Zum Fragerecht des Arbeitgebers und seine Grenzen, siehe: Hromadka, Wolfgang, Arbeitsrecht für Vorgesetzte, München 2012, S. 15-20; Däubler, Wolfgang, Arbeitsrecht, Frankfurt 2011, S. S. 200-215. Auch die Empfehlung, Bewerberverfahren zur Abschreckung zu nutzen (ebd. S. 53 (58)), sind wohl eher Ausdruck der Ratlosigkeit den hilfreich.

367 Die nachfolgenden Vorschläge sind z. B. in der Präventionsordnung für das Erzbistum Köln verankert. Sie finden sich auch bei G. Deegener, Zusammenfassende Darstellung über institutionelle Konzepte zur Verhinderung von sexuellem Miss-

- Träger und Einrichtungsleitung sind dafür verantwortlich, in der Einrichtung Strukturen zu schaffen, die Gefährdungsmomente minimieren. Hierzu gehören z.B. eine für die Anliegen und Wahrnehmungen der Kinder offene Kultur der Wertschätzung und Eigenständigkeit in Grenzen, ein altersgemäßer Schutz der Intimsphäre, altersgerechte Partizipationsformen, Verfahren zum Umgang mit tatsächlichen Anhaltspunkten eines Missbrauchs. Die Förderung der Sinne und des positiven Körpergefühls, die Stärkung des kindlichen Selbstvertrauens sowie das Erlernen sozialen und partnerschaftlichen Verhaltens (Baustein IV) sollen Kinder ermutigen, Übergriffe, Demütigungen etc. anzusprechen.
- Die Gefahr von Übergriffen und sexuellem Missbrauch darf nicht überdramatisiert und die für Kleinkinder unabdingbaren Körperkontakte und intensive Bindungsbeziehungen in Frage gestellt werden. Eine übertriebene Atmosphäre der Friedfertigkeit, Sanftmut, Bravheit etc. unter Ausblendung oder Tabuisierung von Lebendigkeit, Wildheit und Abenteuer sowie deutlicher Meinungsäußerungen gilt es zu vermeiden.
- Es muss ein adäquater Umgang „mit menschlichen Schwächen, pädagogischen Fehlern, Überreaktionen in Konfliktsituationen“ gefunden werden, die auch bei Ausübung der Tätigkeit „nach bestem Wissen und Gewissen“ jedem immer mal wieder gegenüber Mitarbeitenden, Kindern oder Eltern unterlaufen können.[368]
- Die Eckpunkte der Maßnahmen sollten in der Einrichtungskonzeption verankert und so transparent gemacht werden.
- Der Träger und die Einrichtungsleitung halten die Aufmerksamkeit der Mitarbeitenden für Fragen des sexuellen Missbrauchs wach, indem sie sie als Bestandteil des Qualitätsmanagements betrachten und bringen sie zu geeigneten Anlässen wieder ins Team ein.
- Handlungsleitlinien, die sich aus Vereinbarungen auf der örtlichen Ebene ergeben, sind zu berücksichtigen (z.B. Vereinbarungen gem. § 8a Sozialgesetzbuch (SGB) VIII).

Zum Hintergrund: Um wirksam zu sein, müssen Strukturen und Prozesse der Prävention sexuellen Missbrauchs transparent sein. In der Fachdiskus-

---

brauch und den anderen Formen der Kindesmisshandlung. Deutsche Gesellschaft für Prävention und Intervention bei Kindesmisshandlung e.V. (DGfPI), Stand: 20.03.2013, S. 3f., 6ff. 10.

368 So auch G. Deegener, Zusammenfassende Darstellung über institutionelle Konzepte zur Verhinderung von sexuellem Missbrauch und den anderen Formen der Kindesmisshandlung. Deutsche Gesellschaft für Prävention und Intervention bei Kindesmisshandlung e.V. (DGfPI), Stand: 20.03.2013, S. 8.

sion geht man davon aus, dass institutionelle Strukturen sexuellen Missbrauch bzw. Grenzverletzungen erleichtern oder erschweren können. Autoritäre, streng hierarchische und undurchsichtige Einrichtungsstrukturen stehen im Verdacht, die Aufdeckung von sexuellen Übergriffen gegenüber Kindern zu behindern. In Einrichtungen mit klaren Strukturen hält man das Risiko für gering.

Als **Risikofaktoren** werden in diesem Zusammenhang genannt:[369]

- unklare oder autoritäre Leitungsstrukturen
- schlechte/geringe Kooperation mit anderen Institutionen
- schlechte/geringe Kooperation mit Müttern und Vätern
- unzureichendes Beschwerdemanagement
- unzureichende Trennung zwischen privaten und beruflichen Kontakten
- Missachtung der Grenzen zwischen den Generationen
- konzeptionelle Mängel
  - traditionelle Mädchen- und Jungenbilder
  - rigide oder persönliche Grenzen missachtende Sexualerziehung
  - keine/kaum Prävention gegen sexualisierte Gewalt
- rigide oder diffuse institutionelle Regeln
- Vernachlässigung des Opferschutzes bei sexuellen Übergriffen

Die Fachdiskussion stützt sich auf Erfahrungen und Überlegungen vorzugsweise von Einrichtungen des Kinderschutzes.[370] Wissenschaftliche Untersuchungen und Überprüfungen dieser Einschätzungen liegen, so weit bekannt, noch nicht vor.

Es empfiehlt sich, die Einrichtungsstrukturen und -prozesse darauf zu überprüfen, ob sie es Erwachsenen erleichtern, ihre Autoritäts- und Machtposition sowie das Vertrauensverhältnis gegenüber Schutzbefohlenen missbrauchen zu können (Risikoanalyse).[371]

---

369 Zitat: Sichere Räume für Mädchen und Jungen, Präventive Strukturen zum Schutz vor sexualisierter Gewalt in Schulen und Internaten, Ursula Enders, mit Illustrationen von Dorothee Wolters, Fachtagung für Träger Katholischer Schulen und Internate, Akademie Erbacher Hof, Mainz, 12. November 2010

370 Siehe z.B. Ursula Enders, Grenzen achten. Köln 2012, S. 147-154.

371 So auch G. Deegener, Zusammenfassende Darstellung über institutionelle Konzepte zur Verhinderung von sexuellem Missbrauch und den anderen Formen der Kindesmisshandlung. Deutsche Gesellschaft für Prävention und Intervention bei Kindesmisshandlung e.V. (DGfPI), Stand: 20.03.2013, S. 6.

Baustein III: Mit opferzentrierten Präventionsprogrammen allein für Kinder kritisch umgehen

In den vergangenen Jahren sind eine Vielzahl von Präventionsprogrammen zum sexuellen Missbrauch im Kindesalter entwickelt worden, die bei den potenziellen Opfern, also den Kindern, ansetzen. Deren zentrale Bestandteile lauten typischerweise wie folgt: [372]

„1. **Dein Körper gehört dir!**
   Du bist wichtig und du hast das Recht zu bestimmen, wie, wann, wo und von wem du angefasst werden möchtest.
2. **Deine Gefühle sind wichtig!**
   Du kannst deinen Gefühlen vertrauen. Es gibt angenehme Gefühle, da fühlst du dich gut und wohl. Unangenehme Gefühle sagen dir, dass etwas nicht stimmt, du fühlst dich komisch. Sprich über deine Gefühle, auch wenn es schwierige Gefühle sind.
3. **Es gibt angenehme und unangenehme Berührungen!**
   Es gibt Berührungen, die sich gut anfühlen und richtig glücklich machen. Aber es gibt auch solche, die komisch sind, Angst auslösen oder sogar wehtun. Niemand hat das Recht, dich zu schlagen oder dich so zu berühren, wie und wo du es nicht willst. Manche Leute möchten so berührt werden, wie du es nicht willst. Niemand darf dich zu Berührungen überreden oder zwingen.
4. **Du hast das Recht, Nein zu sagen!**
   Es gibt Situationen, in denen du nicht gehorchen musst.
5. **Es gibt gute und blöde Geheimnisse!**
   Gute Geheimnisse machen Freude und sind spannend. Blöde Geheimnisse sind unheimlich und sind schwer zu ertragen. Solche darfst du weitererzählen, auch wenn du versprochen hast, es niemanden zu sagen.
6. **Sprich darüber, hole Hilfe!**
   Wenn dich etwas bedrückt oder du unangenehme Erlebnisse hast, rede darüber mit einer Person, der du vertraust. Höre nicht auf zu erzählen, bis dir geholfen wird.
7. **Du bist nicht schuld!**
   Wenn Erwachsene deine Grenze überschreiten – egal, ob du Nein sagst oder nicht – sind immer die Erwachsenen verantwortlich für das, was passiert."

372 Entnommen: ermutigen, begleiten, schützen. Eine Handreichung für Mitarbeitende in der evangelischen Jugend zum Umgang mit sexueller Gewalt. S. 44; ebenso: Arnold Lohaus und Hanns M. Trautner, Präventionsprogramme und ihre Wirksamkeit zur Verhinderung sexuellen Missbrauchs , in: in: U.T. Egle, S. O. Hoffmann, P. Joraschky, Sexueller Missbrauch, Misshandlung, Vernachlässigung, Schattauer, Stuttgart S. 3 (15).

Der Schwerpunkt dieser Präventionsprogramme liegt also in der Stärkung der „sozialen“ Kompetenz der Kinder.

Grundsätzlich wird an diesen Programmen kritisiert, dass sie den **Kindern die Verantwortung** für die Verhinderung eines Missbrauchs **zuschieben**. Damit „besteht die Gefahr, dass Kinder zu der Schlussfolgerung gelangen, dass sie sich falsch verhalten und selbst dazu beigetragen haben, dass es zu einem sexuellen Missbrauch gekommen ist.“[373] Die Programme eignen sich **eher für Grundschul- denn für Kindergartenkinder**. Diese können den sexuellen Bezug von Handlungen meist noch nicht verstehen.[374] Denn ihr altersgemäßes Wissen über Sexualität ist noch sehr gering:[375]

bis 2 Jahre	Keine Fragen zu sexuellen Themen
2 Jahre	Kind stellt Fragen zu Geschlechtsunterschieden Geschlechtszuordnungen werden ohne Begründung richtig vorgenommen Kind verfügt über Begriffe für die Geschlechtsorgane
3 Jahre	Geschlechtszuordnungen werden mit äußeren Merkmalen begründet
4 Jahre	Kind stellt Fragen zu Schwangerschaft und Geburt Kind hat vage Kenntnisse über intrauterines Wachstum Kind hat vage Vorstellungen über den Geburtsweg
5 Jahre	Geschlechtszuordnungen werden (in Abhängigkeit vom Umfeld) mit genitalen Unterschieden begründet Kind hat Kenntnis über Geburtsweg via Vagina und via Sectio

373 Arnold Lohaus und Hanns M. Trautner Präventionsprogramme und ihre Wirksamkeit zur Verhinderung sexuellen Missbrauchs, in: U.T. Egle, S. O. Hoffmann, P. Joraschky, Sexueller Missbrauch, Misshandlung, Vernachlässigung, Schattauer, Stuttgart S. 623 (628).

374 Ebenso Arnold Lohaus und Hanns M. Trautner Präventionsprogramme und ihre Wirksamkeit zur Verhinderung sexuellen Missbrauchs, in: U.T. Egle, S. O. Hoffmann, P. Joraschky, Sexueller Missbrauch, Misshandlung, Vernachlässigung, Schattauer, Stuttgart S. 623 (625). Skeptisch auch: Miriam K. Damrow, Was macht Prävention erfolgreich?, BZgA Forum 3-2010, S. 25 (26), BMFSFJ (Hg.), Mutig fragen – besonnen Handeln, Berlin 2012, S.62 – obwohl auf der folgenden Seite dann doch Ratschläge ähnlich den vorgestellten gemacht werden.

375 Nachfolgende Tabelle – terminologisch leicht vereinfacht – entnommen: Renate Volbert, Sexualwissen von Kindern. BZgA, Köln 1999, S. 162 und http://forum.sexualaufklaerung.de/index.php?docid=357; dies.: Sexualwissen der 2 bis 6-jährigen Kinder, BZgA Forum 2-1998, S. 5 (5); dies.: Sexualisiertes Verhalten von Kindern, in: Claus, Marianne, Sexuelle Entwicklung - sexuelle Gewalt, Lengerich 2010, S. 41 (42). Eine ausführliche Übersicht findet sich in: Landeszentrale für Gesundheitsförderung in Rheinland-Pfalz e.V. (LZG); mit Unterstützung der Bundeszentrale für gesundheitliche Aufklärung (BZgA), Köln, 2009, Körpererfahrung und Sexualerziehung im Kindergarten, Handout für pädagogisch Tätige in Kindergarten, Fachberatung, Aus- und Weiterbildung, S. 6f.

Inhaltlich wird in diesen Programmen Kindern vermittelt, dass sie das Recht haben, **nein zu sagen**, wenn sie in einer Weise berührt werden, die ihnen nicht gefällt. Dies steht jedoch **im Gegensatz zu der Erziehungspraxis** ihrer Eltern. Im alltäglichen Umgang mit Erwachsenen erleben Kinder, dass sie nicht bei jeder Gelegenheit durchsetzen können, was sie wollen. Auch in Missbrauchssituationen dürfte sich ein Erwachsener im Zweifel durchsetzen. Das zeigt, dass der Präventionsansatz das Machtgefälle in Missbrauchssituationen zwischen Erwachsenen und Kind ausblendet.[376]

In den Präventionsprogrammen werden zudem **die Entwicklungsvoraussetzungen von Kindergartenkindern nicht berücksichtigt.** Ihnen ist kaum oder gar nicht zu vermitteln, dass ein und dieselbe Handlungen in der einen Situation missbräuchlich bzw. übergriffig ist, in einer anderen aber nicht. Wie sollen sie beispielsweise verstehen, dass Berührungen der Genitalzonen durch Eltern und Ärzte in der Regel unbedenklich, manchmal aber bedenklich sind? Wie sollen sie verstehen können, dass ein Familienmitglied oder ihre Bezugserzieherin, denen sie vertrauen, versuchen könnten, sie zu missbrauchen und dies falsch ist? Die hierfür erforderlichen kognitiven Fähigkeiten zu komplexem Denken und **Abstraktion** fehlt Kindergartenkindern noch. Die Präventionskonzepte scheinen sich hier stillschweigend auf Missbrauch durch Fremdtäter zu beschränken. Kindergartenkindern fehlt in dieser Entwicklungsphase aber noch die **Fähigkeit, gegenüber Autoritätspersonen nein zu sagen**. Aus der Forschung zur moralischen Urteilsbildung ist bekannt, dass sich Kinder in der präoperationalen Entwicklungsstufe bis etwa zum 6. Lebensjahr an Autoritäten orientieren. Vierjährige identifizieren sich mit den Wünschen von Autoritätspersonen, als wären es ihre eigenen. Auch Fünf- und Sechsjährige gehorchen ihnen und hinterfragen die Regeln von Autoritäten nicht. Die Aufforderung, in bestimmten Situationen nein zu sagen, steht daher im Widerspruch zu den typischen Denk- und Handlungsstrukturen von Kindern in diesem Alter. „Vielleicht erklärt gerade die mangelnde Orientierung an den Entwicklungsvoraussetzungen von Kindern, warum der Wissenszuwachs im Vorschulalter im Verhältnis zu den späteren Entwicklungsstufen relativ gering sind.“ [377]

---

376 Wie in diesem Absatz argumentieren: Arnold Lohaus und Hanns M. Trautner Präventionsprogramme und ihre Wirksamkeit zur Verhinderung sexuellen Missbrauchs, in: in: U.T. Egle, S. O. Hoffmann, P. Joraschky, Sexueller Missbrauch, Misshandlung, Vernachlässigung, Schattauer, Stuttgart S. 623 (628f.); M. K. Damrow, Sexueller Kindesmissbrauch. Eine Studie zu Präventionskonzepten, Resilienz und erfolgreicher Intervention, Weinheim 2006, S. 82, 196.

377 Wie in diesem Absatz argumentieren: Arnold Lohaus und Hanns M. Trautner Präventionsprogramme und ihre Wirksamkeit zur Verhinderung sexuellen Miss-

Evaluationsergebnisse: Ob die Programme überhaupt die versprochenen präventiven Wirkungen erreichen, kann derzeit wissenschaftlich nicht abschließend beantwortet werden. Es gibt bisher nur **wenige Evaluationsstudien,** die zudem nicht auf Kindergartenkinder ausgerichtet sind, und deren Ergebnisse zu den Langzeitwirkungen der Programme sind uneinheitlich.[378] Der überwiegende Teil dieser Evaluationsstudien beschäftigt sich nur mit den erwünschten Effekten „(z.B. Wissenszuwachs, Verbesserungen der sozialen Kompetenz)." Kontraproduktive Wirkungen der Präventionsprogramme, wie: unangemessene Ängste vor Fremden, Misstrauen in zwischenmenschlichen Situationen und negative Einstellungen zur Sexualität, werden kaum untersucht.[379] Schließlich zeigten Untersuchungen aus Sicht der Tatbegehenden, dass sich wehrende Kinder die Tat nur hinausschieben, nicht aber grundsätzlich verhindern können.[380]

Vollends abzulehnen sind reine Selbstbehauptungstrainings für Kindergartenkinder.[381]

Im Wissen darum, dass Erwachsene für den Schutz von Kindern verantwortlich sind und im Sinne einer Stärkung der Lebenskompetenz der Kinder ab der 3. bzw. 4. Grundschulklasse – also nicht für Kindergartenkinder – äußern sich auch die „Qualitätsstandards Selbstsicherheitstrainings für Mädchen und Jungen gegen sexuelle Übergriffe. Woran erkenne ich gute Angebote? Die Position des Kinder- und Jugendschutzes".[382] Für

---

brauchs, in: U.T. Egle, S. O. Hoffmann, P. Joraschky, Sexueller Missbrauch, Misshandlung, Vernachlässigung, Schattauer, Stuttgart S. 623 (628-630) - Zitat (gekürzt) ebda.; M. K. Damrow, Sexueller kindesmissbrauch. Eine Studie zu Präventionskonzepten, Resilienz und erfolgreicher Intervention, Weinheim 2006, S. 80-82, 196.

378 Ebenso Arnold Lohaus und Hanns M. Trautner Präventionsprogramme und ihre Wirksamkeit zur Verhinderung sexuellen Missbrauchs, in: U.T. Egle, S. O. Hoffmann, P. Joraschky, Sexueller Missbrauch, Misshandlung, Vernachlässigung, Schattauer, Stuttgart S. 623 (626).

379 So auch Arnold Lohaus und Hanns M. Trautner Präventionsprogramme und ihre Wirksamkeit zur Verhinderung sexuellen Missbrauchs, in: U.T. Egle, S. O. Hoffmann, P. Joraschky, Sexueller Missbrauch, Misshandlung, Vernachlässigung, Schattauer, Stuttgart S. 623 (627). Zitat ebd.

380 M. K. Damrow, Was macht Prävention erfolgreich, BzGA Forum 2010-3, 25 (26).

381 So auch Christa Wanzeck-Sielert, Sexualkunde und Selbstbehauptungstrainings in Kindergarten und Grundschule, BZgA Forum 3-2010 S. 30 (30 f.).

382 Braun, Gisela; Bundschuh, Claudia; Hasebrink, Marianne; Huxoll, Martin; Lehmann, Karen; Nöthen-Schürmann, Ute (2005): Qualitätsstandards Selbstsicherheitstrainings für Mädchen und Jungen gegen sexuelle Übergriffe. Woran erkenne ich gute Angebote? Die Position des Kinder- und Jugendschutzes; hg. v. Arbeitsgemeinschaft Kinder- und Jugendschutz, Deutscher Kinderschutzbund (DKSB) Landesverband, Kath. Landesarbeitsgemeinschaft und Paritätischer Wohlfahrts-

Kurse mit Grundschulkindern dieses Alters finden sich dort detaillierte Qualitätskriterien zu Kurszielen, Rahmenbedingungen, Kursinhalten, Methoden, Qualifikation der Kursleitung etc.

Baustein IV: Prävention durch Lebenskompetenzerwerb

Wie kann angesichts der überzeugenden Kritik an den rein opferorientierten Präventionsprogrammen ein Ansatz aussehen, der nicht defizitorientiert ist, sondern die Kinder stärkt und ihre Handlungsmöglichkeiten erweitert?

Prävention darf **nicht** das Risiko eingehen, Kindern Angst zu machen, ihr Vertrauen in Mitmenschen zu untergraben, sie einzuschränken, sie durch nicht altersgerechte Aufklärung zu sexualisieren und ihnen Verantwortung für das Verhalten Erwachsener aufzubürden, die sie nicht tragen und verstehen können.

Moderne Präventionsarbeit ist ein integraler Bestandteil der Förderung der Kinder beim Erwerb ihrer Lebenskompetenzen und der Ausbildung ihrer Identität.[383] Sie stellt nicht die Gefahren oder den Tatbestand des sexuellen Missbrauchs in den Vordergrund, sondern fördert die Entwicklung der Sinne und insbesondere eines positiven Körpergefühls, stärkt das kindliche Selbstvertrauen und hilft beim Erlernen sozialen Verhaltens. Im Folgenden sollen einige Anregungen gegeben werden, wie das Thema „Körpererfahrung und Sexualität“ im Kindergarten eingeordnet und angegangen werden kann.[384]

---

verband Landesverband NRW. Online verfügbar unter http://www.dgfpi.de/tl_files/download/medien/qualitaetsstandards-selbstsicherheitstrainings.pdf, zuletzt geprüft am 01.09.2012.

383 Sonja Blattmann, Prävention bei Mädchen und Jungen im Vor- und Grundschulalter, S. 451 (451) in: Wilhelm Körner, Albert Lenz, Sexueller Missbrauch Bd. 1, Göttingen 2004.

384 Die Anregungen lehnen sich eng an Landeszentrale für Gesundheitsförderung in Rheinland-Pfalz e.V. (LZG); mit Unterstützung der Bundeszentrale für gesundheitliche Aufklärung (BZgA), Köln, 2009, Körpererfahrung und Sexualerziehung im Kindergarten, Handout für pädagogisch Tätige in Kindergarten, Fachberatung, Aus- und Weiterbildung und Christa Wanzeck-Sielert, Sexualkunde und Selbstbehauptungstrainings in Kindergarten und Grundschule, BZgA Forum 3-2010, S. 30 (31-33) dies. Sexualerziehung in Kindertageseinrichtungen, in: Renate-Berenike Schmidt, Uwe Sielert, Handbuch Sexualpädagogik und sexuelle Erziehung, 2. Auflage, Weinheim 2013, S. 571-581 an.

Lebenskompetenzerwerb

Die **ersten Erfahrungen** eines Säuglings sind sinnliche, z. B. über die Haut beim Stillen, beim Schmusen oder beim Schäkern nach dem Wickeln. Durch Schmecken, Riechen, Hören, Sehen und Fühlen lernt das Kind seinen Körper und damit sich selbst kennen, erfährt das Gefühl von Geborgenheit und Sicherheit. So entwickelt das Kind ein Körperselbstbild und ein erstes positives Selbstkonzept.[385]

Kinder setzen ihren Körper und ihre Sinne aktiv zur Erforschung ihrer Umwelt ein. Sie sind von Anfang an **neugierig**, probieren aus und sind motiviert, Neues zu erfahren. Und dies tun Kinder sinnlich-körperlich mal leise, mal laut, mal schmusend, mal wild, mal allein und mal mit anderen.[386] Kinder kennen dabei keine peinlichen Fragen. Unbefangen und neugierig konfrontieren sie Erwachsene in mitunter unmöglichen Situationen mit ihren Fragen zu Körper, Sinnen, Gefühlen und Freundschaft.

Zur Bewältigung der verschiedenartigen Aufgaben bei der Entwicklung ihrer körperlich-sinnlichen Fähigkeiten (z. B. ihrer sensumotorischen Integration) und im Weiteren ihrer geschlechtlichen Identität benötigen Kinder Begleitung und Hilfestellung seitens der Eltern und der pädagogischen Fachkräfte. Dabei geht es weniger um die altersgemäße Aufklärung über Geschlechtsunterschiede,[387] „sondern vor allem

- um die **Förderung der Sinne und des positiven Körpergefühls**,
- um die **Stärkung des kindlichen Selbstvertrauens** sowie
- um das **Erlernen sozialen und partnerschaftlichen Verhaltens**“.[388]

385 Eine zusammenfassende Darstellung der hier wichtigen sensorischen Integration findet sich in: André Frank Zimpel, Sensorische Integration, S. 239-244, in Markus Dederich, Wolfgang Janzen, Renate Walthes, Sinne, Körper und Bewegung, Stuttgart 2011.

386 In Anlehnung an Landeszentrale für Gesundheitsförderung in Rheinland-Pfalz e.V. (LZG); mit Unterstützung der Bundeszentrale für gesundheitliche Aufklärung (BZgA), Köln, 2009, Körpererfahrung und Sexualerziehung im Kindergarten, Handout für pädagogisch Tätige in Kindergarten, Fachberatung, Aus- und Weiterbildung, S. 3 f.

387 Siehe auch zum altersgemäßen Wissen von Vorschulkindern Fußnote 263.

388 Zitat: Landeszentrale für Gesundheitsförderung in Rheinland-Pfalz e.V. (LZG); mit Unterstützung der Bundeszentrale für gesundheitliche Aufklärung (BZgA), Köln, 2009, Körpererfahrung und Sexualerziehung im Kindergarten, Handout für pädagogisch Tätige in Kindergarten, Fachberatung, Aus- und Weiterbildung, S. 3.

Die Begleitung und Unterstützung der Kinder bei der Bewältigung dieser Entwicklungsaufgaben ist zentral auch mit Blick auf die Gefahren sexueller Gewalt.

Familiäre Prägung

Die Entfaltung der kindlichen Sexualität ist keine rein biologisch-determinierte Entwicklung, sondern wird durch individuelle Erfahrungen geprägt.[389] Der **Familie als erster Sozialisationsinstanz** kommt im Umgang mit Gefühlen, dem Wunsch nach Nähe, Geborgenheit und Vertrauen, der Schaffung von Bindung und Wohlbehagen durch Umarmen, Kuscheln, Kraulen und Schmusen die zentrale Rolle zu.[390] Sie legt die „emotionale Grundlage des ‚unbedingten Angenommenseins'", ohne die (geschlechtliche) Identität kaum entwickelt werden kann. „Als ‚Interpretationsgemeinschaft' ermöglicht sie erste Orientierungen im Umgang mit" körperlichem und sinnlichem Erleben, mit sozialem und partnerschaftlichem Verhalten der Kinder.[391] Vor allem aber werden kulturelle Werte, Bräuche, Gewohnheiten, religiöse oder spirituelle Einstellungen in der Familie gelebt, in Gesprächen und Erzählungen im familiären Alltag an die Kinder tradiert.[392]

Aufgrund ihrer individuellen familiären Vorerfahrungen bringen Kinder **sehr unterschiedliche** kulturell geprägte **Fähigkeiten sowie Einstellungen** im Umgang mit körperlichem Kontakt, wie Umarmungen, Berührungen und Zärtlichkeit, mit sozialem und partnerschaftlichem Verhalten in ihren Kindergarten mit, was sich vor allem in ihrem Rollenverhalten und

---

389 Die Diskussion um die Ursachen des Geschlechtsunterschieds ist nach wie vor hoch strittig und stark ideologisiert. Überwiegend wird heute eine Wechselwirkung zwischen Anlage- und Umweltfaktoren angenommen. Auffällig ist, dass in den Theorien das Kind als Akteur seiner Entwicklung meist nicht auftaucht. Dabei setzt gerade die Entwicklung einer Geschlechtsidentität die Annahme der eigenen Leiblichkeit und die aktive, selbst verantwortete Auseinandersetzung mit den eigenen körperlichen Empfindungen, Möglichkeiten sowie den kulturellen Erfahrungen voraus. Ein kurzer Überblick über die wichtigsten Theorien gibt Klaudia Schultheis, Gabriele Strobel-Eisele, Thomas Fuhr, Kinder: Geschlecht männlich, Stuttgart 2006, S. 50-71.

390 Christa Wanzeck-Sielert, Sexualkunde und Selbstbehauptungstrainings in Kindergarten und Grundschule, BZgA Forum 3-2010 S. 30 (31).

391 Zitate: Uwe Sielert, Einführung in die Sexualpädagogik, Weinheim 2005, S. 29.

392 Christa Wanzeck-Sielert, Sexualkunde und Selbstbehauptungstrainings in Kindergarten und Grundschule, BZgA Forum 3-2010 S. 30 (32).

ihrem Umgang mit Körper und Sinnlichkeit zeigen kann.[393] Sie haben ihre eigenen Erfahrungen gemacht, inwiefern ihre Gefühle wahrgenommen und akzeptiert wurden, sie Geborgenheit und Wärme erfahren durften, sie Vertrauen entwickeln konnten und als Junge oder Mädchen angenommen wurden. Diese Vorerfahrungen prägen ihre Spontanität, Neugier und Lust oder ihre Unsicherheit, Ängstlichkeit und Scham. Wie Kinder körperlich miteinander in Kontakt treten, wie sie durch Körperhaltung und -bewegung den potenziellen Aktionsraum anderer einnehmen oder dies doch vermeiden, ist von ihren biografischen, sozialen und kulturellen Einflüssen abhängig.

Begleitung und Hilfestellung der Kinder bei der Bewältigung ihrer Entwicklungsaufgaben (Lebenskompetenzerwerb)

Das Kind ist **Akteur seiner Entwicklung**. Die Entfaltung der Sinne und die Entwicklung eines positiven Körpergefühls, die Stärkung des kindlichen Selbstvertrauens sowie das Erlernen sozialen und partnerschaftlichen Verhaltens im Kindergarten erfolgt aus unbefangenen natürlichem Interesse an der Erforschung des eigenen Körpers, an neugieriger und wissensdurstiger Auseinandersetzung mit sich selbst und der Umwelt sowie in Interaktion mit anderen Kindern wie Erwachsenen (Erfahrungslernen oder Selbstbildungsprozesse).[394] Kinder lernen von selbst ihren Körper im Spiel mit anderen kennen, entwickeln ein Identitäts- und Selbstwertgefühl, erfahren Grenzen, schließen erste Kinderfreundschaften, fangen an, ihre eigenen Intimgrenzen infolge erster Schamgefühle gegenüber Nacktheit oder körperlicher Nähe zu entdecken, spielen mit Gleichaltrigen Doktor- und Vater-Mutter-Kind-Spiele. In dieser spielerischen Form entwickeln sie auch ein Geschlechtsbewusstsein.

Körperliches und seelisches Wohlbefinden sind Voraussetzungen für ein **positives Selbstkonzept** der Kinder.[395] Die Wahrnehmung und das Ver-

---

393 Dieser Abschnitt nach Christa Wanzeck-Sielert, Sexualkunde und Selbstbehauptungstrainings in Kindergarten und Grundschule, BZgA Forum 3-2010, S. 30 (31) und Landeszentrale für Gesundheitsförderung in Rheinland-Pfalz e.V. (LZG); mit Unterstützung der Bundeszentrale für gesundheitliche Aufklärung (BZgA), Köln, 2009, Körpererfahrung und Sexualerziehung im Kindergarten, Handout für pädagogisch Tätige in Kindergarten, Fachberatung, Aus- und Weiterbildung, S. 5.

394 Dieser Abschnitt in Anlehnung an Christa Wanzeck-Sielert, Sexualkunde und Selbstbehauptungstrainings in Kindergarten und Grundschule, BZgA Forum 3-2010, S. 30 (31).

395 Zum Folgenden Christa Wanzeck-Sielert, Sexualkunde und Selbstbehauptungstrainings in Kindergarten und Grundschule, BZgA Forum 3-2010 S. 30 (32), Zitat ebd.

trauen in die eigenen Fähigkeiten, die Erfahrung, dass andere ihnen etwas zutrauen, sind grundlegend für Selbstwertgefühl und Identität. Solche Erfahrungen gewinnen Kinder im Spiel und in körperlichen Aktivitäten. Unsicherheiten und Ängstlichkeiten im Umgang mit Körper und Bewegung sowie fehlendes Zutrauen anderer wirken sich dagegen negativ auf das Selbstwertgefühl aus. Wenn dem Kind **geeigneter und ausreichender Raum sowie anregungsreiche Materialien** zum Ausprobieren und Gestalten geboten werden, wird es Selbstwirksamkeit erfahren und kann Identität wie Selbstbewusstsein entwickeln.[396] Deshalb sind Erfahrungs- und Aktionsräume so wichtig, in denen „Kinder mit sich selbst und mit anderen ausprobieren können, was für den einzelnen in Ordnung ist und was nicht, wo die eigenen Grenzen und die der anderen liegen." Über ihren **Körper** nehmen Kleinkinder **Kontakt** zu anderen Menschen auf. Diese müssen sensibel auf die von Kind zu Kind unterschiedlichen Bedürfnisse nach Nähe achten und sie respektieren. In der Interaktion mit Erziehenden, insbesondere dessen liebevolle Reaktionen auf Fragen, gewinnt das Kind ein Gefühl von Vertrauen, von Gemeinschaft und Sicherheit.

Die **Akzeptanz körperlicher Berührungen** stößt bei den Eltern in der Kindertagesstätte je nach familiären Werten, kulturellen Traditionen und Religion irgendwann an eine Grenze.[397] Als nicht sexuell und daher unbedenklich werden in aller Regel körperliche Kontakte wie der Abschiedskuss auf die Wange, der Händedruck und eine körperliche Kabbelei akzeptiert. Auch beim Einseifen und Eincremen des eigenen Körpers gibt es kaum Einwände. Völlig anders stellt sich die Situation bei solchen Handlungen dar, die unter Erwachsenen als sexuell betrachtet würden, wie beim Rumspielen von Jungen an ihrem Penis, gegenseitigem Zeigen der Geschlechts-

---

396 T. Rohrmann, DiCV Arbeitshilfe Geschlechter-Perspektiven, Mädchen und Jungen, Frauen und Männer in katholischen Tageseinrichtungen für Kinder, Köln 2013, S. 26, weist zu Recht darauf hin, dass „der Maltisch … zu den am stärksten geschlechtsstereotyp genutzten Spielorten in Kindertageseinrichtungen [gehört]. Die häufig beobachtete Tendenz „Mädchen malen gern, Jungen bauen oder wollen sich bewegen" werde allerdings nur selten problematisiert. Dass sich manche Jungen mit Mal- und Bastelangeboten schwer tun, werde erst dann zum Problem, wenn es auf die Schule zugeht und deutlich wird, dass diesen Jungen feinmotorische Fähigkeiten fehlen, die sie in der Schule benötigen werden." Hier gält es Material und Angebote so zu gestalten, das Mädchen und Jungen gleichermaßen angesprochen würden.

397 Zum folgenden Textabschnitt siehe: Christa Wanzeck-Sielert, Sexualkunde und Selbstbehauptungstrainings in Kindergarten und Grundschule, BZgA Forum 3-2010 S. 30 (32), Zitat ebd.

teile beim Toilettengang etc.[398] Gerade in der Handhabung solcher Situationen durch Erwachsene, „entwickeln Kinder entweder ein Gespür für Nähe, Vertrauen und Mut oder es machen sich Unsicherheit, Angst und Verwirrung breit." Wenn Kinder miteinander schmusen, gemeinsam auf die Toilette gehen, sich beim Umziehen schämen oder Doktor spielen, findet, egal wie die Erziehenden bewusst oder unbewusst reagieren, zwangsläufig Erziehung statt. Auch das Nichtreagieren, das Übersehen, das Verdrängen des Sexuellen beobachten und empfinden die Kinder genau und prägt ihre Einstellung und ihr Verhalten (mimetische Aneignung).[399]

Körperlich-sinnliche geschlechtsbewusste **Erziehung** ist eine zielgerichtete Begleitung von Kindern auf dem Weg zu mehr Selbstbestimmung und Gemeinschaftsfähigkeit (§ 1 Abs. 1 SGB VIII).[400] Sie soll in erster Linie das Selbstwertgefühl stärken und die Körperwahrnehmung fördern. Sie ist **kein (zusätzliches) Programm**. Dies widerspräche dem frühpädagogischen Selbstverständnis, die Bildung primär als „Selbst-Bildung" begreift, insbesondere aber der aktiven Rolle des Kindes bei der Entwicklung seines Körper- und Geschlechtsbewusstseins. Die Förderung des Umgangs mit dem eigenen Körper, den eigenen Gefühlen und denen anderer, die Entdeckung der eigenen Geschlechtlichkeit findet in der Kindertageseinrichtung überall in den persönlichen und kommunikativen Erziehungsprozessen zwischen Kind, Gruppe und Erziehenden statt. Sie ist eine **Querschnittsaufgabe** die alle Bildungsbereiche betrifft, von der Bewegungs- über die naturwissenschaftliche bis zur Sprachförderung. Sie ist **individuelle Förderung** (§ 1 Abs. 3 Nr. 1 SGB VIII). Jedes Mädchen und jeder Junge soll sich mit seinen individuellen Bedürfnissen, Fragen und Problemen, seinen Interessen, Aktivitäten und Talenten angenommen fühlen und Unterstützung in seiner individuellen Entwicklung erfahren. Entwicklung der Geschlechtsidentität heißt Förderung **der Körperwahrnehmung**, der Annahme der eigenen männlichen oder weiblichen Leiblichkeit, **des Selbstwertgefühls** und Unterstützung der aktiven Auseinandersetzung mit **sozialen Regeln und kulturellen Gegebenheiten**. Kinder sollen eine Geschlechtsidentität entwickeln,

---

398 So auch Ulli Freund, Dagmar Riedel-Breidenstein, Sexuelle Übergriffe unter Kindern, Köln 2006, S. 24 mit weiteren Beispielen.

399 Zur mimetischen Aneignung Irene Dittrich, Kinder in den ersten drei Lebensjahren, Weinheim 2012, S. 49. Die Unvermeidlichkeit sexueller Erziehung nach Christa Wanzeck-Sielert, Sexualerziehung in Kindertageseinrichtungen, in: Renate-Berenike Schmidt, Uwe Sielert, Handbuch Sexualpädagogik und sexuelle Erziehung, 2. Auflage, Weinheim 2013, S. 571 (572).

400 Ähnlich T. Rohrmann, DiCV Arbeitshilfe Geschlechter-Perspektiven, Mädchen und Jungen, Frauen und Männer in katholischen Tageseinrichtungen für Kinder, Köln 2013, S. 9-15.

mit der sie sich wohlfühlen und die auf Gleichberechtigung und Gleichachtung basiert. Körperlich-sinnliche geschlechtsbewusste Erziehung wirkt daher einengenden **Klischees und stereotypen Vorurteilen** entgegen und ermöglicht Mädchen wie Jungen ihre Lebensspielräume auszuschöpfen. Sie wirkt insbesondere **geschlechtstypischen Bildungsbenachteiligungen** entgegen und fragt sich, ob Jungen und Mädchen die gleichen Möglichkeiten und Chancen haben.

Entsprechend dem modernen frühpädagogischen Bildungsverständnis fokussiert körperlich-sinnliche geschlechtsbewusste Erziehung auf die **Gestaltung der räumlich-materiellen Umwelt** des Kindes und der **Interaktionen zwischen Erziehenden und Kindern**.[401] Dies beinhaltet die Beantwortung der Anliegen, Interessen, Fragen und Probleme der Kinder. Hierzu gehören **altersgerechte Informationen** über das, was zur Geschlechtlichkeit des Menschen gehört.[402] Je älter ein Kind wird, desto interessierter und neugieriger wird es in Bezug auf seinen Körper und seine Funktionen, seine Fähigkeiten und Empfindungen. Über eigenes Forschen hinaus stellen Kinder nun unbefangen und direkt Fragen, die Erwachsene mitunter die Schamesröte ins Gesicht treiben. Zumal diese Fragen gerne in unpassenden Situationen vor Publikum gestellt werden. Hier zeigt sich, dass **Scham** und das Wissen, das Sexualität ein Thema ist, das man im vertrauten persönlichen Rahmen bespricht, Kinder erst noch lernen müssen. Dabei gilt, dass Kinder mit reflektierten Grenzsetzungen für solche Aktivitäten leben können, denn das schafft und schärft bei ihnen das Gefühl für Privatheit. Scham ist ein Schutz des Kindes vor Übergriffen.[403]

Kinder beginnen früh die körperlichen Unterschiede zwischen Junge und Mädchen, zwischen Mann und Frau wahrzunehmen.[404] Ab dem zweiten Lebensjahr stellen sie Fragen zu Geschlechtsunterschieden. Ab etwa dem dritten begreifen sie, dass sie einem der zwei existierenden Geschlechter zugehören und ab dem fünften, dass sich dies nicht mehr ändern wird

---

401 Vgl. H.-J. Laewen; B. Andres (Hg.), Forscher, Künstler, Konstrukteure Werkstattbuch zum Bildungsauftrag von Kindertageseinrichtungen, Berlin 2007, S. 100.

402 Hier hatte – wenn auch die Wortwahl mitunter etwas zeitgebunden wirkt – schon Christa Meves, Kindgerechte Sexualerziehung, S. 32-38, Vellmar-Kassel, 1992, auf die Notwendigkeit einer kindgerechten, stufenweisen Aufklärung hingewiesen, deren Stufen sich mit den von Renate Volbert, Sexualwissen von Kindern. BZgA, Köln 1999, S. 162 erforschten weitgehend decken.

403 Uwe Sielert, Einführung in die Sexualpädagogik, Weinheim 2005, S. 168.

404 Zur sexuellen Entwicklung von Kindern siehe: C. Wanzeck-Sielert, Sexualität im Kindesalter, in: R.-B. Schmidt, U. Sielert (Hg), Handbuch Sexualpädagogik und sexuelle Bildung, 2. Aufl., Weinheim 2013, S. 355-363. Zum Folgenden Abschnitt siehe Christa Meves, Kindgerechte Sexualerziehung, Vellmar-Kassel, 1992, S. 32f.

(Geschlechtskonstanz). Das **Wissen um den Geschlechtsunterschied** ist für kleine Kinder keineswegs selbstverständlich, sondern für sie oft rätselhaft, mitunter auch belastend. Erziehende sollten ihre Aufgabe darin sehen, aufklärende und beruhigende Erklärungen abzugeben. Kinder brauchen altersgerechte stufenweise Information über das, was zur Geschlechtlichkeit des Menschen gehört. Solche Erklärungen sind notwendig, weil Kinder, deren Fragen unbeantwortet bleiben, häufig Fehlvorstellungen entwickeln, die eine Quelle von Ängsten werden können. Kinder sind mit Auskünften über die körperlichen Geschlechtsunterschiede meistens zufrieden. Das braucht mitunter nur ein einfaches Ja zu sein, das eine verlegene Erzieherin auf die Frage gab, ob sie eine Scheide habe. Das Mädchen war mit der Antwort voll und ganz zufrieden, da es mehr gar nicht wissen wollte. Für Kinder sind es nur Fragen neben vielen anderen, die nicht überbewertet werden sollten. Alle weiteren Erklärungen zu Funktionszusammenhängen usw. sind in diesem Alter häufig noch verfrüht und sollten nur gegeben werden, wenn die Kinder sie erfragen. Es geht also zusammenfassend um einen wertschätzenden und respektvollen Umgang mit dem Körper und sensible, altersgemäße Auskünfte auf Fragen nach dem Geschlecht. Anfragen zum Geschlecht werden durchaus auch wortlos vorgetragen, z. B. durch ein Zeigen der Genitalien. Keineswegs ist es aber sicher, dass die Kinder nach Geschlechtsunterschieden fragen. Oft fangen sie an selbst der Sache nachzugehen. Dazu gehören zum Beispiel **Doktorspiele** und das gegenseitige Zeigen der Geschlechtsorgane etc. So fragt sich manche Erzieherin ähnlich wie diese: „Warum ist es denn plötzlich bei Frank und Anja in der Kuschelecke so still? Die haben doch gerade noch mit ihren Stofftieren Vater, Mutter, Kind gespielt Die werden doch nicht …?“ Im Kindergartenalter verziehen sich Kinder häufiger mal zu zweit in eine stille Ecke, ein abgedunkeltes Zimmer oder auf die Toilette. Beim Gedanken daran, was dort vor sich geht, ist vielen Erzieherinnen unwohl: Soll man da einschreiten? Oder es einfach ignorieren? So manche dieser Bemühungen von Kindern, den Dingen auf den Grund zu gehen, werden von Erwachsenen missverstanden. Hier muss zunächst einmal klar sein, dass es sich nicht um sexuelle Handlungen handelt sondern hinter dem Spiel die neugierige Frage der Kinder nach dem anatomischen Geschlechtsunterschied steht. Doktorspiele bieten ihnen die Möglichkeit, spielerisch ihre Neugier zu befriedigen und die Genitalien anderer Kinder kennen zu lernen und sie möglicherweise, wenn es denn die ärztliche Diagnose verlangt, zu berühren. Erziehende brauchen sich also keine Sorgen machen, wenn Kinder vom eigenen Körper, ihren Geschlechtsteilen und denen anderer Kinder fasziniert sind. Dies passiert im Kindergartenalter, insbesondere zwischen drei und vier Jahren. Es gilt unaufgeregt und pädagogisch souverän hiermit umzugehen. Das bedeutet, die Kinder dürfen nicht in ihrer Neugier verängstigt werden. Wichtig ist, dass Erziehende mit ihren Kindern im Gespräch sind und die Kinder merken, dass sie ohne Scheu erzählen können. Dabei können Erziehende sie auf Dinge und Regeln hinweisen, zum Beispiel, dass keiner dem anderen wehtun (deshalb keine Gegenstände in Körperöffnungen stecken) und man keinen zu etwas zwingen darf. Das setzt voraus, dass der Alters- oder Entwicklungsunterschied zwischen den Kindern nicht zu groß ist. Allerdings sind auch das Schamgefühl anderer Kinder und die Haltung der Eltern zum Umgang mit Körperlichkeit zu berücksichtigen. Wenn ein Kind in der Gruppe oder der Öffentlichkeit an sich herumspielt, können die Erziehenden es mit etwas anderem ablenken. So merkt es, dass man das nicht in öffentlichem Kontext möchte. Später kann man ihm erklären, dass es zwar seinen Körper erkunden darf, aber dies eine Angelegenheit ist, die in den intimen Raum gehört. Mit den Eltern sollte man im Vorhinein eine fachlich vertretbare Linie zum Umgang mit Körperlichkeit und insbesondere zu solchen Spielen abstimmen. Im Übrigen dienen nicht alle Spiele, bei denen Kinder sich ausziehen, der Körpererkundung. Eine Erzieherin, die sich darüber wunderte, wo drei ihrer Kinder waren und sie schließlich in einem kleinen Spielhäuschen hörte, fand sie dort nackt vor. Die Kinder saßen brav nebeneinander und spielten Sauna.

Im Verlauf ihrer Kindergartenzeit verhalten sich Kinder **immer geschlechtstypischer** in ihrem Spielstil, ihren Aktivitäten und Interessen, ihrem Gesprächsstil, der Abgrenzung von Jungen und Mädchen sowie der Spielzeugpräferenz.[405]

Stufen der Geschlechtsentwicklung aufgrund empirischer Evidenz[406]

(1) Präferenzen für das gleiche Geschlecht
- Präferenz für bestimmte Spielsachen und Tätigkeiten (1;0)
- Präferenz für gleichgeschlechtlichen Elternteil (♂ 1;3, ♀ 2;0) = wahrscheinlich Basis für Identifikation
- Präferenz für gleichgeschlechtliche Spielpartner, spontane Geschlechtssegregation (♂ 2;2, ♀ 2;9)
  = Basis für Modellierung und Verstärkung geschlechtstypischen Verhaltens

(2) Geschlechtsrollen-Stereotyp
- in Bezug auf Erwachsene (ab 2;2, fast alle um 3;0)
- in Bezug auf Kinder (einige ab 2;7, viele erst um 3;8)

405 Sie hierzu Klaudia Schultheis, Gabriele Strobel-Eisele, Thomas Fuhr, Kinder: Geschlecht männlich, Stuttgart 2006, S. 51-54.

406 Zitat: Doris Bischof-Köhler , Von Natur aus anders, 4. Auflage, Stuttgart 2011, S. 96.

(3) Geschlechtsbestimmung
- Erwachsene (ab 2;2-2;7)
- Eigene (2;2-3;4)

(4) Geschlechtspermanenz
- Identität über Zeit (4;6)

(5) Geschlechtskonstanz
- Erhaltung der Identität trotz Veränderung der äußeren Erscheinung (4;6-5;6)

Sie bezeichnen Interessen und Vorlieben der Kleinkindzeit auf einmal als „babyhaft", d.h. sie fangen an, sich an älteren Mädchen und Jungen zu orientieren.[407] Sie bevorzugen ab dem dritten Lebensjahr gleichgeschlechtliche Spielpartner und Freunde. Gleichgeschlechtliche Gruppen haben eine große Bedeutung für die Entwicklung ihrer geschlechtlichen Identität. In ihnen entwickeln die Mädchen und Jungen ihre unterschiedlichen Interaktionsstile. Gegen Ende des Kindergartenalters haben sie dann „sehr klischeehafte Vorstellungen: Männer fahren Auto, Frauen kochen; rosa ist weiblich, Pistolen sind männlich; …" Das ist eine normale Entwicklung, denn in dem Alter verallgemeinern sie, was sie tagtäglich sehen und erleben. „In ihrer weiteren Entwicklung werden Kinder dann flexibler und können sich differenzierter äußern."

Kinder, die erleben, dass ihre Fragen ernst genommen werden, erfahren eine **wertschätzende Atmosphäre**, die es ihnen erlaubt, über Körper und Gefühle zu reden. Diese Kultur der Wertschätzung soll Kinder ermutigen, ihren **Gefühlen** zu vertrauen und Erziehenden von Ängsten, unangenehmen Gefühlen und **belastenden Geheimnissen** oder gar Übergriffen zu erzählen.[408] **Hilfe holen** können Kinder nur, wenn Erziehende feinfühlig auf ihre Kinder achten und bereit sind, mit ihnen über ihre Empfindungen zu reden und ihnen zuhören, wenn sie etwas erzählen.

---

407 Zu diesem Abschnitt siehe T. Rohrmann, DiCV Arbeitshilfe Geschlechter-Perspektiven, Mädchen und Jungen, Frauen und Männer in katholischen Tageseinrichtungen für Kinder, Köln 2013, S. 8f., Zitate ebd.

408 Ähnlich Gisela Braun, Prävention in der Kindertageseinrichtung, S. 433, 435 in: Dirk Bange, Wilhelm Köhler, Handwörterbuch Sexueller Missbrauch, Göttingen 2002; Sonja Blattmann, Prävention bei Mädchen und Jungen im Vor- und Grundschulalter, S. 451 (451) in: in. Wilhelm Körner, Albert Lenz, Sexueller Missbrauch Bd.1, Göttingen 2004.

Rolle der Erziehenden

Es ist nicht möglich, Kindern geschlechtsneutral begegnen zu wollen. Grundlage körperlich-sinnlicher geschlechtsbewusster Erziehung ist immer die Person der Erziehenden, weil Erziehung in der persönlichen Interaktion zwischen Kind, Gruppe und Erziehenden stattfindet. Die eigenen Lebenserfahrungen bestimmen dabei den persönlichen Umgang mit geschlechtsbezogenen Fragen. Das **Erfordernis der Selbstreflexion,** der eigenen Biografie und des beruflichen Selbstverständnisses unterstreichen auch neuere Forschungen zu Selbstbildungsprozessen von Kindern in Kindertageseinrichtungen.[409] Fachkräfte brauchen hierfür passende Angebote, die den Schutz ihrer Privat- und Intimsphäre wahren.

Die **Leistungsunterschiede zwischen Mädchen und Jungen** gilt es mit Blick auf das eigene geschlechtsspezifische Verhalten zu reflektieren. Zwar zeigen sich die in den PISA Studien bei Jugendlichen festgestellten Unterschiede so noch nicht am Ende der Grundschulzeit. Allerdings gibt es Forschungsergebnisse, die darauf hinweisen, dass die geschlechtsspezifischen Unterschiede „in fachlichen Kompetenzen, Selbstkonzepten und Einstellungen zu Lernen und Leistung" ihre Wurzel in „Geschlechterunterschieden in der Erzieherinnen-Kind-Bindung sowie der Rolle geschlechtshomogener Peergruppen" haben können.[410] Im Rahmen der Inklusion fällt ein höherer Jungenanteil unter den **„Integrationskindern"** mit Förderbedarf auf. Hier spielen sicher für die praktische Kitaarbeit nicht relevante Gründe eine Rolle, wie z.B. die höhere Zahl männlicher Frühgeburten. Aber schon die Diskussion über Erziehungsprobleme „angesichts einer wachsenden Zahl von Jungen, die mit alleinerziehenden Müttern aufwachsen" wirft die Frage nach der Vermittlung geeigneter Hilfen zur Erziehung durch Kindertageseinrichtungen auf.[411] Die Feststellung eines Förderbedarfs hängt

---

409 Zur Forschung M. Musiol, Lebensgeschichte und Identität im Erzieherinnenberuf, in: H.-J. Laewen, B. Andres, Bildung und Erziehung in der frühen Kindheit. Bausteine zum Bildungsauftrag von Kindertageseinrichtungen, Weinheim 2002, S. 285-299, zur Notwendigkeit der Selbstreflexion vgl. Christa Wanzeck-Sielert, Sexualerziehung in Kindertageseinrichtungen, in: Renate-Berenike Schmidt, Uwe Sielert, Handbuch Sexualpädagogik und sexuelle Erziehung, 2. Auflage, Weinheim 2013, S. 571 (572f.).

410 So auch T. Rohrmann, DiCV Arbeitshilfe Geschlechter-Perspektiven, Mädchen und Jungen, Frauen und Männer in katholischen Tageseinrichtungen für Kinder, Köln 2013, S. 10 m.w.N., Zitat ebd.

411 § 8a Abs. 4 Satz 2 SGB VIII lautet: „In die Vereinbarung ist neben den Kriterien für die Qualifikation der beratend hinzuzuziehenden insoweit erfahrenen Fachkraft insbesondere die Verpflichtung aufzunehmen, dass die Fachkräfte der Träger bei den Erziehungsberechtigten auf die Inanspruchnahme von Hilfen hinwirken, wenn

zudem davon ab, ob das Verhalten eines Kindes als „störend" oder „entwicklungsauffällig" klassifiziert wird. „Insbesondere Jungen mit hohem Aktivitätsdrang geraten leichter in Konflikt mit den Regeln und Rahmenbedingungen der Kindertageseinrichtung und fallen damit auf." Sie werden entsprechend häufiger als Mädchen in der Frühförderung angemeldet.[412] Hier wäre ein pädagogischer Umgang mit dem „ausgeprägten Bewegungsdrang, der Lust am riskanten „Operieren" in sozialen Beziehungen, der Neigung eigene Kräfte auszuprobieren" anzumahnen.[413]

Erziehende und Team sollten daher reflektieren und prüfen, ob sie Mädchen und Jungen gleichermaßen fördern und geschlechtstypischen Bildungsbenachteiligungen vorbeugen.[414]

Geschlechtsbezogene Aspekte wären zudem in der **Sprachförderung** zu beachten, wo die Forschung schon länger auf Geschlechterunterschiede in der sprachlichen Entwicklung und den sprachlichen Fähigkeiten von Jungen und Mädchen hinweist. Die einschlägige Forschung stellt hierzu fest, dass Erwachsene mit Jungen anders sprechen als mit Mädchen.[415] Hier gilt es **Kommunikationsstile und -verhalten** zu überprüfen. Mit einem typisch weiblichen Kommunikationsstil können sich ältere Jungen nicht identifizieren.[416]

Schließlich bleiben auch die **Lesefähigkeiten und die Lesemotivation** von Jungen hinter denen der Mädchen zurück. Die Frage, wie das Leseinteresse angeregt wird, hängt damit zusammen, wer mit Kindern liest. Vorlesen ist Muttersache, nur acht Prozent der Väter lesen Kindern vor, und auch in Kindertageseinrichtungen ist lesen Frauensache. „Der Mangel an

---

sie diese für erforderlich halten, und das Jugendamt informieren, falls die Gefährdung nicht anders abgewendet werden kann."

412 So auch T. Rohrmann, DiCV Arbeitshilfe Geschlechter-Perspektiven, Mädchen und Jungen, Frauen und Männer in katholischen Tageseinrichtungen für Kinder, Köln 2013, S. 15 m.w.N., Zitat ebd.

413 Siehe hierzu Gabriele Strobel-Eisele; Marleen Noack, Jungen und Regeln – Anomie als jungenspezifische Thematik in der Geschlechterdiskussion, in: Klaudia Schultheis, Gabriele Strobel-Eisele, Thomas Fuhr, Kinder: Geschlecht männlich, Stuttgart 2006, S. 99-128 (Zitat S. 113).

414 So auch T. Rohrmann, DiCV Arbeitshilfe Geschlechter-Perspektiven, Mädchen und Jungen, Frauen und Männer in katholischen Tageseinrichtungen für Kinder, Köln 2013, S. 10.

415 P. Best, K. Jampert, Sprachliche Förderung - eine Frage des Geschlechts? Ein Mann, ein Wort! Eine Frau ein Wörterbuch? Theorie und Praxis der Sozialpädagogik, 8/2006, 28-31 (30). Mit diesem Vorurteil räumen die Autorinnen auf.

416 Hierzu: T. Rohrmann, DiCV Arbeitshilfe Geschlechter-Perspektiven, Mädchen und Jungen, Frauen und Männer in katholischen Tageseinrichtungen für Kinder, Köln 2013, S. 23.

männlichen Vorlese-Vorbildern und Lese-Ansprechpartnern führt aller Voraussicht nach zu Beeinträchtigungen in der Lesesozialisation – insbesondere bei Jungen."[417] Hier könnte ein erster Schritt darin bestehen, Väter, Großväter oder auch ältere Jungen als Lesepaten zu gewinnen.

Zusammenarbeit mit den Eltern

Wertschätzung beinhaltet den reflektierten Umgang mit eigenen **Grenzen** und denen der Eltern. Erziehung in der KITA kann nur gelingen, wenn das Team die **Eltern einbezieht.**[418] Die pflegen auf Grund von Herkunft, Tradition und Religion oft einen sehr unterschiedlichen Umgang mit körperlichen Berührungen, Umarmungen, Geborgenheit und Zärtlichkeit in ihren Familien. In vielen ganz alltäglichen Situationen gehen daher die diesbezüglichen Erziehungsvorstellungen von Eltern und Erziehenden auseinander. Der als Eingangsfall dokumentierte „Wirbel um Nacktspielgruppen im Kindergarten" ist hier nur ein, wenn auch drastisches Beispiel. „Im Spannungsfeld zwischen der Sorge um den Schutz der Kinder und dem Wunsch, eine bejahende Körper- und Sexualerziehung zu verwirklichen, muss in der KITA über angemessene Verhaltensweisen und Erziehungsmethoden mit den Eltern" gesprochen werden.

Um das Gespräch mit den Eltern erfolgreich und kompetent führen zu können, ist zuvor eine gründliche Auseinandersetzung mit dem Thema im **Kindergartenteam** notwendig. „Die grundlegenden Werte und Normen müssen klar sein, um überzeugend vermittelt zu werden", und sich in der Konzeption der Kindertagesstätten wiederfinden. Dann können Eltern den Umgang mit Körperlichkeit „als professionell, entwicklungsfördernd und präventiv gegen sexuelle Übergriffe" erkennen.[419]

---

417 Deutsche Bahn, Die Zeit & Stiftung Lesen (Hg.) (2008). Vorlesen im Kinderalltag 2008. Repräsentative Befragung von Kindern im Vor- und Grundschulalter (4 bis 11 Jahre). [Online] URL: http://www.stiftunglesen.de/.

418 Abschnitt in enger Anlehnung an: Landeszentrale für Gesundheitsförderung in Rheinland-Pfalz e.V. (LZG); mit Unterstützung der Bundeszentrale für gesundheitliche Aufklärung (BZgA), Köln, 2009, Körpererfahrung und Sexualerziehung im Kindergarten, Handout für pädagogisch Tätige in Kindergarten, Fachberatung, Aus- und Weiterbildung, S. 24f. Zitate ebd.

419 Abschnitt in enger Anlehnung an: Landeszentrale für Gesundheitsförderung in Rheinland-Pfalz e.V. (LZG); mit Unterstützung der Bundeszentrale für gesundheitliche Aufklärung (BZgA), Köln, 2009, Körpererfahrung und Sexualerziehung im Kindergarten, Handout für pädagogisch Tätige in Kindergarten, Fachberatung, Aus- und Weiterbildung, S. 24f. Zitate ebd.

Hierbei sollte ein einseitiges Abgleiten in eine rein auf die Prävention sexuellen Missbrauchs ausgerichtete „Gefahrenabwehrpädagogik“ vermieden und eine **körperfreundliche Erziehung** angestrebt werden.[420] Heute weiß man, Prävention muss positiv ansetzen: „Als Anregung, Unterstützung, Ermutigung, Stärkung der eigenen Kräfte, des Selbstwerts. Mädchen und Jungen sind nicht „Objekte“ der Präventionsarbeit. Sie als Subjekte zu begreifen heißt, ihnen alles anzubieten, was ihnen bei der Entwicklung einer reichen, individuellen Persönlichkeit hilft.“[421]

Zurückhaltung seitens der Eltern ist dabei nicht immer als Ablehnung des Themas zu verstehen, sondern kann auch nur Ausdruck von **Unsicherheit** sein. Eltern wollen vielleicht nicht öffentlich über Körperlichkeit, Sinnlichkeit und Sexualität reden. Daher ist ein niedrigschwelliger, respektvoller und möglichst unbefangener Umgang, z.B. auf einem Elternabend zum Thema, wichtig[422]. Ein Elternabend soll Kraft geben und Vertrauen schaffen und nicht Ängste schüren oder erzeugen.[423]

---

420 So auch Uwe Sielert, Einführung in die Sexualpädagogik, Weinheim 2005, S. 13.

421 Zitat: Gisela Braun, Prävention in der Kindertageseinrichtung, S. 433 (437) in: Dirk Bange, Wilhelm Köhler, Handwörterbuch Sexueller Missbrauch, Göttingen 2002.

422 Nach: Landeszentrale für Gesundheitsförderung in Rheinland-Pfalz e.V. (LZG); mit Unterstützung der Bundeszentrale für gesundheitliche Aufklärung (BZgA), Köln, 2009, Körpererfahrung und Sexualerziehung im Kindergarten, Handout für pädagogisch Tätige in Kindergarten, Fachberatung, Aus- und Weiterbildung, S. 24f.

423 So auch Gisela Braun, Prävention als Elternbildung, S. 420 (423) in: Dirk Bange, Wilhelm Köhler, Handwörterbuch Sexueller Missbrauch, Göttingen 2002, die dort zu Recht weiter schreibt: Es gibt nun einige Vorgehensweisen, die – zwar immer noch häufig praktiziert – auf keinen Fall in die Elternbildung gehören:

- Detaillierte Schilderungen von Missbrauchspraktiken dienen niemandem, sie erzeugen höchstens blankes Entsetzen, Abwehr oder auch sexuelle Erregtheit bei den dafür Empfänglichen. Letztere bekommen damit auch noch Anregungen für Phantasie und Praxis.
- Betroffenheitserzeugungsversuche, wie auch immer geartet, sind unnötig, weil die meisten Eltern sowieso sehr betroffen sind. Zudem drücken sie die Stimmung und senken den Energiepegel, wenn ein ganzer Saal voller Menschen tief betroffen ist. Übrigens darf Betroffenheitserzeugung nicht mit Sensibilisierung gleichgesetzt werden. Sensibilisierung ist immer ein Ziel der Elternbildung.
- So genannte Symptomlisten zur Erkennung sexuellen Missbrauchs gehören nicht auf einen Elternabend. Meist ist keine Zeit, um wirklich fundiert auf Sinn und Unsinn solcher Listen einzugehen, so dass der einzige Effekt ist, dass die Eltern mit einer imaginären Liste im Kopf kindliche Verhaltensweisen abhaken und in Panik geraten, wenn sie mehr als zwei finden (Enders 1995, S. 140f.).
- Schilderungen angeblicher Folgen von sexuellem Missbrauch im Stile von „lebenslange Schäden“, „irreparabel“, „Seelenmord“ u.ä. entwerten die Überlebenskraft der Betroffenen. Bei aller gebührenden Ernsthaftigkeit im Umgang mit den

Besondere Bedeutung hat dabei die **Einbeziehung von Vätern.**[424] Sie sind heute zunehmend in der Erziehung engagiert, aber in den ersten Lebensjahren vielfach unsicher. Ihr Hauptproblem sind ihre wenige Zeit und Terminkollisionen. Zudem fehlen in den Einrichtungen männliche Ansprechpartner und Vorbilder für Versorgung und Erziehung von Kindern. Es sollten seitens der Einrichtung grundsätzlich beide Eltern angesprochen werden und eine stärkere Beteiligung von Vätern an den Gremien der Elternzusammenarbeit (Elternrat und Rat der Tageseinrichtung) angestrebt werden.

Resümee

Präventive Arbeit sollte die Selbstwirksamkeit sowie das Selbstwertgefühl der Kinder stärken. Kinder als körperlich-kreative Akteure brauchen vielfältige Erfahrungssituationen und -räume sowie stabile emotionale Bindungen zu ihren Eltern und ihren Erziehenden. Auf dieser Grundlage können sie ihre Bedürfnisse und Interessen kennen lernen, entwickeln und artikulieren.[425]

Auswirkungen sexueller Gewalt ist es doch kontraindiziert, den Betroffenen öffentlich unheilbare Defekte zu bescheinigen (ebd.).

- Polemische Angriffe gegen Kollegen, Täter, Mütter, Richter, Familientherapeuten, Beratungsstellen, Gutachter oder wen auch immer sind in der Elternbildung fehl am Platz.
- Die Offenlegung persönlicher Betroffenheit seitens der Referentin gehört nicht in die professionelle Elternbildung. Die Referentin ist in ihrer fachlichen Qualifikation gefragt, die persönliche Erfahrungen bearbeitet haben sollte, bevor sie diese Funktion übernimmt. Gleiches gilt für Referenten.
- Die Besprechung einzelner Fälle und/oder Beratung in Einzelfällen sind Teil der Beratungsarbeit, nicht aber der Elternbildung. Die Nennung von entsprechenden Fachstellen genügt.

Zusammenfassend: Elternbildung sollte auf keinen Fall belehrend oder überheblich sein, auch nicht traurig, entsetzlich und energieraubend und vor allem nicht humorlos.

424 So auch T. Rohrmann, DiCV Arbeitshilfe Geschlechter-Perspektiven, Mädchen und Jungen, Frauen und Männer in katholischen Tageseinrichtungen für Kinder, Köln 2013, S. 35 f.

425 In Anlehnung an Christa Wanzeck-Sielert, Sexualkunde und Selbstbehauptungstrainings in Kindergarten und Grundschule, BZgA Forum 3-2010 S. 30 (32f.).

Baustein V: Erzieher professionell einführen und einbinden

Männer als Erzieher in Kindertageseinrichtungen sind immer noch äußerst selten. Der Anteil männlicher Mitarbeiter im pädagogischen Bereich der Kindertagesstätten liegt bundesweit bei 3 %, wobei männliche Praktikanten, Absolventen eines freiwilligen sozialen Jahres sowie Zivildienstleistende und ABM-Kräfte mit 0,6 % schon mitgerechnet sind. In reinen Krippen liegt er bei 1 %.[426] Mit dem Programm „MEHR Männer in Kitas" wird versucht, mehr Erzieher für die Arbeit in Kindertageseinrichtungen und Familienzentren zu gewinnen. Es umfasst bundesweit 16 Modellprojekte. Bis Ende 2013 sollen in ihnen Strategien zur Steigerung des Männeranteils in Kitas entwickelt und in die Breite getragen werden. Der Europäische Sozialfonds und das Bundesministerium für Familie, Senioren, Frauen und Jugend fördern das Modellprogramm im Rahmen der gleichstellungspolitischen Gesamtinitiative: „Männer in Kitas".

Gemischte Teams sind ideal zur Betreuung von Jungen und Mädchen. Kinder, insbesondere Jungen, brauchen männliche Identifikationsfiguren. Manche Einseitigkeit der pädagogischen Arbeit dürfte sich durch geschlechtsgemischte Teams relativieren. Schließlich würde so auch zum Ausdruck gebracht, dass Erziehung und Betreuung der Kinder gemeinsame Verantwortung beider Geschlechter ist.

Dafür aber muss den Männern die Möglichkeit gegeben werden, ihren Beruf professionell und in all seinen Facetten auszuüben. Dies schließt den für Kinder notwendigen und von ihnen eingeforderten bzw. initiierten Körperkontakt ein.

Unumgänglich ist hierfür, dass Träger und Team eine gemeinsame Haltung zu den Themen Generalverdacht und Nähe-Distanz in der pädagogischen Arbeit entwickeln. Männliche Erzieher werden nämlich nicht nur hinsichtlich ihrer Berufswahl argwöhnisch beäugt oder ihre Männlichkeit in Frage gestellt.[427] Sie sehen sich darüber hinaus immer wieder massiven Verdächtigungen ausgesetzt. Männer in Kindertageseinrichtungen würden die Gefahr sexuellen Missbrauchs heraufbeschwören, Männer mit solchen Berufen seien möglicherweise pädophil etc. Solche Vorurteile sind bei Eltern,

426 Bundesministerium für Familie, Senioren, Frauen & Jugend (Hg.) (2010). Männliche Fachkräfte in Kindertagesstätten. Eine Studie zur Situation von Männern in Kindertagesstätten und in der Ausbildung zum Erzieher. 3. Auflage Berlin 2012, S. 15 und 64.

427 Hierzu und zum Folgenden siehe: Bundesministerium für Familie, Senioren, Frauen & Jugend (Hg.) (2010). Männliche Fachkräfte in Kindertagesstätten. Eine Studie zur Situation von Männern in Kindertagesstätten und in der Ausbildung zum Erzieher. 3. Auflage Berlin 2012,S. 61 f., 63, 65.

Trägervertretern, weiblichen Auszubildenden, Erzieherinnen und Kitaleiterinnen anzutreffen. Dieser Missbrauchsverdacht führt zu Verunsicherungen und Einschränkungen in der professionellen Arbeit. Um sich selbst vor Verdächtigungen zu schützen, nehmen männliche Erzieher und Auszubildende beispielsweise Kinder nicht auf den Schoß und vermeiden Körperkontakte. Darüber hinaus gibt es Kitas, in denen Männern explizit das Wickeln ganz untersagt wurde oder nur noch bei offener Tür erlaubt wird oder sie im Schlafraum, auf dem Vorlesesofa etc. mit Kindern nur arbeiten dürfen, wenn eine zweite Person im Raum ist. Männer dürfen mit diesem meist diffusen mitunter aber handfest verbreiteten Verdacht nicht allein gelassen werden. Vielmehr müssen die zu entwickelnden Grundsätze von allen beteiligten Akteuren in und um die Kindertagesstätte herum mitgetragen werden.

Dabei wird angeraten, einen offenen Dialog mit den Eltern über den Generalverdacht und insbesondere über die pädagogischen Grundsätze der Kindertagesstätte zum Thema Nähe-Distanz (unabhängig vom Geschlecht der Mitarbeitenden) zu führen, in dem Kindertagesstätten und Träger deutlich machen, dass Körperkontakt nicht nur pädagogisch sinnvoll ist, sondern auch erwartet wird. Eventuelle Ängste bzw. Befürchtungen seitens der Eltern sind grundsätzlich ernst zu nehmen, können aber nur im Gespräch bearbeitet und abgebaut werden.[428]

---

428 Informationen und Ratschläge, was bei der (Neu-)Beschäftigung von männlichen Mitarbeitern beachtet werden sollte, finden sich z. B. in der Handreichung „Frauen und Männer in ein einem gemischten Team – Leitfaden für Kindertagesstätten" des Schweizerischen Krippenverbands.

Kapitel 11
Hinweis zu Haftung und Sozialdatenschutz

Missbrauchsfall[429]

Ein 4-jähriger Junge versucht auf der Toilette wiederholt andere Jungen am Penis zu ziehen. Auf die Aufforderung hin, die anderen Jungen in Ruhe zu lassen, sagt er: »Der Peter macht das bei mir aber auch immer«. Die Gruppenleitung hat bei dem Kind in jüngerer Zeit Kratzer, blaue Flecken, Abschürfungen an Gesäß und Unterleib festgestellt. Die Kitaleiterin spricht daraufhin mit der Mutter. Sie beginnt das Gespräch damit, dass der Junge in letzter Zeit wieder einnässt und in sich gekehrt ist. Auf die vorsichtige Frage der Leiterin, ob ihr Lebenspartner dem Kind manchmal auf der Toilette helfe oder vielleicht mit dem Kind etwas ruppig spiele, wird die Mutter wütend und verbittet sich solche »Anschuldigungen«. Zu einem weiteren Gespräch ist sie nicht bereit.
Daraufhin setzt sich die Einrichtungsleiterin wieder mit der Gruppenleitung und der Zweitkraft der Gruppe des Jungen zusammen. Sie erörtern gem. § 8a Abs. 2 SGB VIII das Gefährdungsrisiko des Kindes und kontaktieren eine dem Kindergarten bekannte insoweit erfahrene Fachkraft des Kinderschutzbundes.
Als die Mutter erfährt, dass der Kindergarten den Kinderschutzbund „eingeschaltet hat", stellt sie Strafanzeige wegen Verletzung des Datenschutzes und ihr Freund Strafanzeige wegen übler Nachrede.

Die Kita-Leiterin fragt: „Kann ich wegen Verletzung des Datenschutzes oder wegen übler Nachrede strafrechtlich belangt werden, wenn ich eine Fachkraft für Kindeswohlgefährdung kontaktiere, aber der Verdacht sich letztlich nicht bestätigt?"

---

429 Fall verändert nach: Simon Hundmeyer, Verdacht auf Kindeswohlgefährdung, Welt des Kindes 1/2012 S. 28 – Zitate ebd.

1. Datenschutz

a) Hinweise zu den rechtlichen Grundlagen des Datenschutzes[430]

- Die nachfolgenden Datenschutzbestimmungen des SGB VIII und SGB X gelten nach § 35 SGB I unmittelbar nur für die öffentlichen Leistungsträger, also die **Kindertageseinrichtungen der Kommunen**, Städte und Kreise. Die **Kirchen** haben eigene Datenschutzgesetze erlassen, die evangelische das „Kirchengesetz über Datenschutz" und die katholische Kirche die „Anordnung über den kirchlichen Datenschutz" (siehe Anhang). Danach gelten für deren Kindertageseinrichtungen inhaltlich weitgehend gleiche Datenschutzbestimmungen.
  Für die **Einrichtungen der sonstigen freien Träger** gilt § 61 Abs. 3 SGB VIII, wonach die öffentlichen Träger die Einhaltung der Datenschutzbestimmungen bei der Einschaltung freier Träger sicherzustellen haben. Hierfür wäre eine Vereinbarung mit dem freien Träger abzuschließen.
- In § 35 SGB I findet sich u.a. die **Definition** von Sozialdaten. Jeder hat Anspruch darauf, dass Einzelangaben über seine persönlichen und sachlichen Verhältnisse von den Leistungsträgern als Sozialgeheimnis gewahrt und nicht unbefugt offenbart werden.
- Die §§ 67 bis 78 SGB X regeln die **Offenbarungsbefugnisse**. Für die Intervention beim sexuellen Missbrauch am wichtigsten sind: die Einwilligung (§ 67b SGB X) und die Offenbarung zur Erfüllung der gesetzlichen Aufgaben der Stelle (§ 69 SGB X). Informationen dürfen also nach außen weitergegeben werden, wenn dies zur Aufgabenerfüllung notwendig ist. § 64 Abs. 2 KJHG schränkt dies dahin ein, dass dadurch der Erfolg einer zu gewährenden Leistung nicht in Frage gestellt wird.
- § 62 Abs. I KJHG regelt die **Datenerhebung**. Die Erhebung ist zulässig, soweit ihre Kenntnis zur Erfüllung der jeweiligen Aufgabe erforderlich ist. § 62 Abs. 2 KJHG bestimmt weiter, dass personenbezogene Daten grundsätzlich beim Betroffenen selbst zu erheben sind. § 62 Abs. 3 und 4 KJHG enthalten Ausnahmen hiervon. § 62 Abs. 3 Ziff. 1 KJHG erlaubt die Erhebung ohne Mit-

---

430 Es handelt sich nur um einen ersten groben Überblick. Zur Vertiefung des Themas Sozialdatenschutz wird auf: LVR-Landesjugendamt Rheinland, Sozialdatenschutz in der Kinder- und Jugendhilfe. Lösungsansätze und Einzelfälle. 2. Auflage, Köln 2011; Heinz-Gert Papenheim, Schweigepflicht. Datenschutz und Zeugnisverweigerungsrecht im sozial-caritativen Dienst, Freiburg i.Br. 2008 verwiesen.

wirkung des Betroffenen, wenn eine gesetzliche Vorschrift dies vorschreibt oder erlaubt.

- § 203 StGB verpflichtet bestimmte Berufsgruppen – u.a. staatlich anerkannte Sozialarbeiter – zur Geheimhaltung der ihnen im Rahmen ihrer Berufsausübung **anvertrauten Geheimnisse**. Die gleiche Verpflichtung trifft jeden Mitarbeitenden in Kindertageseinrichtungen/Familienzentren nach § 65 KJHG persönlich, wenn ihm bei einer Beratung oder Hilfemaßnahme personenbezogene Daten bekannt werden. Dies dürfte die meisten Daten in der Betreuungsarbeit betreffen, soweit die Eltern sie nicht nach einer gesetzlichen Vorschrift bei der Anmeldung angeben müssen (siehe § 12 KiBiz). Solche Daten dürfen nur dann nach außen an das Jugendamt weitergegeben werden, wenn die Sorgeberechtigten der Weitergabe der Daten zugestimmt haben und/oder wenn eine Gefährdung des Kindeswohls und damit ein rechtfertigender Notstand im Sinne des § 34 StGB vorliegt. Zudem ist die Übermittlung nach § 65 Abs. 1 Nr. 4 i.V.m. § 64 Abs. 2 a SGB VIII „an die Fachkräfte, die zum Zwecke der Abschätzung des Gefährdungsrisikos nach § 8a SGB VIII hinzugezogen werden" zulässig, allerdings sind „die Sozialdaten [dann] zu anonymisieren oder zu pseudonymisieren". Eine generelle Offenbarungsbefugnis sieht das Recht also nicht vor.
- Die Verpflichtung der Mitarbeitenden, den besonderen Vertrauensschutz des § 65 KJHG zu beachten, gilt auch gegenüber Kollegen und Vorgesetzten derselben Einrichtung. Allerdings dürfen die Daten an die Personen weitergegeben werden, die in die Betreuung des Kindes mit einbezogen sind und die Informationen hierfür benötigen.

2. Lösung

Anvertraute Sozialdaten unterliegen der Geheimhaltung und dürfen grundsätzlich nicht weitergegeben werden (§ 65 Abs. 1 SGB VIII). Beobachtungen eines Kindergartens über auffälliges Verhalten oder auffällige körperliche Symptome eines Kindes sind anvertraute Daten. Sie sind nur möglich, weil die Eltern das Kind der Einrichtung zur Betreuung anvertraut haben. Jedoch ist gemäß § 65 Abs. 1 Nr. 4 SGB VIII in Verbindung mit § 64 Abs. 2a SGB VIII die Weitergabe dieser Beobachtungen in anonymisierter bzw. pseudonomysierter Form an eine Fachkraft nach 8a SGB VIII möglich. Die Hinzuziehung einer insoweit erfahrenen Fachkraft zur Gefährdungseinschätzung ist gesetzlicher Auftrag des Kindergartens nach § 8 Abs. 2 SGB VIII.

Es lagen nach § 8a Abs. 2 SGB VIII Anhaltspunkte für eine Gefährdung des Kindeswohls (erneutes Einnässen, in sich gekehrtes Verhalten; Ziehen anderer Kinder am Penis; die Erklärung des Kindes hierzu; Verletzungen am Unterleib) vor. Nachdem die Mutter des Kindes zu einem weiteren Gespräch über diese Anhaltspunkte nicht bereit war, durfte der Kindergarten zur Abwägung des Gefährdungsrisikos eine insoweit erfahrene Fachkraft des Kinderschutzbundes beiziehen. Die Weitergabe der (anonymisierten/pseudonymisierten) Informationen an die Fachkraft war erlaubt, der Vorwurf der Datenschutzverletzung ist unberechtigt.[431]

3. Strafanzeige wegen übler Nachrede

Der Tatbestand der üblen Nachrede (§ 186 StGB) lautet: Wer in Beziehung auf einen anderen eine Tatsache behauptet oder verbreitet, welche denselben verächtlich zu machen oder in der öffentlichen Meinung herabzuwürdigen geeignet ist, wird, wenn nicht diese Tatsache erweislich wahr ist, mit Freiheitsstrafe bis zu einem Jahr oder mit Geldstrafe und, wenn die Tat öffentlich oder durch Verbreiten von Schriften (§ 11 Abs. 3) begangen ist, mit Freiheitsstrafe bis zu zwei Jahren oder mit Geldstrafe bestraft.
Den Begriff „behaupten" wird man dahin auslegen können, dass dies auch in Form der Äußerung eines Verdachts geschehen kann.
Nun bestimmt aber § 193 StGB einschränkend Folgendes: Tadelnde Urteile über wissenschaftliche, künstlerische oder gewerbliche Leistungen, desgleichen Äußerungen, welche zur Ausführung oder Verteidigung von Rechten oder zur Wahrnehmung berechtigter Interessen gemacht werden, sowie Vorhaltungen und Rügen der Vorgesetzten gegen ihre Untergebenen, dienstliche Anzeigen oder Urteile von seiten eines Beamten und ähnliche Fälle sind nur insofern strafbar, als das Vorhandensein einer Beleidigung aus der Form der Äußerung oder aus den Umständen, unter welchen sie geschah, hervorgeht.
Hier wurden die Anhaltspunkte einer Kindeswohlgefährdung der hinzugezogenen Fachkraft von den Mitarbeitenden des Kindergartens in Wahrnehmung ihres Schutzauftrags nach § 8 Abs. 2 SGB VIII mitgeteilt. Solche Verdachtsäußerungen zur Wahrnehmung berechtigter Interessen sind nicht strafbar. „Ob sich der Verdacht auf Kindeswohlgefährdung bestätigt oder nicht, ist ohne Belang."[432]

---

431 Lösung ähnlich bei Simon Hundmeyer, Verdacht auf Kindeswohlgefährdung, Welt des Kindes 1/2012, S. 28.

432 Lösung ähnlich bei: Simon Hundmeyer, Verdacht auf Kindeswohlgefährdung, Welt des Kindes 1/2012 S.28 – Zitat ebd.

Anhang

Vorschriften des GG und des BGB zur elterlichen Sorge

Art 6

(1) Ehe und Familie stehen unter dem besonderen Schutze der staatlichen Ordnung.
(2) Pflege und Erziehung der Kinder sind das natürliche Recht der Eltern und die zuvörderst ihnen obliegende Pflicht. Über ihre Betätigung wacht die staatliche Gemeinschaft.
(3) Gegen den Willen der Erziehungsberechtigten dürfen Kinder nur auf Grund eines Gesetzes von der Familie getrennt werden, wenn die Erziehungsberechtigten versagen oder wenn die Kinder aus anderen Gründen zu verwahrlosen drohen.
(4) Jede Mutter hat Anspruch auf den Schutz und die Fürsorge der Gemeinschaft.
(5) Den unehelichen Kindern sind durch die Gesetzgebung die gleichen Bedingungen für ihre leibliche und seelische Entwicklung und ihre Stellung in der Gesellschaft zu schaffen wie den ehelichen Kindern.

§ 1626 Elterliche Sorge, Grundsätze

(1) Die Eltern haben die Pflicht und das Recht, für das minderjährige Kind zu sorgen (elterliche Sorge). Die elterliche Sorge umfasst die Sorge für die Person des Kindes (Personensorge) und das Vermögen des Kindes (Vermögenssorge).
(2) Bei der Pflege und Erziehung berücksichtigen die Eltern die wachsende Fähigkeit und das wachsende Bedürfnis des Kindes zu selbstständigem verantwortungsbewusstem Handeln. Sie besprechen mit dem Kind, soweit es nach dessen Entwicklungsstand angezeigt ist, Fragen der elterlichen Sorge und streben Einvernehmen an.
(3) Zum Wohl des Kindes gehört in der Regel der Umgang mit beiden Elternteilen. Gleiches gilt für den Umgang mit anderen Personen, zu denen das Kind Bindungen besitzt, wenn ihre Aufrechterhaltung für seine Entwicklung förderlich ist.

§ 1627 Ausübung der elterlichen Sorge

Die Eltern haben die elterliche Sorge in eigener Verantwortung und in gegenseitigem Einvernehmen zum Wohl des Kindes auszuüben. Bei Meinungsverschiedenheiten müssen sie versuchen, sich zu einigen.

§ 1631 Inhalt und Grenzen der Personensorge

(1) Die Personensorge umfasst insbesondere die Pflicht und das Recht, das Kind zu pflegen, zu erziehen, zu beaufsichtigen und seinen Aufenthalt zu bestimmen.
(2) Kinder haben ein Recht auf gewaltfreie Erziehung. Körperliche Bestrafungen, seelische Verletzungen und andere entwürdigende Maßnahmen sind unzulässig.
(3) Das Familiengericht hat die Eltern auf Antrag bei der Ausübung der Personensorge in geeigneten Fällen zu unterstützen.

§ 1631d Beschneidung des männlichen Kindes

(1) Die Personensorge umfasst auch das Recht, in eine medizinisch nicht erforderliche Beschneidung des nicht einsichts- und urteilsfähigen männlichen Kindes einzuwilligen, wenn diese nach den Regeln der ärztlichen Kunst durchgeführt werden soll. Dies gilt nicht, wenn durch die Beschneidung auch unter Berücksichtigung ihres Zwecks das Kindeswohl gefährdet wird.
(2) In den ersten sechs Monaten nach der Geburt des Kindes dürfen auch von einer Religionsgesellschaft dazu vorgesehene Personen Beschneidungen gemäß Abs. 1 durchführen, wenn sie dafür besonders ausgebildet und, ohne Arzt zu sein, für die Durchführung der Beschneidung vergleichbar befähigt sind.

§ 1666 Gerichtliche Maßnahmen bei Gefährdung des Kindeswohls

(1) Wird das körperliche, geistige oder seelische Wohl des Kindes oder sein Vermögen gefährdet und sind die Eltern nicht gewillt oder nicht in der Lage, die Gefahr abzuwenden, so hat das Familiengericht die Maßnahmen zu treffen, die zur Abwendung der Gefahr erforderlich sind.
(2) In der Regel ist anzunehmen, dass das Vermögen des Kindes gefährdet ist, wenn der Inhaber der Vermögenssorge seine Unterhaltspflicht gegenüber dem Kind oder seine mit der Vermögenssorge verbundenen Pflichten verletzt oder Anordnungen des Gerichts, die sich auf die Vermögenssorge beziehen, nicht befolgt.
(3) Zu den gerichtlichen Maßnahmen nach Abs. 1 gehören insbesondere Gebote, öffentliche Hilfen wie zum Beispiel Leistungen der Kinder- und Jugendhilfe und der Gesundheitsfürsorge in Anspruch zu nehmen,

2. Gebote, für die Einhaltung der Schulpflicht zu sorgen,
3. Verbote, vorübergehend oder auf unbestimmte Zeit die Familienwohnung oder eine andere Wohnung zu nutzen, sich in einem bestimmten Umkreis der Wohnung aufzuhalten oder zu bestimmende andere Orte aufzusuchen, an denen sich das Kind regelmäßig aufhält,
4. Verbote, Verbindung zum Kind aufzunehmen oder ein Zusammentreffen mit dem Kind herbeizuführen,
5. die Ersetzung von Erklärungen des Inhabers der elterlichen Sorge,
6. die teilweise oder vollständige Entziehung der elterlichen Sorge.

(4) In Angelegenheiten der Personensorge kann das Gericht auch Maßnahmen mit Wirkung gegen einen Dritten treffen.

Gesetz zur Kooperation und Information im Kinderschutz (KKG) vom 22. Dezember 2011 (BGBl. I S. 2975)

§ 1 Kinderschutz und staatliche Mitverantwortung

(1) Ziel des Gesetzes ist es, das Wohl von Kindern und Jugendlichen zu schützen und ihre körperliche, geistige und seelische Entwicklung zu fördern.
(2) Pflege und Erziehung der Kinder und Jugendlichen sind das natürliche Recht der Eltern und die zuvörderst ihnen obliegende Pflicht. Über ihre Betätigung wacht die staatliche Gemeinschaft.
(3) Aufgabe der staatlichen Gemeinschaft ist es, soweit erforderlich, Eltern bei der Wahrnehmung ihres Erziehungsrechts und ihrer Erziehungsverantwortung zu unterstützen, damit

1. sie im Einzelfall dieser Verantwortung besser gerecht werden können,
2. im Einzelfall Risiken für die Entwicklung von Kindern und Jugendlichen frühzeitig erkannt werden und
3. im Einzelfall eine Gefährdung des Wohls eines Kindes oder eines Jugendlichen vermieden oder, falls dies im Einzelfall nicht mehr möglich ist, eine weitere Gefährdung oder Schädigung abgewendet werden kann.

(4) Zu diesem Zweck umfasst die Unterstützung der Eltern bei der Wahrnehmung ihres Erziehungsrechts und ihrer Erziehungsverantwortung durch die staatliche Gemeinschaft insbesondere auch Information, Beratung und Hilfe. Kern ist die Vorhaltung eines möglichst frühzeitigen, koordinierten und multiprofessionellen Angebots im Hinblick auf die Entwicklung von Kindern vor allem in den ersten Lebensjahren für Mütter und Väter sowie schwangere Frauen und werdende Väter (Frühe Hilfen).

§ 2 Information der Eltern über Unterstützungsangebote in Fragen der Kindesentwicklung

(1) Eltern sowie werdende Mütter und Väter sollen über Leistungsangebote im örtlichen Einzugsbereich zur Beratung und Hilfe in Fragen der Schwangerschaft, Geburt und der Entwicklung des Kindes in den ersten Lebensjahren informiert werden.

(2) Zu diesem Zweck sind die nach Landesrecht für die Information der Eltern nach Abs. 1 zuständigen Stellen befugt, den Eltern ein persönliches Gespräch anzubieten. Dieses kann auf Wunsch der Eltern in ihrer Wohnung stattfinden. Sofern Landesrecht keine andere Regelung trifft, bezieht sich die in Satz 1 geregelte Befugnis auf die örtlichen Träger der Jugendhilfe.

§ 3 Rahmenbedingungen für verbindliche Netzwerkstrukturen im Kinderschutz

(1) In den Ländern werden insbesondere im Bereich Früher Hilfen flächendeckend verbindliche Strukturen der Zusammenarbeit der zuständigen Leistungsträger und Institutionen im Kinderschutz mit dem Ziel aufgebaut und weiterentwickelt, sich gegenseitig über das jeweilige Angebots- und Aufgabenspektrum zu informieren, strukturelle Fragen der Angebotsgestaltung und -entwicklung zu klären sowie Verfahren im Kinderschutz aufeinander abzustimmen.

(2) In das Netzwerk sollen insbesondere Einrichtungen und Dienste der öffentlichen und freien Jugendhilfe, Einrichtungen und Dienste, mit denen Verträge nach § 75 Abs. 3 des Zwölften Buches Sozialgesetzbuch bestehen, Gesundheitsämter, Sozialämter, Gemeinsame Servicestellen, Schulen, Polizei- und Ordnungsbehörden, Agenturen für Arbeit, Krankenhäuser, Sozialpädiatrische Zentren, Frühförderstellen, Beratungsstellen für soziale Problemlagen, Beratungsstellen nach den §§ 3 und 8 des Schwangerschaftskonfliktgesetzes, Einrichtungen und Dienste zur Müttergenesung sowie zum Schutz gegen Gewalt in engen sozialen Beziehungen, Familienbildungsstätten, Familiengerichte und Angehörige der Heilberufe einbezogen werden.

(3) Sofern das Landesrecht keine andere Regelung trifft, soll die verbindliche Zusammenarbeit im Kinderschutz als Netzwerk durch den örtlichen Träger der Jugendhilfe organisiert werden. Die Beteiligten sollen die Grundsätze für eine verbindliche Zusammenarbeit in Vereinbarungen festlegen. Auf vorhandene Strukturen soll zurückgegriffen werden.

(4) Dieses Netzwerk soll zur Beförderung Früher Hilfen durch den Einsatz von Familienhebammen gestärkt werden. Das Bundesministerium für Familie, Senioren, Frauen und Jugend unterstützt den Aus- und Aufbau der Netzwerke Frühe Hilfen und des

Einsatzes von Familienhebammen auch unter Einbeziehung ehrenamtlicher Strukturen durch eine zeitlich auf vier Jahre befristete Bundesinitiative, die im Jahr 2012 mit 30 Millionen Euro, im Jahr 2013 mit 45 Millionen Euro und in den Jahren 2014 und 2015 mit 51 Millionen Euro ausgestattet wird. Nach Ablauf dieser Befristung wird der Bund einen Fonds zur Sicherstellung der Netzwerke Frühe Hilfen und der psychosozialen Unterstützung von Familien einrichten, für den er jährlich 51 Millionen Euro zur Verfügung stellen wird. Die Ausgestaltung der Bundesinitiative und des Fonds wird in Verwaltungsvereinbarungen geregelt, die das Bundesministerium für Familie, Senioren, Frauen und Jugend im Einvernehmen mit dem Bundesministerium der Finanzen mit den Ländern schließt.

§ 4 Beratung und Übermittlung von Informationen durch Geheimnisträger bei Kindeswohlgefährdung

(1) Werden

1. Ärztinnen oder Ärzten, Hebammen oder Entbindungspflegern oder Angehörigen eines anderen Heilberufes, der für die Berufsausübung oder die Führung der Berufsbezeichnung eine staatlich geregelte Ausbildung erfordert,
2. Berufspsychologinnen oder -psychologen mit staatlich anerkannter wissenschaftlicher Abschlussprüfung,
3. Ehe-, Familien-, Erziehungs- oder Jugendberaterinnen oder -beratern sowie
4. Beraterinnen oder Beratern für Suchtfragen in einer Beratungsstelle, die von einer Behörde oder Körperschaft, Anstalt oder Stiftung des öffentlichen Rechts anerkannt ist,
5. Mitgliedern oder Beauftragten einer anerkannten Beratungsstelle nach den §§ 3 und 8 des Schwangerschaftskonfliktgesetzes,
6. staatlich anerkannten Sozialarbeiterinnen oder -arbeitern oder staatlich anerkannten Sozialpädagoginnen oder -pädagogen oder
7. Lehrerinnen oder Lehrern an öffentlichen und an staatlich anerkannten privaten Schulen

in Ausübung ihrer beruflichen Tätigkeit gewichtige Anhaltspunkte für die Gefährdung des Wohls eines Kindes oder eines Jugendlichen bekannt, so sollen sie mit dem Kind oder Jugendlichen und den Personensorgeberechtigten die Situation erörtern und, soweit erforderlich, bei den Personensorgeberechtigten auf die Inanspruchnahme von Hilfen hinwirken, soweit hierdurch der wirksame Schutz des Kindes oder des Jugendlichen nicht in Frage gestellt wird.

(2) Die Personen nach Abs. 1 haben zur Einschätzung der Kindeswohlgefährdung gegenüber dem Träger der öffentlichen Jugendhilfe Anspruch auf Beratung durch eine insoweit erfahrene Fachkraft. Sie sind zu diesem Zweck befugt, dieser Person die dafür erforderlichen Daten zu übermitteln; vor einer Übermittlung der Daten sind diese zu pseudonymisieren.

(3) Scheidet eine Abwendung der Gefährdung nach Abs. 1 aus oder ist ein Vorgehen nach Abs. 1 erfolglos und halten die in Abs. 1 genannten Personen ein Tätigwerden des Jugendamtes für erforderlich, um eine Gefährdung des Wohls eines Kindes oder eines Jugendlichen abzuwenden, so sind sie befugt, das Jugendamt zu informieren; hierauf sind die Betroffenen vorab hinzuweisen, es sei denn, dass damit der wirksame Schutz des Kindes oder des Jugendlichen in Frage gestellt wird. Zu diesem Zweck sind die Personen nach Satz 1 befugt, dem Jugendamt die erforderlichen Daten mitzuteilen.

Strafrechtliche Vorschriften zum Schutz der sexuellen Selbstbestimmung

§ 184g Begriffsbestimmungen

Im Sinne dieses Gesetzes sind

1. sexuelle Handlungen
   nur solche, die im Hinblick auf das jeweils geschützte Rechtsgut von einiger Erheblichkeit sind,
2. sexuelle Handlungen vor einem anderen
   nur solche, die vor einem anderen vorgenommen werden, der den Vorgang wahrnimmt.

§ 176 Sexueller Mißbrauch von Kindern

(1) Wer sexuelle Handlungen an einer Person unter vierzehn Jahren (Kind) vornimmt oder an sich von dem Kind vornehmen läßt, wird mit Freiheitsstrafe von sechs Monaten bis zu zehn Jahren bestraft.
(2) Ebenso wird bestraft, wer ein Kind dazu bestimmt, daß es sexuelle Handlungen an einem Dritten vornimmt oder von einem Dritten an sich vornehmen läßt.
(3) In besonders schweren Fällen ist auf Freiheitsstrafe nicht unter einem Jahr zu erkennen.
(4) Mit Freiheitsstrafe von drei Monaten bis zu fünf Jahren wird bestraft, wer

1. sexuelle Handlungen vor einem Kind vornimmt,
2. ein Kind dazu bestimmt, dass es sexuelle Handlungen vornimmt, soweit die Tat nicht nach Abs. 1 oder Abs. 2 mit Strafe bedroht ist,
3. auf ein Kind durch Schriften (§ 11 Abs. 3) einwirkt, um es zu sexuellen Handlungen zu bringen, die es an oder vor dem Täter oder einem Dritten vornehmen oder von dem Täter oder einem Dritten an sich vornehmen lassen soll oder
4. auf ein Kind durch Vorzeigen pornographischer Abbildungen oder Darstellungen, durch Abspielen von Tonträgern pornographischen Inhalts oder durch entsprechende Reden einwirkt.

(5) Mit Freiheitsstrafe von drei Monaten bis zu fünf Jahren wird bestraft, wer ein Kind für eine Tat nach den Absätzen 1 bis 4 anbietet oder nachzuweisen verspricht oder wer sich mit einem anderen zu einer solchen Tat verabredet.
(6) Der Versuch ist strafbar; dies gilt nicht für Taten nach Abs. 4 Nr. 3 und 4 und Abs. 5.

§ 176a Schwerer sexueller Mißbrauch von Kindern

(1) Der sexuelle Missbrauch von Kindern wird in den Fällen des § 176 Abs. 1 und 2 mit Freiheitsstrafe nicht unter einem Jahr bestraft, wenn der Täter innerhalb der letzten fünf Jahre wegen einer solchen Straftat rechtskräftig verurteilt worden ist.
(2) Der sexuelle Missbrauch von Kindern wird in den Fällen des § 176 Abs. 1 und 2 mit Freiheitsstrafe nicht unter zwei Jahren bestraft, wenn

1. eine Person über achtzehn Jahren mit dem Kind den Beischlaf vollzieht oder ähnliche sexuelle Handlungen an ihm vornimmt oder an sich von ihm vornehmen lässt, die mit einem Eindringen in den Körper verbunden sind,
2. die Tat von mehreren gemeinschaftlich begangen wird oder
3. der Täter das Kind durch die Tat in die Gefahr einer schweren Gesundheitsschädigung oder einer erheblichen Schädigung der körperlichen oder seelischen Entwicklung bringt.

(3) Mit Freiheitsstrafe nicht unter zwei Jahren wird bestraft, wer in den Fällen des § 176 Abs. 1 bis 3, 4 Nr. 1 oder Nr. 2 oder des § 176 Abs. 6 als Täter oder anderer Beteiligter in

der Absicht handelt, die Tat zum Gegenstand einer pornographischen Schrift (§ 11 Abs. 3) zu machen, die nach § 184b Abs. 1 bis 3 verbreitet werden soll.
(4) In minder schweren Fällen des Abs.es 1 ist auf Freiheitsstrafe von drei Monaten bis zu fünf Jahren, in minder schweren Fällen des Abs.es 2 auf Freiheitsstrafe von einem Jahr bis zu zehn Jahren zu erkennen.
(5) Mit Freiheitsstrafe nicht unter fünf Jahren wird bestraft, wer das Kind in den Fällen des § 176 Abs. 1 bis 3 bei der Tat körperlich schwer misshandelt oder durch die Tat in die Gefahr des Todes bringt.
(6) In die in Abs. 1 bezeichnete Frist wird die Zeit nicht eingerechnet, in welcher der Täter auf behördliche Anordnung in einer Anstalt verwahrt worden ist. Eine Tat, die im Ausland abgeurteilt worden ist, steht in den Fällen des Abs.es 1 einer im Inland abgeurteilten Tat gleich, wenn sie nach deutschem Strafrecht eine solche nach § 176 Abs. 1 oder 2 wäre.

§ 176b Sexueller Mißbrauch von Kindern mit Todesfolge

Verursacht der Täter durch den sexuellen Mißbrauch (§§ 176 und 176a) wenigstens leichtfertig den Tod des Kindes, so ist die Strafe lebenslange Freiheitsstrafe oder Freiheitsstrafe nicht unter zehn Jahren.

§ 180 Förderung sexueller Handlungen Minderjähriger

(1) Wer sexuellen Handlungen einer Person unter sechzehn Jahren an oder vor einem Dritten oder sexuellen Handlungen eines Dritten an einer Person unter sechzehn Jahren
1. durch seine Vermittlung oder
2. durch Gewähren oder Verschaffen von Gelegenheit

Vorschub leistet, wird mit Freiheitsstrafe bis zu drei Jahren oder mit Geldstrafe bestraft. Satz 1 Nr. 2 ist nicht anzuwenden, wenn der zur Sorge für die Person Berechtigte handelt; dies gilt nicht, wenn der Sorgeberechtigte durch das Vorschubleisten seine Erziehungspflicht gröblich verletzt.
(2) Wer eine Person unter achtzehn Jahren bestimmt, sexuelle Handlungen gegen Entgelt an oder vor einem Dritten vorzunehmen oder von einem Dritten an sich vornehmen zu lassen, oder wer solchen Handlungen durch seine Vermittlung Vorschub leistet, wird mit Freiheitsstrafe bis zu fünf Jahren oder mit Geldstrafe bestraft.
(3) Wer eine Person unter achtzehn Jahren, die ihm zur Erziehung, zur Ausbildung oder zur Betreuung in der Lebensführung anvertraut oder im Rahmen eines Dienst- oder Arbeitsverhältnisses untergeordnet ist, unter Mißbrauch einer mit dem Erziehungs-, Ausbildungs-, Betreuungs-, Dienst- oder Arbeitsverhältnis verbundenen Abhängigkeit bestimmt, sexuelle Handlungen an oder vor einem Dritten vorzunehmen oder von einem Dritten an sich vornehmen zu lassen, wird mit Freiheitsstrafe bis zu fünf Jahren oder mit Geldstrafe bestraft.
(4) In den Fällen der Absätze 2 und 3 ist der Versuch strafbar.

§ 226a Verstümmelung weiblicher Genitalien

(1) Wer die äußeren Genitalien einer weiblichen Person verstümmelt, wird mit Freiheitsstrafe nicht unter einem Jahr bestraft.
(2) In minder schweren Fällen ist auf Freiheitsstrafe von sechs Monaten bis zu fünf Jahren zu erkennen.

§ 19 Schuldunfähigkeit des Kindes

Schuldunfähig ist, wer bei Begehung der Tat noch nicht vierzehn Jahre alt ist.

Jugendgerichtsgesetz (§§ 3, 105 JGG)

§ 3 Verantwortlichkeit

Ein Jugendlicher ist strafrechtlich verantwortlich, wenn er zur Zeit der Tat nach seiner sittlichen und geistigen Entwicklung reif genug ist, das Unrecht der Tat einzusehen und nach dieser Einsicht zu handeln. Zur Erziehung eines Jugendlichen, der mangels Reife strafrechtlich nicht verantwortlich ist, kann der Richter dieselben Maßnahmen anordnen wie das Familiengericht.
Anm.: Jugendliche: zwischen 14 und 18 Jahre

§ 105 Anwendung des Jugendstrafrechts auf Heranwachsende

(1) Begeht ein Heranwachsender eine Verfehlung, die nach den allgemeinen Vorschriften mit Strafe bedroht ist, so wendet der Richter die für einen Jugendlichen geltenden Vorschriften der §§ 4 bis 8, 9 Nr. 1, §§ 10, 11 und 13 bis 32 entsprechend an, wenn
1. die Gesamtwürdigung der Persönlichkeit des Täters bei Berücksichtigung auch der Umweltbedingungen ergibt, daß er zur Zeit der Tat nach seiner sittlichen und geistigen Entwicklung noch einem Jugendlichen gleichstand, oder
2. es sich nach der Art, den Umständen oder den Beweggründen der Tat um eine Jugendverfehlung handelt.

(2) § 31 Abs. 2 Satz 1, Abs. 3 ist auch dann anzuwenden, wenn der Heranwachsende wegen eines Teils der Straftaten bereits rechtskräftig nach allgemeinem Strafrecht verurteilt worden ist.
(3) Das Höchstmaß der Jugendstrafe für Heranwachsende beträgt zehn Jahre.
Anm.: Heranwachsende: zwischen 18 und 21 Jahre.

Achtes Buch Sozialgesetzbuch – Kinder- und Jugendhilfegesetz – bezüglich Personalauswahl und Schutzauftrag bei Kindeswohlgefährdung

§ 72 Mitarbeiter, Fortbildung

(1) Die Träger der öffentlichen Jugendhilfe sollen bei den Jugendämtern und Landesjugendämtern hauptberuflich nur Personen beschäftigen, die sich für die jeweilige Aufgabe nach ihrer Persönlichkeit eignen und eine dieser Aufgabe entsprechende Ausbildung erhalten haben (Fachkräfte) oder aufgrund besonderer Erfahrungen in der sozialen Arbeit in der Lage sind, die Aufgabe zu erfüllen. Soweit die jeweilige Aufgabe dies erfordert, sind mit ihrer Wahrnehmung nur Fachkräfte oder Fachkräfte mit entsprechender Zusatzausbildung zu betrauen. Fachkräfte verschiedener Fachrichtungen sollen zusammenwirken, soweit die jeweilige Aufgabe dies erfordert.
(2) Leitende Funktionen des Jugendamts oder des Landesjugendamts sollen in der Regel nur Fachkräften übertragen werden.
(3) Die Träger der öffentlichen Jugendhilfe haben Fortbildung und Praxisberatung der Mitarbeiter des Jugendamts und des Landesjugendamts sicherzustellen.

§ 72a Tätigkeitsausschluss einschlägig vorbestrafter Personen

(1) Die Träger der öffentlichen Jugendhilfe dürfen für die Wahrnehmung der Aufgaben in der Kinder- und Jugendhilfe keine Person beschäftigen oder vermitteln, die rechtskräftig wegen einer Straftat nach den §§ 171, 174 bis 174c, 176 bis 180a, 181a, 182 bis

184f, 225, 232 bis 233a, 234, 235 oder 236 des Strafgesetzbuchs verurteilt worden ist. Zu diesem Zweck sollen sie sich bei der Einstellung oder Vermittlung und in regelmäßigen Abständen von den betroffenen Personen ein Führungszeugnis nach § 30 Abs. 5 und § 30a Abs. 1 des Bundeszentralregistergesetzes vorlegen lassen.

(2) Die Träger der öffentlichen Jugendhilfe sollen durch Vereinbarungen mit den Trägern der freien Jugendhilfe sicherstellen, dass diese keine Person, die wegen einer Straftat nach Abs. 1 Satz 1 rechtskräftig verurteilt worden ist, beschäftigen.

(3) Die Träger der öffentlichen Jugendhilfe sollen sicherstellen, dass unter ihrer Verantwortung keine neben- oder ehrenamtlich tätige Person, die wegen einer Straftat nach Abs. 1 Satz 1 rechtskräftig verurteilt worden ist, in Wahrnehmung von Aufgaben der Kinder- und Jugendhilfe Kinder oder Jugendliche beaufsichtigt, betreut, erzieht oder ausbildet oder einen vergleichbaren Kontakt hat. Hierzu sollen die Träger der öffentlichen Jugendhilfe über die Tätigkeiten entscheiden, die von den in Satz 1 genannten Personen auf Grund von Art, Intensität und Dauer des Kontakts dieser Personen mit Kindern und Jugendlichen nur nach Einsichtnahme in das Führungszeugnis nach Abs. 1 Satz 2 wahrgenommen werden dürfen.

(4) Die Träger der öffentlichen Jugendhilfe sollen durch Vereinbarungen mit den Trägern der freien Jugendhilfe sowie mit Vereinen im Sinne des § 54 sicherstellen, dass unter deren Verantwortung keine neben- oder ehrenamtlich tätige Person, die wegen einer Straftat nach Abs. 1 Satz 1 rechtskräftig verurteilt worden ist, in Wahrnehmung von Aufgaben der Kinder- und Jugendhilfe Kinder oder Jugendliche beaufsichtigt, betreut, erzieht oder ausbildet oder einen vergleichbaren Kontakt hat. Hierzu sollen die Träger der öffentlichen Jugendhilfe mit den Trägern der freien Jugendhilfe Vereinbarungen über die Tätigkeiten schließen, die von den in Satz 1 genannten Personen auf Grund von Art, Intensität und Dauer des Kontakts dieser Personen mit Kindern und Jugendlichen nur nach Einsichtnahme in das Führungszeugnis nach Abs. 1 Satz 2 wahrgenommen werden dürfen.

(5) Träger der öffentlichen und freien Jugendhilfe dürfen von den nach den Absätzen 3 und 4 eingesehenen Daten nur den Umstand, dass Einsicht in ein Führungszeugnis genommen wurde, das Datum des Führungszeugnisses und die Information erheben, ob die das Führungszeugnis betreffende Person wegen einer Straftat nach Abs. 1 Satz 1 rechtskräftig verurteilt worden ist. Die Träger der öffentlichen und freien Jugendhilfe dürfen diese erhobenen Daten nur speichern, verändern und nutzen, soweit dies zum Ausschluss der Personen von der Tätigkeit, die Anlass zu der Einsichtnahme in das Führungszeugnis gewesen ist, erforderlich ist. Die Daten sind vor dem Zugriff Unbefugter zu schützen. Sie sind unverzüglich zu löschen, wenn im Anschluss an die Einsichtnahme keine Tätigkeit nach Abs. 3 Satz 2 oder Abs. 4 Satz 2 wahrgenommen wird. Andernfalls sind die Daten spätestens drei Monate nach der Beendigung einer solchen Tätigkeit zu löschen.

Fassung aufgrund des Gesetzes zur Stärkung eines aktiven Schutzes von Kindern und Jugendlichen (Bundeskinderschutzgesetz) vom 22.12.2011 (BGBl. I S. 2975) m.W.v. 01.01.2012.

§ 8a Schutzauftrag bei Kindeswohlgefährdung

(1) Werden dem Jugendamt gewichtige Anhaltspunkte für die Gefährdung des Wohls eines Kindes oder Jugendlichen bekannt, so hat es das Gefährdungsrisiko im Zusammenwirken mehrerer Fachkräfte einzuschätzen. Soweit der wirksame Schutz dieses Kindes oder dieses Jugendlichen nicht in Frage gestellt wird, hat das Jugendamt die Erziehungsberechtigten sowie das Kind oder den Jugendlichen in die Gefährdungsein-

schätzung einzubeziehen und, sofern dies nach fachlicher Einschätzung erforderlich ist, sich dabei einen unmittelbaren Eindruck von dem Kind und von seiner persönlichen Umgebung zu verschaffen. Hält das Jugendamt zur Abwendung der Gefährdung die Gewährung von Hilfen für geeignet und notwendig, so hat es diese den Erziehungsberechtigten anzubieten.
(2) Hält das Jugendamt das Tätigwerden des Familiengerichts für erforderlich, so hat es das Gericht anzurufen; dies gilt auch, wenn die Erziehungsberechtigten nicht bereit oder in der Lage sind, bei der Abschätzung des Gefährdungsrisikos mitzuwirken. Besteht eine dringende Gefahr und kann die Entscheidung des Gerichts nicht abgewartet werden, so ist das Jugendamt verpflichtet, das Kind oder den Jugendlichen in Obhut zu nehmen.
(3) Soweit zur Abwendung der Gefährdung das Tätigwerden anderer Leistungsträger, der Einrichtungen der Gesundheitshilfe oder der Polizei notwendig ist, hat das Jugendamt auf die Inanspruchnahme durch die Erziehungsberechtigten hinzuwirken. Ist ein sofortiges Tätigwerden erforderlich und wirken die Personensorgeberechtigten oder die Erziehungsberechtigten nicht mit, so schaltet das Jugendamt die anderen zur Abwendung der Gefährdung zuständigen Stellen selbst ein.
(4) In Vereinbarungen mit den Trägern von Einrichtungen und Diensten, die Leistungen nach diesem Buch erbringen, ist sicherzustellen, dass

1. deren Fachkräfte bei Bekanntwerden gewichtiger Anhaltspunkte für die Gefährdung eines von ihnen betreuten Kindes oder Jugendlichen eine Gefährdungseinschätzung vornehmen,
2. bei der Gefährdungseinschätzung eine insoweit erfahrene Fachkraft beratend hinzugezogen wird sowie
3. die Erziehungsberechtigten sowie das Kind oder der Jugendliche in die Gefährdungseinschätzung einbezogen werden, soweit hierdurch der wirksame Schutz des Kindes oder Jugendlichen nicht in Frage gestellt wird.

In die Vereinbarung ist neben den Kriterien für die Qualifikation der beratend hinzuzuziehenden insoweit erfahrenen Fachkraft insbesondere die Verpflichtung aufzunehmen, dass die Fachkräfte der Träger bei den Erziehungsberechtigten auf die Inanspruchnahme von Hilfen hinwirken, wenn sie diese für erforderlich halten, und das Jugendamt informieren, falls die Gefährdung nicht anders abgewendet werden kann.
(5) Werden einem örtlichen Träger gewichtige Anhaltspunkte für die Gefährdung des Wohls eines Kindes oder eines Jugendlichen bekannt, so sind dem für die Gewährung von Leistungen zuständigen örtlichen Träger die Daten mitzuteilen, deren Kenntnis zur Wahrnehmung des Schutzauftrags bei Kindeswohlgefährdung nach § 8a erforderlich ist. Die Mitteilung soll im Rahmen eines Gespräches zwischen den Fachkräften der beiden örtlichen Träger erfolgen, an dem die Personensorgeberechtigten sowie das Kind oder der Jugendliche beteiligt werden sollen, soweit hierdurch der wirksame Schutz des Kindes oder des Jugendlichen nicht in Frage gestellt wird.

§ 8b Fachliche Beratung und Begleitung zum Schutz von Kindern und Jugendlichen

(1) Personen, die beruflich in Kontakt mit Kindern oder Jugendlichen stehen, haben bei der Einschätzung einer Kindeswohlgefährdung im Einzelfall gegenüber dem örtlichen Träger der Jugendhilfe Anspruch auf Beratung durch eine insoweit erfahrene Fachkraft.
(2) Träger von Einrichtungen, in denen sich Kinder oder Jugendliche ganztägig oder für einen Teil des Tages aufhalten oder in denen sie Unterkunft erhalten, und die zuständigen Leistungsträger, haben gegenüber dem überörtlichen Träger der Jugendhilfe An-

spruch auf Beratung bei der Entwicklung und Anwendung fachlicher Handlungsleitlinien

1. zur Sicherung des Kindeswohls und zum Schutz vor Gewalt sowie
2. zu Verfahren der Beteiligung von Kindern und Jugendlichen an strukturellen Entscheidungen in der Einrichtung sowie zu Beschwerdeverfahren in persönlichen Angelegenheiten.

Vorschriften zum Sozialdatenschutz

Die Sozialdatenschutzvorschriften des Sozialgesetzbuchs gelten nicht unmittelbar für den kirchlichen Bereich. Da aber gemäß § 61 Abs. 4 des Sozialgesetzbuches VIII die Träger der freien Jugendhilfe aufgerufen sind, den Schutz von Sozialdaten bei ihrer Erhebung, Verarbeitung oder Nutzung in entsprechender Weise zu gewährleisten, wird er durch die Anordnung des Diözesanbischofs über den Sozialdatenschutz in der freien Jugendhilfe in kirchlicher Trägerschaft sicher gestellt. Diese lautet:

> „In der freien Jugendhilfe in kirchlicher Trägerschaft sind für die erhobenen, verarbeiteten und genutzten Sozialdaten das Sozialgeheimnis und dessen Sozialdatenschutzvorschriften (Sozialgesetzbuch I § 35 Abs. 1, Abs. 3 und 4, VIII §§ 62-68, X §§ 67-80, §§ 83 und 84) entsprechend anzuwenden. Im Übrigen gilt die Anordnung zum kirchlichen Datenschutz (KDO)."

b) Zusätzlich gelten die **beruflichen Geheimhaltungspflichten**, welche gemäß § 203 StGB geschützt sind (z. B. die Geheimhaltungspflicht der Ehe-, Familien-, Erziehungs oder Jugendberater in einer Beratungsstelle, die von einer Behörde oder Körperschaft, Anstalt oder Stiftung des öffentlichen Rechts anerkannt ist sowie der staatlich anerkannten Sozialarbeiter oder Sozialpädagogen).

Sozialgesetzbuch I

§ 35 Sozialgeheimnis

(1) Jeder hat Anspruch darauf, dass die ihn betreffenden Sozialdaten (§ 67 Abs. 1 Zehntes Buch) von den Leistungsträgern nicht unbefugt erhoben, verarbeitet oder genutzt werden (Sozialgeheimnis). Die Wahrung des Sozialgeheimnisses umfasst die Verpflichtung, auch innerhalb des Leistungsträgers sicherzustellen, dass die Sozialdaten nur Befugten zugänglich sind oder nur an diese weitergegeben werden. Sozialdaten der Beschäftigten und ihrer Angehörigen dürfen Personen, die Personalentscheidungen treffen oder daran mitwirken können, weder zugänglich sein noch von Zugriffsberechtigten weitergegeben werden. Der Anspruch richtet sich auch gegen die Verbände der Leistungsträger, die Arbeitsgemeinschaften der Leistungsträger und ihrer Verbände, die in diesem Gesetzbuch genannten öffentlich-rechtlichen Vereinigungen, gemeinsame Servicestellen, Integrationsfachdienste, die Künstlersozialkasse, die Deutsche Post AG, soweit sie mit der Berechnung oder Auszahlung von Sozialleistungen betraut ist, die Behörden der Zollverwaltung, soweit sie Aufgaben nach § 304 des Dritten Buches, nach § 107 Abs. 1 des Vierten Buches und § 66 des Zehnten Buches durchführen, die Versicherungsämter und Gemeindebehörden sowie die anerkannten Adoptionsvermittlungsstellen (§ 2 Abs. 2 des Adoptionsvermittlungsgesetzes), soweit sie Aufgaben nach diesem Gesetzbuch wahrnehmen, das Bundesamt für Güterverkehr, soweit es Aufgaben nach

§ 107 Abs. 1 Satz 2 des Vierten Buches durchführt, und die Stellen, die Aufgaben nach § 67 c Abs. 3 des Zehnten Buches wahrnehmen. Die Beschäftigten haben auch nach Beendigung ihrer Tätigkeit bei den genannten Stellen das Sozialgeheimnis zu wahren.
(2) Eine Erhebung, Verarbeitung und Nutzung von Sozialdaten ist nur unter den Voraussetzungen des Zweiten Kapitels des Zehnten Buches zulässig.
(3) Soweit eine Übermittlung nicht zulässig ist, besteht keine Auskunftspflicht, keine Zeugnispflicht und keine Pflicht zur Vorlegung oder Auslieferung von Schriftstücken, nicht automatisierten Dateien und automatisiert erhobenen, verarbeiteten oder genutzten Sozialdaten.
(4) Betriebs- und Geschäftsgeheimnisse stehen Sozialdaten gleich.
(5) Sozialdaten Verstorbener dürfen nach Maßgabe des Zweiten Kapitels des Zehnten Buches verarbeitet oder genutzt werden. Sie dürfen außerdem verarbeitet oder genutzt werden, wenn schutzwürdige Interessen des Verstorbenen oder seiner Angehörigen dadurch nicht beeinträchtigt werden können.

Sozialgesetzbuch VIII

§ 62 Datenerhebung

(1) Sozialdaten dürfen nur erhoben werden, soweit ihre Kenntnis zur Erfüllung der jeweiligen Aufgabe erforderlich ist.
(2) Sozialdaten sind beim Betroffenen zu erheben. Er ist über die Rechtsgrundlage der Erhebung, den Erhebungszweck und Zweck der Verarbeitung oder Nutzung aufzuklären, soweit diese nicht offenkundig sind.
(3) Ohne Mitwirkung des Betroffenen dürfen Sozialdaten nur erhoben werden, wenn

1. eine gesetzliche Bestimmung dies vorschreibt oder erlaubt oder
2. ihre Erhebung beim Betroffenen nicht möglich ist oder die jeweilige Aufgabe ihrer Art nach eine Erhebung bei anderen erfordert, die Kenntnis der Daten aber erforderlich ist für
   a) die Feststellung der Voraussetzungen oder für die Erfüllung einer Leistung nach diesem Buch oder
   b) die Feststellung der Voraussetzungen für die Erstattung einer Leistung nach § 50 des Zehnten Buches oder
   c) die Wahrnehmung einer Aufgabe nach den §§ 42 bis 48 a oder
   d) eine gerichtliche Entscheidung, die Voraussetzung für die Gewährung einer Leistung nach diesem Buch ist, oder
3. die Erhebung beim Betroffenen einen unverhältnismäßigen Aufwand erfordern würde und keine Anhaltspunkte dafür bestehen, dass schutzwürdige Interessen des Betroffenen beeinträchtigt werden.

(4) Ist der Betroffene nicht zugleich Leistungsberechtigter oder sonst an der Leistung beteiligt, so dürfen die Daten auch beim Leistungsberechtigten oder einer anderen Person, die sonst an der Leistung beteiligt ist, erhoben werden, wenn die Kenntnis der Daten für die Gewährung einer Leistung nach diesem Buch notwendig ist. Satz 1 gilt bei der Erfüllung anderer Aufgaben im Sinne des § 2 Abs. 3 entsprechend.

§ 63 Datenspeicherung

(1) Sozialdaten dürfen in Akten und auf sonstigen Datenträgern gespeichert werden, soweit dies für die Erfüllung der jeweiligen Aufgabe erforderlich ist.

(2) Daten, die zur Erfüllung unterschiedlicher Aufgaben der öffentlichen Jugendhilfe erhoben worden sind, dürfen in Akten oder auf sonstigen Datenträgern nur zusammengeführt werden, wenn und solange dies wegen eines unmittelbaren Sachzusammenhangs erforderlich ist. Daten, die zu Leistungszwecken im Sinne des § 2 Abs. 2 und Daten, die für andere Aufgaben im Sinne des § 2 Abs. 3 erhoben worden sind, dürfen nur zusammengeführt werden, soweit dies zur Erfüllung der jeweiligen Aufgabe erforderlich ist.

§ 64 Datenübermittlung und -nutzung

(1) Sozialdaten dürfen zu dem Zweck übermittelt oder genutzt werden, zu dem sie erhoben worden sind.
(2) Eine Übermittlung für die Erfüllung von Aufgaben nach § 69 des Zehnten Buches ist abweichend von Abs. 1 nur zulässig, soweit dadurch der Erfolg einer zu gewährenden Leistung nicht in Frage gestellt wird.
(2a) Vor einer Übermittlung an eine Fachkraft, die der verantwortlichen Stelle nicht angehört, sind die Sozialdaten zu anonymisieren oder zu pseudonymisieren, soweit die Aufgabenerfüllung dies zulässt.
(3) Sozialdaten dürfen beim Träger der öffentlichen Jugendhilfe zum Zwecke der Planung im Sinne des § 80 gespeichert oder genutzt werden; sie sind unverzüglich zu anonymisieren.

§ 65 Besonderer Vertrauensschutz in der persönlichen und erzieherischen Hilfe

(1) Sozialdaten, die dem Mitarbeiter eines Trägers der öffentlichen Jugendhilfe zum Zweck persönlicher und erzieherischer Hilfe anvertraut worden sind, dürfen von diesem nur weitergegeben werden

1. mit der Einwilligung dessen, der die Daten anvertraut hat, oder
2. dem Familiengericht zur Erfüllung der Aufgaben nach § 8a Abs. 3, wenn angesichts einer Gefährdung des Wohls eines Kindes oder eines Jugendlichen ohne diese Mitteilung eine für die Gewährung von Leistungen notwendige gerichtliche Entscheidung nicht ermöglicht werden könnte, oder
3. dem Mitarbeiter, der aufgrund eines Wechsels der Fallzuständigkeit im Jugendamt oder eines Wechsels der örtlichen Zuständigkeit für die Gewährung oder Erbringung der Leistung verantwortlich ist, wenn Anhaltspunkte für eine Gefährdung des Kindeswohls gegeben sind und die Daten für eine Abschätzung des Gefährdungsrisikos notwendig sind, oder
4. an die Fachkräfte, die zum Zwecke der Abschätzung des Gefährdungsrisikos nach § 8a hinzugezogen werden; § 64 Abs. 2a bleibt unberührt, oder
5. unter den Voraussetzungen, unter denen eine der in § 203 Abs. 1 oder 3 des Strafgesetzbuches genannten Personen dazu befugt wäre.

Gibt der Mitarbeiter anvertraute Sozialdaten weiter, so dürfen sie vom Empfänger nur zu dem Zweck weitergegeben werden, zu dem er diese befugt erhalten hat.
(2) § 35 Abs. 3 des Ersten Buches gilt auch, soweit ein behördeninternes Weitergabeverbot nach Abs. 1 besteht.

Sozialgesetzbuch X

§ 67 Begriffsbestimmungen

(1) Sozialdaten sind Einzelangaben über persönliche oder sachliche Verhältnisse einer bestimmten oder bestimmbaren natürlichen Person (Betroffener), die von einer in § 35 des Ersten Buches genannten Stelle im Hinblick auf ihre Aufgaben nach diesem Gesetzbuch erhoben, verarbeitet oder genutzt werden. Betriebs- und Geschäftsgeheimnisse sind alle betriebs- oder geschäftsbezogenen Daten, auch von juristischen Personen, die Geheimnischarakter haben.

(2) Aufgaben nach diesem Gesetzbuch sind, soweit dieses Kapitel angewandt wird, auch

1. Aufgaben auf Grund von Verordnungen, deren Ermächtigungsgrundlage sich im Sozialgesetzbuch befindet,
2. Aufgaben auf Grund von über- und zwischenstaatlichem Recht im Bereich der sozialen Sicherheit,
3. Aufgaben auf Grund von Rechtsvorschriften, die das Erste und Zehnte Buch des Sozialgesetzbuches für entsprechend anwendbar erklären, und
4. Aufgaben auf Grund des Arbeitssicherheitsgesetzes und Aufgaben, soweit sie den in § 35 des Ersten Buches genannten Stellen durch Gesetz zugewiesen sind. § 8 Abs. 1 Satz 3 des Arbeitssicherheitsgesetzes bleibt unberührt.

(3) Automatisiert im Sinne dieses Gesetzbuches ist die Erhebung, Verarbeitung oder Nutzung von Sozialdaten, wenn sie unter Einsatz von Datenverarbeitungsanlagen durchgeführt wird (automatisierte Verarbeitung). Eine nicht automatisierte Datei ist jede nicht automatisierte Sammlung von Sozialdaten, die gleichartig aufgebaut ist und nach bestimmten Merkmalen zugänglich ist und ausgewertet werden kann.

(4) *weggefallen*

(5) Erheben ist das Beschaffen von Daten über den Betroffenen.

(6) Verarbeiten ist das Speichern, Verändern, Übermitteln, Sperren und Löschen von Sozialdaten. Im Einzelnen ist, ungeachtet der dabei angewendeten Verfahren,

1. Speichern das Erfassen, Aufnehmen oder Aufbewahren von Sozialdaten auf einem Datenträger zum Zwecke ihrer weiteren Verarbeitung oder Nutzung,
2. Verändern das inhaltliche Umgestalten gespeicherter Sozialdaten,
3. Übermitteln das Bekanntgeben gespeicherter oder durch Datenverarbeitung gewonnener Sozialdaten an einen Dritten in der Weise, dass
   a) die Daten an den Dritten weitergegeben werden oder
   b) der Dritte zur Einsicht oder zum Abruf bereitgehaltene Daten einsieht oder abruft;

   Übermitteln im Sinne dieses Gesetzbuches ist auch das Bekanntgeben nicht gespeicherter Sozialdaten,
4. Sperren das vollständige oder teilweise Untersagen der weiteren Verarbeitung oder Nutzung von Sozialdaten durch entsprechende Kennzeichnung,
5. Löschen das Unkenntlichmachen gespeicherter Sozialdaten.

(7) Nutzen ist jede Verwendung von Sozialdaten, soweit es sich nicht um Verarbeitung handelt, auch die Weitergabe innerhalb der verantwortlichen Stelle.

(8) Anonymisieren ist das Verändern von Sozialdaten derart, dass die Einzelangaben über persönliche oder sachliche Verhältnisse nicht mehr oder nur mit einem unverhältnismäßig großen Aufwand an Zeit, Kosten und Arbeitskraft einer bestimmten oder bestimmbaren natürlichen Person zugeordnet werden können.

(8a) Pseudonymisieren ist das Ersetzen des Namens und anderer Identifikationsmerkmale durch ein Kennzeichen zu dem Zweck, die Bestimmung des Betroffenen auszuschließen oder wesentlich zu erschweren.
(9) Verantwortliche Stelle ist jede Person oder Stelle, die Sozialdaten für sich selbst erhebt, verarbeitet oder nutzt oder dies durch andere im Auftrag vornehmen lässt. Werden Sozialdaten von einem Leistungsträger im Sinne von § 12 des Ersten Buches erhoben, verarbeitet oder genutzt, ist verantwortliche Stelle der Leistungsträger. Ist der Leistungsträger eine Gebietskörperschaft, so sind eine verantwortliche Stelle die Organisationseinheiten, die eine Aufgabe nach einem der besonderen Teile dieses Gesetzbuches funktional durchführen.
(10) Empfänger ist jede Person oder Stelle, die Sozialdaten erhält. Dritter ist jede Person oder Stelle außerhalb der verantwortlichen Stelle. Dritte sind nicht der Betroffene sowie diejenigen Personen und Stellen, die im Inland, in einem anderen Mitgliedstaat der Europäischen Union oder in einem anderen Vertragsstaat des Abkommens über den Europäischen Wirtschaftsraum Sozialdaten im Auftrag erheben, verarbeiten oder nutzen.
(11) Nicht-öffentliche Stellen sind natürliche und juristische Personen, Gesellschaften und andere Personenvereinigungen des privaten Rechts, soweit sie nicht unter § 81 Abs. 3 fallen.
(12) Besondere Arten personenbezogener Daten sind Angaben über die rassische und ethnische Herkunft, politische Meinungen, religiöse oder philosophische Überzeugungen, Gewerkschaftszugehörigkeit, Gesundheit oder Sexualleben.

§ 67a Datenerhebung

(1) Das Erheben von Sozialdaten durch in § 35 des Ersten Buches genannte Stellen ist zulässig, wenn ihre Kenntnis zur Erfüllung einer Aufgabe der erhebenden Stelle nach diesem Gesetzbuch erforderlich ist. Dies gilt auch für besondere Arten personenbezogener Daten (§ 67 Abs. 12). Angaben über die rassische Herkunft dürfen ohne Einwilligung des Betroffenen, die sich ausdrücklich auf diese Daten beziehen muss, nicht erhoben werden. Ist die Einwilligung des Betroffenen durch Gesetz vorgesehen, hat sie sich ausdrücklich auf besondere Arten personenbezogener Daten (§ 67 Abs. 12) zu beziehen.
(2) Sozialdaten sind beim Betroffenen zu erheben. Ohne seine Mitwirkung dürfen sie nur erhoben werden

1. bei den in § 35 des Ersten Buches oder in § 69 Abs. 2 genannten Stellen, wenn
   a) diese zur Übermittlung der Daten an die erhebende Stelle befugt sind,
   b) die Erhebung beim Betroffenen einen unverhältnismäßigen Aufwand erfordern würde und
   c) keine Anhaltspunkte dafür bestehen, dass überwiegende schutzwürdige Interessen des Betroffenen beeinträchtigt werden,
2. bei anderen Personen oder Stellen, wenn
   a) eine Rechtsvorschrift die Erhebung bei ihnen zulässt oder die Übermittlung an die erhebende Stelle ausdrücklich vorschreibt oder
   b)
   aa) die Aufgaben nach diesem Gesetzbuch ihrer Art nach eine Erhebung bei anderen Personen oder Stellen erforderlich machen oder
   bb) die Erhebung beim Betroffenen einen unverhältnismäßigen Aufwand erfordern würde und keine Anhaltspunkte dafür bestehen, dass überwiegende schutzwürdige Interessen des Betroffenen beeinträchtigt werden.

(3) Werden Sozialdaten beim Betroffenen erhoben, ist er, sofern er nicht bereits auf andere Weise Kenntnis erlangt hat, über die Zweckbestimmungen der Erhebung, Verarbeitung oder Nutzung und die Identität der verantwortlichen Stelle zu unterrichten. Über Kategorien von Empfängern ist der Betroffene nur zu unterrichten, soweit
1. er nach den Umständen des Einzelfalles nicht mit der Nutzung oder der Übermittlung an diese rechnen muss,
2. es sich nicht um eine Verarbeitung oder Nutzung innerhalb einer in § 35 des Ersten Buches genannten Stelle oder einer Organisationseinheit im Sinne von § 67 Abs. 9 Satz 3 handelt oder
3. es sich nicht um eine Kategorie von in § 35 des Ersten Buches genannten Stellen oder von Organisationseinheiten im Sinne von § 67 Abs. 9 Satz 3 handelt, die auf Grund eines Gesetzes zur engen Zusammenarbeit verpflichtet sind.

Werden Sozialdaten beim Betroffenen auf Grund einer Rechtsvorschrift erhoben, die zur Auskunft verpflichtet, oder ist die Erteilung der Auskunft Voraussetzung für die Gewährung von Rechtsvorteilen, ist der Betroffene hierauf sowie auf die Rechtsvorschrift, die zur Auskunft verpflichtet, und die Folgen der Verweigerung von Angaben, sonst auf die Freiwilligkeit seiner Angaben hinzuweisen.

(4) Werden Sozialdaten statt beim Betroffenen bei einer nicht-öffentlichen Stelle erhoben, so ist die Stelle auf die Rechtsvorschrift, die zur Auskunft verpflichtet, sonst auf die Freiwilligkeit ihrer Angaben hinzuweisen.

(5) Werden Sozialdaten weder beim Betroffenen noch bei einer in § 35 des Ersten Buches genannten Stelle erhoben und hat der Betroffene davon keine Kenntnis, ist er von der

(6) Speicherung, der Identität der verantwortlichen Stelle sowie über die Zweckbestimmungen der Erhebung, Verarbeitung oder Nutzung zu unterrichten. Eine Pflicht zur Unterrichtung besteht nicht, wenn
1. der Betroffene bereits auf andere Weise Kenntnis von der Speicherung oder der Übermittlung erlangt hat,
2. die Unterrichtung des Betroffenen einen unverhältnismäßigen Aufwand erfordert oder
3. die Speicherung oder Übermittlung der Sozialdaten auf Grund eines Gesetzes ausdrücklich vorgesehen ist.

Über Kategorien von Empfängern ist der Betroffene nur zu unterrichten, soweit
1. er nach den Umständen des Einzelfalles nicht mit der Nutzung oder der Übermittlung an diese rechnen muss,
2. es sich nicht um eine Verarbeitung oder Nutzung innerhalb einer in § 35 des Ersten Buches genannten Stelle oder einer Organisationseinheit im Sinne von § 67 Abs. 9 Satz 3 handelt oder
3. es sich nicht um eine Kategorie von in § 35 des Ersten Buches genannten Stellen oder von Organisationseinheiten im Sinne von § 67 Abs. 9 Satz 3 handelt, die auf Grund eines Gesetzes zur engen Zusammenarbeit verpflichtet sind.

Sofern eine Übermittlung vorgesehen ist, hat die Unterrichtung spätestens bei der ersten Übermittlung zu erfolgen. Die verantwortliche Stelle legt schriftlich fest, unter welchen Voraussetzungen von einer Unterrichtung nach Satz 2 Nr. 2 und 3 abgesehen wird. § 83 Abs. 2 bis 4 gilt entsprechend.

§ 67b Zulässigkeit der Datenverarbeitung und -nutzung

(1) Die Verarbeitung von Sozialdaten und deren Nutzung sind nur zulässig, soweit die nachfolgenden Vorschriften oder eine andere Rechtsvorschrift in diesem Gesetzbuch es

erlauben oder anordnen oder soweit der Betroffene eingewilligt hat. § 67 a Abs. 1 Satz 2 bis 4 gilt entsprechend mit der Maßgabe, dass die Übermittlung ohne Einwilligung des Betroffenen nur insoweit zulässig ist, als es sich um Daten über die Gesundheit oder das Sexualleben handelt oder die Übermittlung zwischen Trägern der gesetzlichen Rentenversicherung oder zwischen Trägern der gesetzlichen Rentenversicherung und deren Verbänden und Arbeitsgemeinschaften zur Erfüllung einer gesetzlichen Aufgaben erforderlich ist.

(2) Wird die Einwilligung bei dem Betroffenen eingeholt, ist er auf den Zweck der vorgesehenen Verarbeitung oder Nutzung sowie auf die Folgen der Verweigerung der Einwilligung hinzuweisen. Die Einwilligung des Betroffenen ist nur wirksam, wenn sie auf dessen freier Entscheidung beruht. Die Einwilligung und der Hinweis bedürfen der Schriftform, soweit nicht wegen besonderer Umstände eine andere Form angemessen ist. Soll die Einwilligung zusammen mit anderen Erklärungen schriftlich erteilt werden, ist die Einwilligungserklärung im äußeren Erscheinungsbild der Erklärung hervorzuheben.

(3) Im Bereich der wissenschaftlichen Forschung liegt ein besonderer Umstand im Sinne des Abs.es 2 Satz 3 auch dann vor, wenn durch die Schriftform der bestimmte Forschungszweck erheblich beeinträchtigt würde. In diesem Fall sind der Hinweis nach Abs. 2 Satz 1 und die Gründe, aus denen sich die erhebliche Beeinträchtigung des bestimmten Forschungszweckes ergibt, schriftlich festzuhalten.

(4) Entscheidungen, die für den Betroffenen eine rechtliche Folge nach sich ziehen oder ihn erheblich beeinträchtigen, dürfen nicht ausschließlich auf eine automatisierte Verarbeitung von Sozialdaten gestützt werden, die der Bewertung einzelner Persönlichkeitsmerkmale dient.

§ 67c Datenspeicherung, -veränderung und -nutzung

(1) Das Speichern, Verändern oder Nutzen von Sozialdaten durch die in § 35 des Ersten Buches genannten Stellen ist zulässig, wenn es zur Erfüllung der in der Zuständigkeit der verantwortlichen Stelle liegenden gesetzlichen Aufgaben nach diesem Gesetzbuch erforderlich ist und es für die Zwecke erfolgt, für die die Daten erhoben worden sind. Ist keine Erhebung vorausgegangen, dürfen die Daten nur für die Zwecke geändert oder genutzt werden, für die sie gespeichert worden sind.

(2) Die nach Absatz 1 gespeicherten Daten dürfen von derselben Stelle für andere Zwecke nur gespeichert, verändert oder genutzt werden, wenn

1. die Daten für die Erfüllung von Aufgaben nach anderen Rechtsvorschriften dieses Gesetzbuches als diejenigen, für die sie erhoben wurden, erforderlich sind,
2. der Betroffene im Einzelfall eingewilligt hat oder
3. es zur Durchführung eines bestimmten Vorhabens der wissenschaftlichen Forschung oder Planung im Sozialleistungsbereich erforderlich ist und die Voraussetzungen des § 75 Abs. 1 vorliegen.

(3) Eine Speicherung, Veränderung oder Nutzung für andere Zwecke liegt nicht vor, wenn sie für die Wahrnehmung von Aufsichts-, Kontroll- und Disziplinarbefugnissen, der Rechnungsprüfung oder der Durchführung von Organisationsuntersuchungen für die verantwortliche Stelle erforderlich ist. Das gilt auch für die Veränderung oder Nutzung zu Ausbildungs- und Prüfungszwecken durch die verantwortliche Stelle, soweit nicht überwiegende schutzwürdige Interessen des Betroffenen entgegenstehen.

(4) Sozialdaten, die ausschließlich zu Zwecken der Datenschutzkontrolle, der Datensicherung oder zur Sicherstellung eines ordnungsgemäßen Betriebes einer Datenverarbeitungsanlage gespeichert werden, dürfen nur für diese Zwecke verwendet werden.

(5) Für Zwecke der wissenschaftlichen Forschung oder Planung im Sozialleistungsbereich erhobene oder gespeicherte Sozialdaten dürfen von den in § 35 des Ersten Buches genannten Stellen nur für ein bestimmtes Vorhaben der wissenschaftlichen Forschung im Sozialleistungsbereich oder der Planung im Sozialleistungsbereich verändert oder genutzt werden. Die Sozialdaten sind zu anonymisieren, sobald dies nach dem Forschungs- oder Planungszweck möglich ist. Bis dahin sind die Merkmale gesondert zu speichern, mit denen Einzelangaben über persönliche oder sachliche Verhältnisse einer bestimmten oder bestimmbaren Person zugeordnet werden können. Sie dürfen mit den Einzelangaben nur zusammengeführt werden, soweit der Forschungs- oder Planungszweck dies erfordert.

§ 67d Übermittlungsgrundsätze

(1) Eine Übermittlung von Sozialdaten ist nur zulässig, soweit eine gesetzliche Übermittlungsbefugnis nach den §§ 68 bis 77 oder nach einer anderen Rechtsvorschrift in diesem Gesetzbuch vorliegt.
(2) Die Verantwortung für die Zulässigkeit der Übermittlung trägt die übermittelnde Stelle. Erfolgt die Übermittlung auf Ersuchen des Dritten, an den die Daten übermittelt werden, trägt dieser die Verantwortung für die Richtigkeit der Angaben in seinem Ersuchen.
(3) Sind mit Sozialdaten, die nach Abs. 1 übermittelt werden dürfen, weitere personenbezogene Daten des Betroffenen oder eines Dritten so verbunden, dass eine Trennung nicht oder nur mit unvertretbarem Aufwand möglich ist, so ist die Übermittlung auch dieser Daten nur zulässig, wenn schutzwürdige Interessen des Betroffenen oder eines Dritten an deren Geheimhaltung nicht überwiegen; eine Veränderung oder Nutzung dieser Daten ist unzulässig.
(4) Die Übermittlung von Sozialdaten auf maschinell verwertbaren Datenträgern oder im Wege der Datenübertragung ist auch über Vermittlungsstellen zulässig. Für die Auftragserteilung an die Vermittlungsstelle gilt § 80 Abs. 2 Satz 1, für deren Anzeigepflicht § 80 Abs. 3 und für die Verarbeitung und Nutzung durch die Vermittlungsstelle § 80 Abs. 4 entsprechend.

§ 69 Übermittlung für die Erfüllung sozialer Aufgaben

(1) Eine Übermittlung von Sozialdaten ist zulässig, soweit sie erforderlich ist

1. für die Erfüllung der Zwecke, für die sie erhoben worden sind oder für die Erfüllung einer gesetzlichen Aufgabe der übermittelnden Stelle nach diesem Gesetzbuch oder einer solchen Aufgabe des Dritten, an den die Daten übermittelt werden, wenn er eine in § 35 des Ersten Buches genannte Stelle ist,
2. für die Durchführung eines mit der Erfüllung einer Aufgabe nach Nummer 1 zusammenhängenden gerichtlichen Verfahrens einschließlich eines Strafverfahrens oder
3. für die Richtigstellung unwahrer Tatsachenbehauptungen des Betroffenen im Zusammenhang mit einem Verfahren über die Erbringung von Sozialleistungen; die Übermittlung bedarf der vorherigen Genehmigung durch die zuständige oberste Bundes- oder Landesbehörde.

(2) Für die Erfüllung einer gesetzlichen oder sich aus einem Tarifvertrag ergebenden Aufgabe sind den in § 35 des Ersten Buches genannten Stellen gleichgestellt

1. die Stellen, die Leistungen nach dem Lastenausgleichsgesetz, dem Bundesentschädigungsgesetz, dem Gesetz über die Entschädigung für Strafverfolgungsmaßnahmen, dem Unterhaltssicherungsgesetz, dem Beamtenversorgungsgesetz und den Vor-

schriften, die auf das Beamtenversorgungsgesetz verweisen, dem Soldatenversorgungsgesetz, dem Anspruchs- und Anwartschaftsüberführungsgesetz und den Vorschriften der Länder über die Gewährung von Blinden- und Pflegegeldleistungen zu erbringen haben,

2. die gemeinsamen Einrichtungen der Tarifvertragsparteien im Sinne des § 4 Abs. 2 des Tarifvertragsgesetzes, die Zusatzversorgungseinrichtungen des öffentlichen Dienstes und die öffentlich-rechtlichen Zusatzversorgungseinrichtungen,
3. die Bezügestellen des öffentlichen Dienstes, soweit sie kindergeldabhängige Leistungen des Besoldungs-, Versorgungs- und Tarifrechts unter Verwendung von personenbezogenen Kindergelddaten festzusetzen haben.

(3) Die Übermittlung von Sozialdaten durch die Bundesanstalt für Arbeit an die Krankenkassen ist zulässig, soweit sie erforderlich ist, den Krankenkassen die Feststellung der Arbeitgeber zu ermöglichen, die am Ausgleich der Arbeitgeberaufwendungen nach dem Zweiten Abschnitt des Lohnfortzahlungsgesetzes teilnehmen.

(4) Die Krankenkassen sind befugt, einem Arbeitgeber mitzuteilen, ob die Fortdauer einer Arbeitsunfähigkeit oder eine erneute Arbeitsunfähigkeit eines Arbeitnehmers auf derselben Krankheit beruht; die Übermittlung von Diagnosedaten an den Arbeitgeber ist nicht zulässig.

(5) Die Übermittlung von Sozialdaten ist zulässig für die Erfüllung der gesetzlichen Aufgaben der Rechnungshöfe und der anderen Stellen, auf die § 67 c Abs. 3 Satz 1 Anwendung findet.

§ 71 Übermittlung für die Erfüllung besonderer gesetzlicher Pflichten und Mitteilungsbefugnisse

(1) Eine Übermittlung von Sozialdaten ist zulässig, soweit sie erforderlich ist für die Erfüllung der gesetzlichen Mitteilungspflichten

1. zur Abwendung geplanter Straftaten nach § 138 des Strafgesetzbuches,
2. zum Schutz der öffentlichen Gesundheit nach § 8 des Infektionsschutzgesetzes vom 20. Juli 2000 (BGBl. I S. 1045),
3. zur Sicherung des Steueraufkommens.

Literatur

ae/dpa (2010): Sexueller Missbrauch in Kita. In: Eßlinger Zeitung, 24.07.2010. Online verfügbar unter http://www.esslinger-zeitung.de/lokal/stuttgart/stuttgart/Artikel 580364.cfm., zuletzt geprüft am 02.09.2012.

Ahnert, Lieselotte (2010): Wieviel Mutter braucht ein Kind? Bindung-Bildung-Betreuung: öffentlich und privat. Heidelberg: Spektrum Akad. Verl.

Amt für Jugendarbeit der EKiR (2010): Ermutigen, begleiten, schützen. Handreichung zum Umgang mit sexueller Gewalt. Düsseldorf.

Andresen, Sabine (Hg.) (2010): Das ElternBuch. Wie unsere Kinder geborgen aufwachsen und stark werden; 0-18 Jahre. Unter Mitarbeit von Philip Waechter. 1. Aufl. Weinheim [u. a.]: Beltz.

Araji, Sharon; Finkelhor, David (1986): Abusers: A Review of the Research. In: David Finkelhor und Sharon Araji (Hg.): A sourcebook on child sexual abuse. Beverly Hills: Sage Publications, S. 89–118.

Baer, Udo; Frick-Baer, Gabriele (2008): Vom Schämen und Beschämtwerden. Weinheim, Basel: Beltz.

Balloff, Rainer (2004): Wahrnehmung, Gedächtnis, Erinnerung. In: Wilhelm Körner und Albert Lenz (Hg.): Sexueller Missbrauch. Grundlagen und Konzepte. Göttingen: Hogrefe, S. 107–120.

Bamberger, Heinz Georg; Roth, Herbert (Hrsg.) (Stand: 2012): Beck'scher Online-Kommentar BGB. 23. Aufl. München.

Bange, Dirk (2007): Sexueller Missbrauch an Jungen. Die Mauer des Schweigens. Göttingen: Hogrefe.

Bange, Dirk; Körner, Wilhelm (Hg.) (2002): Handwörterbuch sexueller Missbrauch. Göttingen; Seattle: Hogrefe, Verlag für Psychologie.

Bange, Dirk; Körner, Wilhelm (2004): Leitlinien im Umgang mit dem Verdacht auf sexuellen Kindesmissbrauch, 247. In: Wilhelm Körner und Albert Lenz (Hg.): Sexueller Missbrauch. Grundlagen und Konzepte. Göttingen: Hogrefe, S. 247–273.

Barabas, Friedrich K. (1999): Sexualpädagogik und Recht. In: Bundeszentrale für gesundheitliche Aufklärung (BZgA) (Hg.): Sexualpädagogik zwischen Persönlichkeitslernen und Arbeitsfeldorientierung. Unterrichtsmaterialien für die sexualpädagogische Ausbildung. Forschung und Praxis der Sexualaufklärung und Familienplanung Bd. 16. Köln, S. 40–43.

Bassenge, Peter; Palandt, Otto (2012): Bürgerliches Gesetzbuch. Mit Nebengesetzen insbesondere mit Einführungsgesetz (Auszug) einschließlich Rom I- und Rom II-Verordnungen, Allgemeines Gleichbehandlungsgesetz (Auszug), BGB-Informationspflichten-Verordnung, Wohn- und Betreuungsvertragsgesetz, Unterlassungsklagengesetz u a. 71. Aufl. München: Beck.

Bayerisches Staatsministerium f. Arbeit u. Sozialordnung; München Staatsinstitut für Frühpädagogik (Hrsg.) (2010): Bildung, Erziehung und Betreuung von Kindern in den ersten drei Lebensjahren. Eine Handreichung zum Bayerischen Bildungs- und Erziehungsplan für Kinder in Tageseinrichtungen bis zur Einschulung. Weimar, Berlin: Verl. Das Netz.

Berth, Felix (2003): Interview "Kinder brauchen Grenzen". Erziehung darf nicht nur Freiräume gewähren, sagt der Psychologe Klaus Schneewind. In: Süddeutsche Zeitung, 26.11.2003. Online verfügbar unter http://www.bmi.bund.de/SharedDocs/Downloads/DE/Broschueren/2012/PKS2011.pdf?__blob=publicationFile.

Best, Petra; Jampert, Karin (2006): Sprachliche Förderung - eine Frage des Geschlechts? Ein Mann, ein Wort! Eine Frau ein Wörterbuch? In: Theorie und Praxis der Sozialpädagogik (8), S. 28–31.

Bethke, Christian; Braukhane, Katja; Knobeloch, Janina (2009): Bindung und Eingewöhnung von Kleinkindern. 1. Aufl. Troisdorf: Bildungsverl. EINS (Bildung von Anfang an – Lernprozesse 0-3 Jahre).

Bieri, Peter (2013): Eine Art zu leben. Über die Vielfalt menschlicher Würde. München: Hanser.

Bischof-Köhler, Doris (2011): Von Natur aus anders. Die Psychologie der Geschlechtsunterschiede. 4. Aufl. Stuttgart: Kohlhammer.

Blattmann, Sonja (2004): Prävention bei Mädchen und Jungen im Vor- und Grundschulalter. In: Wilhelm Körner und Albert Lenz (Hg.): Sexueller Missbrauch. Grundlagen und Konzepte. Göttingen: Hogrefe, S. 450–456.

Blesel, Dagmar (2010): Missbrauchsverdacht im Kindergarten. Polizei leitet Verfahren ein – Kirchengemeinde Heilig Geist suspendiert Mitarbeiter und erteilt Hausverbot. In: Generalanzeiger Bonn, 10.02.2010.

Böhm, Irene (2004): Einige Aspekte zur Bedeutung des Themas „sexueller Missbrauch durch Frauen für die Präventionsarbeit." In: prävention, S. 13–17.

Bommert, C. (1993): Körperorientierte Psychotherapie nach sexueller Gewalt. Weinheim: Beltz.

Bönt, Ralf (2012): Das entehrte Geschlecht. Ein notwendiges Manifest für den Mann. 1. Aufl. München: Pantheon-Verl.

Borst, Ulrike; Lanfranchi, Andrea (Hg.) (2011): Liebe und Gewalt in nahen Beziehungen. Therapeutischer Umgang mit einem Dilemma. 1. Aufl. Heidelberg: Carl-Auer-Verl (Systemische Therapie).

Braun, Gisela; Bundschuh, Claudia; Hasebrink, Marianne; Huxoll, Martin; Lehmann, Karen; Nöthen-Schürmann, Ute (2005): Qualitätsstandards Selbstsicherheitstrainings für Mädchen und Jungen gegen sexuelle Übergriffe Woran erkenne ich gute Angebote? Die Position des Kinder- und Jugendschutzes. Hg. v. Arbeitsgemeinschaft Kinder- und Jugendschutz, Deutscher Kinderschutzbund (DKSB) Landesverband, Kath. Landesarbeitsgemeinschaft und Paritätischer. Online verfügbar unter http://www.dgfpi.de/tl_files/download/medien/qualitaetsstandards-selbstsicherheitstrainings.pdf, zuletzt geprüft am 01.09.2012.

Braun, Gisela; Wolters, Dorothee (2009): Das große und das kleine NEIN. 2006. Aufl. Mülheim an der Ruhr: Verl. an der Ruhr.

Brüntrup, Godehard (Hg.) (2013): Unheilige Macht. Der Jesuitenorden und die Missbrauchskrise. 2. Aufl. Stuttgart: Kohlhammer.

BT.-Drs. 17/6256 vom 22.06.2011: Gesetzentwurf der Bundesregierung Entwurf eines Gesetzes zur Stärkung eines aktiven Schutzes von Kindern und Jugendlichen (Bundeskinderschutzgesetz – BKiSchG).

Bühler, Anneke; Heppekausen, Kathrin (2005): Gesundheitsförderung durch Lebenskompetenzprogramme in Deutschland Konket - Band 6. Hg. v. BZgA Bundeszentrale für gesundheitliche Aufklärung. Köln. Online verfügbar unter http://ganztag-blk.de/ganztags-box/cms/upload/erw.Lernangebote/baustein1/02M2Lebenskompetenzen.pdf, zuletzt aktualisiert am 29.11.2005, zuletzt geprüft am 20.08.2012.

Bundesministerium der Justiz (Hrsg.) (2007): Meine Erziehung - da rede ich mit! Berlin. Online verfügbar unter http://www.bmj.de/SharedDocs/Downloads/DE/ broschueren_fuer_warenkorb/DE/Meine_Erziehung_da_rede_ich_mit.pdf;jsessionid=6E27A5C2D7

666C1975E08ECBB3D9A812.1_cid289?__blob=publicationFile, zuletzt geprüft am 20.08.2012.

Bundesministerium des Innern (Hg.) (2012): Polizeiliche Kriminalstatistik 2011. Berlin. Online verfügbar unter http://www.bmi.bund.de/SharedDocs/Downloads/DE/Bro schueren/ 2012/PKS2011.pdf?__blob=publicationFile, zuletzt geprüft am 18.10.2012.

Bundesministerium des Innern (Hrsg.) (2013): Polizeiliche Kriminalstatistik 2012. Hg. v. Bundesministerium des Innern (Hg.). Berlin.

Bundesministerium für Familie, Senioren, Frauen und Jugend (2012): Männliche Fachkräfte in Kindertagesstätten … Eine Studie zur Situation von Männern in Kindertagesstätten und in der Ausbidung zum Erzieher. 3. Aufl. Berlin. Online verfügbar unter http://www.bmfsfj.de/RedaktionBMFSFJ/Broschuerenstelle/Pdf-Anlagen/maenn liche-fachkraefte-kitas,property=pdf,bereich=bmfsfj,sprache=de,rwb=true.pdf, zuletzt geprüft am 03.09.2012.

Bundesministerium für Familie, Senioren, Frauen und Jugend (2012): Mutig fragen … besonnen handeln. Berlin. Online verfügbar unter http://www.bmfsfj.de/Redaktion BMFSFJ/Broschuerenstelle/Pdf-Anlagen/Mutig-fragen-besonnen_20handeln,proper ty=pdf,bereich=bmfsfj,sprache=de,rwb=true.pdf, zuletzt aktualisiert am 13.02.2012, zuletzt geprüft am 21.08.2012.

Bundeszentrale für gesundheitliche Aufklärung, BZgA (Hg.) (1998): Forum Sexualaufklärung: Kinder.

Bundeszentrale für gesundheitliche Aufklärung, BZgA (Hg.) (1999): Forschung und Praxis der Sexualaufklärung und Familienplanung. Wissenschaftliche Grundlagen Teil 1. Köln.

Bundeszentrale für Gesundheitliche Aufklärung (1995): Forschung und Praxis der Sexualaufklärung und Familienplanung. Köln. Online verfügbar unter http://www.bzga.de/?uid=03db4985d5a347397c1b6f5ebbc8d93f&id=medien&sid=60.

Bundeszentrale für gesundheitliche Aufklärung (BZgA) (Hg.) (1999): Sexualpädagogik zwischen Persönlichkeitslernen und Arbeitsfeldorientierung. Unterrichtsmaterialien für die sexualpädagogische Ausbildung. Forschung und Praxis der Sexualaufklärung und Familienplanung Bd. 16. Köln, zuletzt geprüft am 21.08.2012.

Bundschuh, Claudia (2007): Strategien von Tätern und Täterinnen in Institutionen. In: IzKK-Nachrichten 1/2007, S. 13–16.

Bundschuh, Claudia (2010): Sexualisierte Gewalt gegen Kinder in Institutionen Nationaler und internationaler Forschungsstand. Expertise im Rahmen des Projekts „Sexuelle Gewalt gegen Mädchen und Jungen in Institutionen“. Hg. v. Deutsches Jugendinstitut e.V. Deutsches Jugendinstitut e.V. München, zuletzt geprüft am 01.09.2012.

Bundschuh, Claudia; Stein-Hilbers, Marlene (1998): Abschlußbericht zum Projekt „Entstehungsbedingungen der Pädosexualität“. Materialien zur Familienpolitik Nr. 3/99. Hg. v. Senioren, Frauen und Jugend Bundesministerium für Familie. Bonn.

BZgA Bundeszentrale für gesundheitliche Aufklärung (Hg.) (2010): Sexueller Missbrauch. Forum Sexualaufklärung und Familienplanung.

BZgA FORUM (Hg.) (1998): Forum Sexualaufklärung. Bundeszentrale für Gesundheitliche Aufklärung. Köln (2-1998), zuletzt geprüft am 21.08.2012.

Clauss, Marianne; Karle, Michael; Günter, Michael; Barth, Gottfried (Hg.) (2010): Sexuelle Entwicklung – sexuelle Gewalt. Grundlagen forensischer Begutachtung von Kindern und Jugendlichen. 2. Aufl. Lengerich; Berlin, Bremen, Miami, Fla, Riga, Viernheim, Wien, Zagreb: Pabst Science Publ.

Conen, Marie-Luise (2006): Arbeitshilfen für die Personalauswahl zur Vermeidung der Einstellung pädophiler Mitarbeiter. In: Jörg M. Fegert und Mechtild Wolff (Hg.): Sexueller Missbrauch durch Professionelle in Institutionen. Prävention und Intervention. 2. Aufl. Münster: Votum Verlag, S. 53–64.

Damrow, Miriam K. (2006): Sexueller Kindesmissbrauch. Eine Studie zu Präventionskonzepten, Resilienz und erfolgreicher Intervention. Weinheim: Juventa Verlag (Reihe Votum).

Damrow, Miriam K. (2010): Was macht Prävention erfolgreich? Zur Kritik klassischer Präventionsansätze und deren Überwindung. In: BZgA Bundeszentrale für gesundheitliche Aufklärung (Hg.): Sexueller Missbrauch. Forum Sexualaufklärung und Familienplanung, S. 25–29.

Das Ministerium für Schule, Jugend und Kinder des Landes Nordrhein-Westfalen (Hrsg.) (2003): Bildungsvereinbarung NRW. Fundament stärken und erfolgreich starten. Düsseldorf.

Däubler, Wolfgang (2011): Arbeitsrecht. Ratgeber für Beruf, Praxis und Studium. 9. Aufl. Frankfurt am Main: Bund-Verl.

Dederich, Markus (Hg.) (2010): Sinne, Körper und Bewegung. Stuttgart: Kohlhammer.

Deegener, Günther (2002): Befragung von Kindern. In: Dirk Bange und Wilhelm Körner (Hg.): Handwörterbuch sexueller Missbrauch. Göttingen; Seattle: Hogrefe, Verlag für Psychologie, S. 26–31.

Deegener, Günther (2009): Kindesmissbrauch – erkennen, helfen, vorbeugen. 4. Aufl. Weinheim [u. a.]: Beltz.

Deegener, Günther (2013): Zusammenfassende Darstellung über institutionelle Konzepte zur Verhinderung von sexuellem Missbrauch und den anderen Formen der Kindesmisshandlung. Hg. v. Deutsche Gesellschaft für Prävention und Intervention bei Kindesmisshandlung e.V. Online verfügbar unter http://www.dgfpi.de/tl_files/pdf/bufo/Veroeffentlichungen/InstitutionelleKonzepte_ueberarbeitet_20.03.2013.pdf.

Der PARITÄTische Wohlfahrtsverband Hamburg e.V. (2006): Arbeitshilfe zum Kinderschutz in Kindertageseinrichtungen. Hamburg. Online verfügbar unter http://www.paritaet.org/hamburg/aktuell/T-Arbeitshilfe_KICK.pdf, zuletzt aktualisiert am 17.01.2007, zuletzt geprüft am 20.08.2012.

Deutsche Bahn, Die Zeit & Stiftung Lesen (Hg.): Vorlesen im Kinderalltag. Repräsentative Befragung von Kindern im Vor- und Grundschulalter (4 bis 11 Jahre). [S.l. Online verfügbar unter http://www.stiftunglesen.de.

Deutsche Jugendinstitut e.V. in Zusammenarbeit mit dem Statistischen Bundesamt (2005): Gender-Datenreport. Kommentierter Datenreport zur Gleichstellung von Frauen und Männern in der Bundesrepublik Deutschland. Berlin: Bundesministerium für Familie, Senioren, Frauen und Jugend.

Diakonieverbund Schweicheln e.V. (2010): Handlungsleitfaden für Leitungsverantwortlich. Handlungsleitfaden für Leitungsverantwortliche bei Grenzverletzungen von Mitarbeitenden gegenüber Kindern und Jugendlichen. Hiddenhausen. Online verfügbar unter http://www.ejh-schweicheln.de/uploads/UeberUns/Handlungsleitfaden3.pdf, zuletzt geprüft am 21.08.2012.

Dusolt, Hans (2008): Elternarbeit als Erziehungspartnerschaft. Ein Leitfaden für den Vor- und Grundschulbereich. 3. Aufl. Weinheim [u. a.]: Beltz.

Eeckhout, Karin; Peeters Jan; Bood, Kristien de (2010): Frauen und Männer in einem gemischten Team. Leitfaden für Kindertageseinrichtungen. Hg. v. Schweizerischer Krippenverband SKV. Online verfügbar unter http://www.kinderbetreuer.ch/Downloads/Frauen_Maenner_gemischten_Team_Leitfaden_RB.pdf, zuletzt geprüft am 21.08.2012.

Egg, Rudolf (Hg.) (1999): Sexueller Missbrauch von Kindern. Täter und Opfer. Wiesbaden: KrimZ (Kriminologie und Praxis, 27).

Egle, Ulrich Tiber; Abhary, Sotoodeh G. (Hg.) (2005): Sexueller Missbrauch, Misshandlung, Vernachlässigung. Erkennung, Therapie und Prävention der Folgen früher Stresserfahrungen: mit … 81 Tabellen. 3. Aufl. Stuttgart [u. a.]: Schattauer.

Enders, Ursula (2003): Missbrauch durch Mitarbeiter und Mitarbeiterinnen aus Institutionen. Online verfügbar unter http://www.zartbitter.de/0/Eltern_und_Fachleute/6060_missbrauch_in_Institutionen.pdf, zuletzt aktualisiert am 04.01.2005, zuletzt geprüft am 21.08.2012.

Enders, Ursula (2003): Zart war ich, bitter war's. Handbuch gegen sexuellen Missbrauch. Köln: Kiepenheuer & Witsch.

Enders, Ursula (2010): Sichere Räume für Mädchen und Jungen – präventive Strukturen zum Schutz vor sexualisierter Gewalt in Schulen und Internaten. Prävention von sexualisierter Gewalt: Katholische Schulen und Internate in der Verantwortung. Kommission für Erziehung und Schule der Deutschen Bischofskonferenz; Deutsche Gesellschaft für Prävention und Intervention bei Kindesmisshandlung und -vernachlässigung e.V., Düsseldorf; Des Erbacher Hof, Akademie Bistums Mainz. Erbacher Hof Akademie des Bistums Mainz, 12.11.2010.

Enders, Ursula (2012): Grenzen achten. Schutz vor sexuellem Missbrauch in Institutionen. Ein Handbuch für die Praxis. Köln: Kiepenheuer & Witsch.

Endres, Johann; Scholz, Oskar Berndt; Donata, Summa (1997): Aussagesuggestibilität bei Kindern. Vorstellung eines neuen diagnostischen Verfahrens und erste Ergebnisse. In: Luise Greuel, Thomas Fabian und Michael Stadler (Hg.): Psychologie der Zeugenaussage. Ergebnisse der rechtspsychologischen Forschung. Weinheim: Psychologie-Verl.-Union, S. 189–204.

Engfer, Annette (2005): Formen der Misshandlung von Kindern – Definitionen, Häufigkeiten, Erklärungsansätze. In: Ulrich Tiber Egle und Sotoodeh G. Abhary (Hg.): Sexueller Missbrauch, Misshandlung, Vernachlässigung. Erkennung, Therapie und Prävention der Folgen früher Stresserfahrungen: mit … 81 Tabellen. 3. Aufl. Stuttgart [u. a.]: Schattauer, S. 3–19.

Erickson, Martha Farrell; Egeland, Byron; Suess, Gerhard J. (2009): Die Stärkung der Eltern-Kind-Bindung. Frühe Hilfen für die Arbeit mit Eltern von der Schwangerschaft bis zum zweiten Lebensjahr des Kindes durch das STEEP-Programm. 2. Aufl. Stuttgart: Klett-Cotta.

Fegert, Jörg M. (2013): Sexueller Kindesmissbrauch – Zeugnisse, Botschaften, Konsequenzen. Ergebnisse der Begleitforschung für die Anlaufstelle der Unabhängigen Beauftragten der Bundesregierung zur Aufarbeitung des sexuellen Kindesmissbrauchs, Frau Dr. Christine Bergmann. Weinheim [u. a.]: Beltz Juventa (Studien und Praxishilfen zum Kinderschutz).

Fegert, Jörg M.; Wolff, Mechtild (Hg.) (2006): Sexueller Missbrauch durch Professionelle in Institutionen. Prävention und Intervention. 2. Aufl. Münster: Votum Verlag.

Finkelhor, David; Araji, Sharon (Hg.) (1986): A sourcebook on child sexual abuse. Beverly Hills: Sage Publications.

Fischer, Thomas; Schwarz, Otto Georg Alexander; Dreher, Eduard; Tröndle, Herbert (2011): Strafgesetzbuch und Nebengesetze. 58. Aufl. München: Beck (Beck'sche Kurz-Kommentare, 10).

Forschungsverbund Gewalt gegen Männer (2004): Gewalt gegen Männer in Deutschland. Pilotstudie. Hg. v. Senioren, Frauen und Jugend Bundesministerium für Familie. Berlin.

Frank, Daniela (2013): Kinder: Doktorspiele erlaubt? Hg. v. baby-und-familie. Online verfügbar unter www.baby-und-familie.de, zuletzt aktualisiert am 12.03.2013.
Freund, Ulli; Riedel-Breidenstein, Dagmar (2006): Sexuelle Übergriffe unter Kindern. Handbuch zur Prävention und Intervention. 2. Aufl. Köln: Mebes und Noack.
Friebe, Jörg (2012): Reflexion im Training. Aspekte und Methoden der modernen Reflexionsarbeit. 2. Aufl. Bonn: ManagerSeminare-Verl.-GmbH.
Friedrichsen, Gisela; Mauz, Gerhard (1995): Blind die Blinden angeführt. Gisela Friedrichsen und Gerhard Mauz über die Lehren aus dem Montessori-Prozeß (II). In: DER SPIEGEL 22/1995, 29.05.1995 (22). Online verfügbar unter http://www.spiegel.de/spiegel/print/d-9185859.html, zuletzt geprüft am 02.09.2012.
Fröhlich-Gildhoff, Klaus (2007): Was brauchen Kinder, um an der Gesellschaft teilzuhaben? – Entwicklungspsychologische Perspektiven. Online verfügbar unter http://www.erzieherin.de/assets/files/paedagogischepraxis/Froehlich-Gildhoff-Was-brauchen-Kinder.pdf.
Gellert, Manfred; Nowak, Claus (2010): Ein Praxisbuch für die Arbeit in und mit Teams. 4. Aufl. Meezen.
Gerstein, Hartmut; Greese, Dieter (2006): Die Verantwortung des Jugendamtes bei sexuellen Übergriffen in Einrichtungen. In: Jörg M. Fegert und Mechtild Wolff (Hg.): Sexueller Missbrauch durch Professionelle in Institutionen. Prävention und Intervention. 2. Aufl. Münster: Votum Verlag, S. 65–171.
Giesinger, Johannes (2007): Die moralischen Rechte von Kindern; The moral rights of children. In: International review of education 53 (1), S. 73–91.
Greuel, Luise; Fabian, Thomas; Stadler, Michael (Hg.) (1997): Psychologie der Zeugenaussage. Ergebnisse der rechtspsychologischen Forschung. Weinheim: Psychologie-Verl.-Union.
Gründer, Mechthild (2006): Interventionsschritte bei sexuellem Missbrauch durch Mitarbeiter in Institutionen der Jugendhilfe. In: Jörg M. Fegert und Mechtild Wolff (Hg.): Sexueller Missbrauch durch Professionelle in Institutionen. Prävention und Intervention. 2. Aufl. Münster: Votum Verlag, S. 65-72.
Gugutzer, Robert (2012): Verkörperungen des Sozialen. Neophänomenologische Grundlagen und soziologische Analysen. Bielefeld: transcript (Körperkulturen).
Günter, Michael (2010): Jugendliche und erwachsene Sexualstraftäter im Vergleich: Psychiatrische Charakteristika und späteres Rückfalllrisiko. In: Marianne Clauss, Michael Karle, Michael Günter und Gottfried Barth (Hg.): Sexuelle Entwicklung – sexuelle Gewalt. Grundlagen forensischer Begutachtung von Kindern und Jugendlichen. 2. Aufl. Lengerich [u. a.]: Pabst Science Publ., S. 66–83.
Haag, Karl (2006): Wenn Mütter zu sehr lieben. Verstrickung und Missbrauch in der Mutter-Sohn-Beziehung. Stuttgart: W. Kohlhammer.
Haas, Daniela (2013): Das Phänomen Scham. Impulse für einen lebensförderlichen Umgang mit Scham im Kontext von Schule und Unterricht. Stuttgart: Kohlhammer (Religionspädagogik innovativ, 4).
Hahlweg, Kurt; Miller, Yvonne (2001): Prävention von emotionalen Störungen und Verhaltensauffälligkeiten bei Kindern. In: Bernd Rill und Carsten Rummel (Hg.): Elternverantwortung und Generationenethik in einer freiheitlichen Gesellschaft. Argumente und Materialien zum Zeitgeschehen 30. München, S. 43–51.
Häußermann, Röse (2010): Juristische Perspektiven des Umgangsrechts bei einem Missbrauchsvorwurf in familienrechtlichen Verfahren. In: Marianne Clauss, Michael Karle, Michael Günter und Gottfried Barth (Hg.): Sexuelle Entwicklung – sexuelle

Gewalt. Grundlagen forensischer Begutachtung von Kindern und Jugendlichen. 2. Aufl. Lengerich [u. a.]: Pabst Science Publ., S. 120–139.
Herrmann, Bernd (2010): Kindesmisshandlung. Medizinische Diagnostik, Intervention und rechtliche Grundlagen; mit 60 Tabellen. 2. Aufl. Berlin [u. a.]: Springer Medizin.
Heyden, Saskia; Jarosch, Kerstin (2010, c 2010): Missbrauchstäter. Phänomenologie – Psychodynamik - Therapie. Stuttgart, New York, NY: Schattauer.
Hilpert, Konrad (2013): Kirchliche Sexualethik. In: Godehard Brüntrup (Hg.): Unheilige Macht. Der Jesuitenorden und die Missbrauchskrise. 2. Aufl. Stuttgart: Kohlhammer, S. 141–148.
Hinz, Arnold (2001): Geschlechtsstereotype bei der Wahrnehmung von Situationen als „sexueller Missbrauch“. Eine experimentelle Studie. In: ZSexualforsch, S. 214–225.
Hromadka, Wolfgang (2012): Arbeitsrecht für Vorgesetzte. Rechte und Pflichten bei der Mitarbeiterführung. 4. Aufl. München, [München]: Dt. Taschenbuch-Verl.; Beck.
Hundmeyer, Simon: Verdacht auf Kindeswohlgefährdung. In: Welt des Kindes 1/2012 S.28. 1/2012, S. 28.
Keller, Heidi (2011): Kinderalltag. Kulturen der Kindheit und ihre Bedeutung für Bindung, Bildung und Erziehung. Berlin: Springer.
Kett-Straub, Gabriele: Ausweiskontrolle vor dem Urlaubsflirt? – Der einvernehmliche Missbrauch von Kindern durch Jugendliche. In: Zeitschrift für Rechtspolitik 2007 (8), S. 260–264.
Kindler, Heinz; Lillig, Susanne; Blüml, Herbert; Meysen, Thomas; Werner, Annegret (Hg.) (2006): Handbuch Kindeswohlgefährdung nach § 1666 BGB und Allgemeiner Sozialer Dienst (ASD. Deutsches Jugendinstitut e.V. München. Online verfügbar unter http://db.dji.de/asd/ASD_Handbuch_Gesamt.pdf, zuletzt geprüft am 20.08.2012.
Körner, Wilhelm; Lenz, Albert (Hg.) (2004): Sexueller Missbrauch. Grundlagen und Konzepte. Göttingen: Hogrefe.
Kucklick, Christoph (2008): Das unmoralische Geschlecht. Zur Geburt der negativen Andrologie. Frankfurt a.M: Suhrkamp (Edition Suhrkamp, 2538).
Kucklick, Christoph (2012): Geschlechterverhältnis: Das verteufelte Geschlecht. In: Die Zeit, 12.04.2012 (16). Online verfügbar unter http://www.zeit.de/2012/16/DOS-Maenner, zuletzt geprüft am 01.09.2012.
Kunkel, Peter Ch (2010): Sozialgesetzbuch VIII. Kinder- und Jugendhilfe. 4. Aufl. Baden-Baden: Nomos (NomosKommentar).
Laewen, Hans-Joachim (Hg.) (2007): Forscher, Künstler, Konstrukteure. Werkstattbuch zum Bildungsauftrag von Kindertageseinrichtungen. 4. Aufl. Berlin [u. a.]: Cornelsen Scriptor (Pädagogische Ansätze).
Landeszentrale für Gesundheitsförderung in Rheinland Pfalz e.V. (LZG) (2009): Körpererfahrung und Sexualerziehung im Kindergarten. Handout für pädagogisch Tätige in Kindergarten, Fachberatung, Aus- und Weiterbildung. Mainz. Online verfügbar unter http://www.lzg-rlp.de/fileadmin/pdf/BZgA_Koerpererfahrung_Kindergarten.pdf, zuletzt geprüft am 20.08.2012.
Langmeyer, Alexandra; Entleitner, Christine: Ein erschreckend häufiger Verdacht. In: dji impulse 3/2011, S. 4–8.
Langner, Anke (2010): Körper und Geschlecht. In: Markus Dederich (Hg.): Sinne, Körper und Bewegung. Stuttgart: Kohlhammer, S. 130–137.
Largo, Remo H. (2009): Kinderjahre. Die Individualität des Kindes als erzieherische Herausforderung. Taschenbuchsonderausg. München, Zürich: Piper (Piper, 6320).
Largo, Remo H. (2010): Babyjahre. Entwicklung und Erziehung in den ersten vier Jahren. 12. Vollst. überarb. Neuausg. München: Piper.

Lehmkuhl, Ulrike (Hg.) (2003): Ethische Grundlagen in der Kinder- und Jugendpsychiatrie und Psychotherapie. Mit 21 Tabellen. Göttingen: Vandenhoeck & Ruprecht.

Lenz, Hans-Joachim: Mann oder Opfer? Jungen und Männer als Opfer von Gewalt und die kulturelle Verleugnung der männlichen Verletzbarkeit. Online verfügbar unter http://www.geschlechterforschung.net/download/Anl4.pdf.

Leutheusser-Schnarrenberger, Sabine (BMJ); Schröder, Kristina (BMFSFJ); Schavan, Annette (BMBF) (2011): Runder Tisch Sexueller Kindesmissbrauch in Abhängigkeits- und Machtverhältnissen in privaten und öffentlichen Einrichtungen und im familiären Bereich. Abschlussbericht. Online verfügbar unter http://www.rundertisch-kindesmissbrauch.de/documents/111130AbschlussberichtRTKM111213.pdf, zuletzt geprüft am 21.08.2012.

Lohaus, Arnold; Trautner, Hanns M. (2005): Präventionsprogramme und ihre Wirksamkeit zur Verhinderung sexuellen Missbrauchs. In: Ulrich Tiber Egle und Sotoodeh G. Abhary (Hg.): Sexueller Missbrauch, Misshandlung, Vernachlässigung. Erkennung, Therapie und Prävention der Folgen früher Stresserfahrungen : mit … 81 Tabellen. 3. Aufl. Stuttgart [u. a.]: Schattauer, S. 623–635.

LVR-Landesjugendamt Rheinland (Hg.) (2011): Sozialdatenschutz in der Kinder- und Jugendhilfe. Lösungsansätze und Einzelfälle. 2. Aufl. Köln.

Mayer, Marina (2011): Die Macht der Rollenbilder. In: dji impulse, S. 24-26.

Maywald, Jörg (2009): Kindeswohlgefährdung – erkennen, einschätzen, handeln. Freiburg, Br: Herder.

Maywald, Jörg (2010): Die Beteiligung des Kindes an der Einigung der Eltern. In: FPR 2010 (10), S. 460–464.

Menzel, Birgit (2013): Der konstruierte Charakter sexueller Gewalt. In: Renate-Berenike Schmidt und Uwe Sielert (Hg.): Handbuch Sexualpädagogik und sexuelle Bildung. 2. Aufl. Weinheim: Beltz Juventa, S. 443–450.

Merting, C.; Roters, V.; Wiermer, C. (2009): Sex-Verdacht. Polizei nimmt Kita-Praktikanten (24) fest. In: Express Köln, 24.06.2009.

Meves, Christa (2001): Kindgerechte Sexualerziehung. Erziehung zur Liebe. Völlig überarb. Neuaufl. Holzgerlingen: Hänssler.

Ministerium für Arbeit, Soziales Familie und Gesundheit Rheinland-Pfalz (Hg.) (2006): Auf den Anfang kommt es an - ein Kurs für junge Eltern. Mainz.

Ministerium für Familie, Kinder Jugend Kultur und Sport; Ministerium für Schule und Weiterbildung (Hg.) (2011): Mehr Chancen durch Bildung von Anfang an. Grundsätze zur Bildungsförderung für Kinder von 0-10 Jahren in Kindertageseinrichtungen und Schulen im Primarbereich in Nordrhein-Westfalen. Düsseldorf.

Moggi, Franz (2002): Folgen. In: Dirk Bange und Wilhelm Körner (Hg.): Handwörterbuch sexueller Missbrauch. Göttingen; Seattle: Hogrefe, Verlag für Psychologie, S. 116–121.

Moggi, Franz (2004): Folgen sexueller Gewalt. In: Wilhelm Körner und Albert Lenz (Hg.): Sexueller Missbrauch. Grundlagen und Konzepte. Göttingen: Hogrefe, S. 317–325.

Moggi, Franz (2009): Kindesmisshandlung. In: Silvia Schneider und Jürgen Margraf (Hg.): Lehrbuch der Verhaltenstherapie. Band 3: Störungen im Kindes- und Jugendalter. [Neuaufl.]. Berlin [u. a.]: Springer, S. 865–885.

Motzkau, Eberhard (2005): Hinweise auf und diagnostisches Vorgehen bei Misshandlung und Missbrauch. In: Ulrich Tiber Egle und Sotoodeh G. Abhary (Hg.): Sexueller Missbrauch, Misshandlung, Vernachlässigung. Erkennung, Therapie und Prävention der Folgen früher Stresserfahrungen: mit … 81 Tabellen. 3. Aufl. Stuttgart [u. a.]: Schattauer, S. 143–153.

Mrozynski, Peter (2010): Sozialgesetzbuch, allgemeiner Teil (SGB I). Kommentar. 4. Aufl. München: Beck.

Nowotny, Elke (2006): Wie kann der Kontakt mit den Kindern und Jugendlichen gestaltet werden? In: Heinz Kindler, Susanne Lillig, Herbert Blüml, Thomas Meysen und Annegret Werner (Hg.): Handbuch Kindeswohlgefährdung nach § 1666 BGB und Allgemeiner Sozialer Dienst (ASD) München, Kapitel 58.

Ostermayer, Edith (2008): Unter drei - mit dabei. Wege zu einem qualifizierten Betreuungsangebot in der Kita. 2. Aufl. München: Don Bosco.

Papenheim, Heinz-Gert (2008): Schweigepflicht. Datenschutz und Zeugnisverweigerungsrecht im sozial-caritativen Dienst. Freiburg i. Br: Lambertus.

Popitz, Heinrich (2004): Phänomene der Macht. 2. Aufl. Tübingen: J.C.B. Mohr (P. Siebeck).

Richter, Horst-Eberhard (2012): Eltern, Kind und Neurose. Psychoanalyse der kindlichen Rolle. 34. Aufl. Reinbek bei Hamburg: Rowohlt (rororo, 6082).

Richter-Appelt, Hertha (2003): Das Dilemma beim Aufdecken sexueller Übergriffe. In: Ulrike Lehmkuhl (Hg.): Ethische Grundlagen in der Kinder- und Jugendpsychiatrie und Psychotherapie. Mit 21 Tabellen. Göttingen: Vandenhoeck & Ruprecht, S. 181–197.

Richter-Appelt, Hertha (2013): Sexueller Missbrauch im Kindesalter. In: Renate-Berenike Schmidt und Uwe Sielert (Hg.): Handbuch Sexualpädagogik und sexuelle Bildung. 2. Aufl. Weinheim: Beltz Juventa, S. 451–460.

Richter-Unger; Sigrid (2004): Sexueller Missbrauch von Kindern durch Frauen. In: prävention, S. 22–24.

Rill, Bernd; Rummel, Carsten (Hg.) (2001): Elternverantwortung und Generationenethik in einer freiheitlichen Gesellschaft. Argumente und Materialien zum Zeitgeschehen 30. Hanns Seidel Stiftung. München.

Röchling, Walter (2008): Kindeswille und Elternrecht. In: FPR 2008 (10), S. 481–486.

Rohrmann, Tim (2010): Mehr Männer in die Kitas! Interview von Susanne Scheerer-Maaß. In: Spiel/raum 10, S. 6–7.

Rohrmann, Tim (2013): Arbeitshilfe Geschlechter-Perspektiven, Mädchen und Jungen, Frauen und Männer in katholischen Tageseinrichtungen für Kinder. Hg. v. DiCV. Köln.

Rossilhol, J.-B (2002): Sexuelle Gewalt gegen Jungen. Dunkelfelder. Marburg: Tectum.

Rückert, Sabine (2003): Der Verdacht. In: Die Zeit, 18.06.2003 (26). Online verfügbar unter http://www.zeit.de/2003/26/Verdacht, zuletzt geprüft am 01.09.2012.

Rückert, Sabine (2005): Erwiesene Unschuld. In: Die Zeit, 21.12.2005 (52). Online verfügbar unter http://www.zeit.de/2005/52/Freispruch, zuletzt geprüft am 02.09.2012.

Rückert, Sabine (2007): Justizirrtum: Inquisitoren des guten Willens. Wegen eines erfundenen Missbrauchs mussten zwei Männer ins Gefängnis. Die Justizirrtümer enthüllen die Ideologie eines fehlgelaufenen Feminismus. In: Die Zeit, 11.01.2007 (03). Online verfügbar unter http://www.zeit.de/2007/03/Rueckert-Buch-03, zuletzt geprüft am 02.09.2012.

Saradjian, Jacqui (1999): Frauen als Missbraucherinnen. In: Kind im Zentrum im Evangelischen Jugend- und Fürsorgewerk (Hg.): Wege aus dem Labyrinth. Erfahrungen mit familienorientierter Arbeit zu sexuellem Missbrauch. Berlin, S. 114–124.

Schirach, Ferdinand von (2012): Schuld. Stories. Ungek. Taschenbuchausg. München [u. a.]: Piper.

Schlack, Hans G. (2012): Motorische Entwicklung im frühen Kindesalter. Online verfügbar unter http://www.kita-fachtexte.de/fileadmin/website/KiTaFT_SchlackIII_MotEntw_2012.pdf.

Schleicher, Hans (2007): Jugend- und Familienrecht. Ein Studienbuch. 12. Aufl. München: Beck.

Schmidt, Martin H. (2005): Begutachtung von Kindern und Jugendlichen. In: Ulrich Tiber Egle und Sotoodeh G. Abhary (Hg.): Sexueller Missbrauch, Misshandlung, Vernachlässigung. Erkennung, Therapie und Prävention der Folgen früher Stresserfahrungen : mit ... 81 Tabellen. 3. Aufl. Stuttgart [u.a.]: Schattauer, S. 663–675.

Schmidt, Renate-Berenike; Schetsche, Michael (2009): Sexuelle Sozialisation. Sechs Annäherungen. Berlin: Logos-Verl (Perilog, 3). Online verfügbar unter http://www.socialnet.de/rezensionen/isbn.php?isbn=978-3-8325-2189-9.

Schmidt, Renate-Berenike; Sielert, Uwe (Hg.) (2013): Handbuch Sexualpädagogik und sexuelle Bildung. 2. Aufl. Weinheim: Beltz Juventa.

Schnapka, Markus; Stoppel, Martin (2006): Wenn Erzieher Täter werden... Zur Aufsichtsfunktion des Landesjugendamtes. In: Jörg M. Fegert und Mechtild Wolff (Hg.): Sexueller Missbrauch durch Professionelle in Institutionen. Prävention und Intervention. 2. Aufl. Münster: Votum Verlag, S. 172–178.

Schneewind, Klaus A.: Freiheit in Grenzen Begründung eines integrativen Medienkonzepts zur Stärkung elterlicher Erziehungskompetenzen. Online verfügbar unter http://www.achim-schad.de/mediapool/86/864596/data/F-i-G_Medienkonzept.pdf, zuletzt geprüft am 25.08.2012.

Schneewind, Klaus A. (2010): Familienpsychologie. 3. Aufl. Stuttgart: Kohlhammer.

Schneewind, Klaus A.; Böhmert, Beate (2009): Kinder im Vorschulalter kompetent erziehen. Der interaktive Elterncoach "Freiheit in Grenzen". Bern: H. Huber.

Schneider, Hans Joachim (1999): Viktimologische Aspekte des sexuellen Mißbrauchs an Kindern. In: Rudolf Egg (Hg.): Sexueller Missbrauch von Kindern. Täter und Opfer. Wiesbaden: KrimZ (Kriminologie und Praxis, 27), S. 209–241.

Schneider, Silvia; Margraf, Jürgen (Hrsg.) (Hg.) (2009): Lehrbuch der Verhaltenstherapie. Band 3: Störungen im Kindes- und Jugendalter. [Neuaufl.]. Berlin [u.a.]: Springer.

Schönke, Adolf; Schröder, Horst; Eser, Albin; Schönke-Schröder (2010): Strafgesetzbuch. Kommentar. 28. Aufl. München: Beck.

Schuhrke, Bettina (1998): Kindliche Körperscham und familiale Schamregeln. In: BZgA Bundeszentrale für gesundheitliche Aufklärung (Hg.): Forum Sexualaufklärung: Kinder, S. 9–13.

Schuhrke, Bettina (1999): Scham, körperliche Intimität und Familie. In: Zeitschrift für Familienforschung (2), S. 59–83.

Schuhrke, Bettina (2002): Sexuell auffälliges Verhalten von Kindern. In: Dirk Bange und Wilhelm Körner (Hg.): Handwörterbuch sexueller Missbrauch. Göttingen; Seattle: Hogrefe, Verlag für Psychologie, S. 542–548.

Schulte, Annegret; Schoel, Brunhilde; Meurer-Blasius, Viola (2011): Kinderschutz in der Schule. Kindeswohlgefährdung durch sexuellen Missbrauch? Wie verhalte ich mich als Lehrkraft? Ein Leitfaden für den konkreten Fall. Hg. v. Bezirksregierung Düsseldorf und Ev. Jugend- und Familienhilfe Kaarst. Online verfügbar unter http://www.brd.nrw.de/schule/service/Leitfaden__Kinderschutz_in_der_Schule_.pdf, zuletzt aktualisiert am 01.07.2011, zuletzt geprüft am 20.08.2012.

Schultheis, Klaudia; Strobel-Eisele, Gabriele; Fuhr, Thomas (Hg.) (2006): Kinder: Geschlecht männlich. Pädagogische Jungenforschung. Stuttgart: Kohlhammer.

Schulz Hardt, Stefan; Höfer, Eberhard; Köhnken, Günter: Schuldig bei Verdacht: wie konfirmatorisches Hypothesentesten zu fälschlicher Beschuldigung wegen sexuellen Missbrauchs führt. Online verfügbar unter http://www.docstoc.com/docs/12140 2775/Schuldig-bei-Verdacht-Wie-konfirmatorisches-Hypothesentesten-zu.

Schweizerischer Krippenverband SKV (Hg.) (2003): Frauen und Männer in ein einem gemischten Team – Leitfaden für Kindertagesstätten. Zürich.

Seiffge-Kremke, Inge (2011): Vater heute: Mehr Liebe, weniger Gewalt? In: Ulrike Borst und Andrea Lanfranchi (Hg.): Liebe und Gewalt in nahen Beziehungen. Therapeutischer Umgang mit einem Dilemma. Heidelberg: Carl-Auer-Verl (Systemische Therapie), S. 33–51.

Siegrist, Sarah (2009): Geborgenheit geben – Die feinfühlige Reaktion auf das Kind. Säuglinge und Kleinstkinder in Kitas. Stadt Zürich, 08.04.2009. Online verfügbar unter http://www.stadt-zuerich.ch/content/dam/stzh/sd/Deutsch/Kinderbetreuung-ML/Publikationen %20und %20Broschueren/Vortrag %20Sarah %20Siegrist.pdf, zuletzt geprüft am 21.08.2012.

Sielert, Uwe (2005): Einführung in die Sexualpädagogik. Weinheim [u. a.]: Beltz.

Stadler, Lena; Bieneck, Steffen; Pfeiffer, Christian (2011): Sexueller Missbrauch. Zentrale Befunde einer 2011 durchgeführten Repräsentativ-Erhebung. Hg. v. Kriminologisches Forschungsinstitut Niedersachsen e.V. (kfn). Hannover. Online verfügbar unter http://www.kfn.de/versions/kfn/assets/pressekonferenz18102011.pdf, zuletzt aktualisiert am 17.10.2011, zuletzt geprüft am 21.08.2012.

Stadler, Lena; Bieneck, Steffen; Pfeiffer, Christian (2012): Repräsentativbefragung sexueller Missbrauch 2011. Forschungsbericht Nr. 118. Hg. v. Kriminologisches Forschungsinstitut Niedersachsen e.V. (kfn). Hannover.

Staudinger, Julius von; Coester, Michael; Engler, Helmut; Salgo, Ludwig (2009): Kommentar zum Bürgerlichen Gesetzbuch. Mit Einführungsgesetz und Nebengesetzen: Buch 4, Familienrecht : Paragraphen 1638-1683. Berlin: Sellier – de Gruyter.

Steller, Max (1998): Aussagepsychologie vor Gericht – Methodik und Probleme von Glaubwürdigkeitsgutachten mit Hinweisen auf die Wormser Mißbrauchsprozesse. In: Recht & Psychiatrie (16), S. 11–18.

Strobel-Eisele, Gabriele; Noack, Marleen (2006): Jungen und Regeln – Anomie als jungenspezifische Thematik in der Geschlechterdiskussion. In: Klaudia Schultheis, Gabriele Strobel-Eisele und Thomas Fuhr (Hg.): Kinder: Geschlecht männlich. Pädagogische Jungenforschung. Stuttgart: Kohlhammer, S. 99–128.

Suess, Gerhard J.; Burat-Hiemer, Edith (2009): Erziehung in Krippe, Kindergarten, Kinderzimmer. Stuttgart: Klett-Cotta.

Textor, Martin R. (1999): Bildung, Erziehung, Betreuung. Unsere Jugend 1999, 51 (12), S. 527-533. Online verfügbar unter http://www.kindergartenpaedagogik.de/127.html, zuletzt aktualisiert am 30.12.2006, zuletzt geprüft am 21.08.2012.

Unterstaller, Adelheid (2006): Was ist unter sexuellem Missbrauch zu verstehen? In: Heinz Kindler, Susanne Lillig, Herbert Blüml, Thomas Meysen und Annegret Werner (Hg.): Handbuch Kindeswohlgefährdung nach § 1666 BGB und Allgemeiner Sozialer Dienst (ASD. München, S. Kapitel 6.

Unterstaller, Adelheid (2006): Wie kann ein Verdacht auf sexuellen Missbrauch abgeklärt werden? In: Heinz Kindler, Susanne Lillig, Herbert Blüml, Thomas Meysen und Annegret Werner (Hg.): Handbuch Kindeswohlgefährdung nach § 1666 BGB und Allgemeiner Sozialer Dienst (ASD. München, S. Kapitel 69.

Volbert, Renate (1998): Sexualwissen von 2 - 6 jährigen Kindern. In: BZgA Bundeszentrale für gesundheitliche Aufklärung (Hg.): Forum Sexualaufklärung: Kinder, S. 5–8.

Volbert, Renate (1999): Sexualwissen von Kindern. In: BZgA Bundeszentrale für gesundheitliche Aufklärung (Hg.): Forschung und Praxis der Sexualaufklärung und Familienplanung. Wissenschaftliche Grundlagen Teil 1, Bd. 13.1. Köln, S. 139 ff. Online verfügbar unter http://www.isp-dortmund.de/downloadfiles/sexualisiertes_verhalten.pdf, zuletzt geprüft am 21.08.2012.

Volbert, Renate (2005): Gibt es Verhaltensindikatoren für sexuellen Missbrauch? In: korasion 3. Online verfügbar unter http://www.kindergynaekologie.de/html/kora48.html, zuletzt geprüft am 31.08.2012.

Volbert, Renate (2010): Sexualisiertes Verhalten von Kindern - Stellenwert für die Diagnostik eines sexuellen Missbrauchs. In: Marianne Clauss, Michael Karle, Michael Günter und Gottfried Barth (Hg.): Sexuelle Entwicklung – sexuelle Gewalt. Grundlagen forensischer Begutachtung von Kindern und Jugendlichen. 2. Aufl. Lengerich [u. a.]: Pabst Science Publ., S. 41–65.

Volbert, Renate (2011): Möglichkeiten und Grenzen von Gutachten bei Sexualdelikten. In: korasion 3. Online verfügbar unter http://www.kindergynaekologie.de/html/kora82.html, zuletzt geprüft am 31.08.2012.

Volbert, Renate; Dahle, Klaus-Peter (2010): Forensisch-psychologische Diagnostik im Strafverfahren. Göttingen: Hogrefe (Kompendien psychologische Diagnostik).

Volbert, Renate; Galow, Anett (2010): Sexueller Missbrauch: Fakten und offene Fragen. Hg. v. Institut für Forensische Psychiatrie Charité – Universitätsmedizin Berlin. Online verfügbar unter http://www.rundertisch-kindesmissbrauch.de/documents/Impulsvortrag_VolbertundGalow_000.pdf, zuletzt aktualisiert am 21.06.2010, zuletzt geprüft am 21.08.2012.

Völker, Mallory; Clausius, Monika (2012): Sorge- und Umgangsrecht. 5. Aufl. Bonn: Deutscher Anwaltverlag & Institut der Anwaltschaft GmbH.

Volz, Rainer; Zulehner, Paul M. (2009): Männer in Bewegung. Zehn Jahre Männerentwicklung in Deutschland. Ein Forschungsprojekt der Gemeinschaft der Katholischen Männer Deutschlands und der Männerarbeit der Evangelischen Kirche in Deutschland. Hg. v. Senioren, Frauen und Jugend Bundesministerium für Familie. Berlin (Forschungsreihe Band 6).

Wanzeck-Sielert, Christa (1999): Der Missbrauchsdiskurs und seine Auswirkungen auf Sexualität und Sexualerziehung. In: Bundeszentrale für gesundheitliche Aufklärung (BZgA) (Hg.): Sexualpädagogik zwischen Persönlichkeitslernen und Arbeitsfeldorientierung. Unterrichtsmaterialien für die sexualpädagogische Ausbildung. Forschung und Praxis der Sexualaufklärung und Familienplanung Bd. 16. Köln, S. 50–54.

Wanzeck-Sielert, Christa (2010): Sexualkunde und Selbstbehauptungstrainings in Kindergarten und Grundschule Ansätze und Einschätzungen aus sexualpädagogischer Sicht. In: BZgA Bundeszentrale für gesundheitliche Aufklärung (Hg.): Sexueller Missbrauch. Forum Sexualaufklärung und Familienplanung, S. 30–33. Online verfügbar unter http://forum.sexualaufklaerung.de/index.php?docid=1353, zuletzt geprüft am 20.08.2012.

Wanzeck-Sielert, Christa (2013): Sexualerziehung in Kindertageseinrichtungen. In: Renate-Berenike Schmidt und Uwe Sielert (Hg.): Handbuch Sexualpädagogik und sexuelle Bildung. 2. Aufl. Weinheim: Beltz Juventa, S. 571–581.

Westerholt, Matthias (2006): Möglichkeiten der Intervention durch das Landesjugendamt nach dem SGB VIII (§ 45, § 48) im Falle sexuellen Missbrauchs durch Mitarbeiterinnen in Einrichtungen. In: Jörg M. Fegert und Mechtild Wolff (Hg.): Sexueller Missbrauch durch Professionelle in Institutionen. Prävention und Intervention. 2. Aufl. Münster: Votum Verlag, S. 121–127.

Wiesner, Reinhard (Fachtagung am 16. und 1998 in Berlin): Zur Garantenpflicht des Jugendamtes in Fällen der Kindeswohlgefährdung. Aktuelle Beiträge Kinder-und Jugendhilfe, 17 1999. Verein für Kommunalwissenschaften e.V., Fachtagung am 16. und 17.11.1998 in Berlin.

Wiesner, Reinhard (2011): SGB VIII. Kinder- und Jugendhilfe ; Kommentar. 4. Aufl. München: Beck.

Wikipedia (Hg.) (2012): Wormser Prozesse. Online verfügbar unter http://de.wikipedia.org/w/index.php?oldid=107476515, zuletzt aktualisiert am 31.08.2012, zuletzt geprüft am 02.09.2012.

Winkler, Michael (2012): Erziehung in der Familie. Innenansichten des pädagogischen Alltags (Pädagogik).

Wolff, Mechtild (2013): Sexueller Missbrauch in pädagogischen Kontexten. In: Renate-Berenike Schmidt und Uwe Sielert (Hg.): Handbuch Sexualpädagogik und sexuelle Bildung. 2. Aufl. Weinheim: Beltz Juventa, S. 451–474.

Wölkerling, Udo (1999): Wege aus dem Labyrinth. Erfahrungen mit familienorientierter Arbeit zu sexuellem Missbrauch. Hg. v. Kind im Zentrum im Evangelischen Jugend- und Fürsorgewerk. Berlin. Online verfügbar unter http://www.ejf.de/fileadmin/user_upload/fachtexte/Wege_aus_dem_Labyrinth.pdf, zuletzt geprüft am 05.09.2012.

Zietlow, Bettina (2010): Sexueller Missbrauch in Fallzahlen der Kriminalstatistik. In: BZgA Bundeszentrale für gesundheitliche Aufklärung (Hg.): Sexueller Missbrauch. Forum Sexualaufklärung und Familienplanung, S. 7–12.

Zimpel, André Frank (2010): Sensorische Integration. In: Markus Dederich (Hg.): Sinne, Körper und Bewegung. Stuttgart: Kohlhammer, S. 239–244.